1941年3月19日，中国民主政团同盟成立大会在著名爱国民主人士鲜特生（即鲜英）的私邸——特园秘密召开。图为鲜宅大门

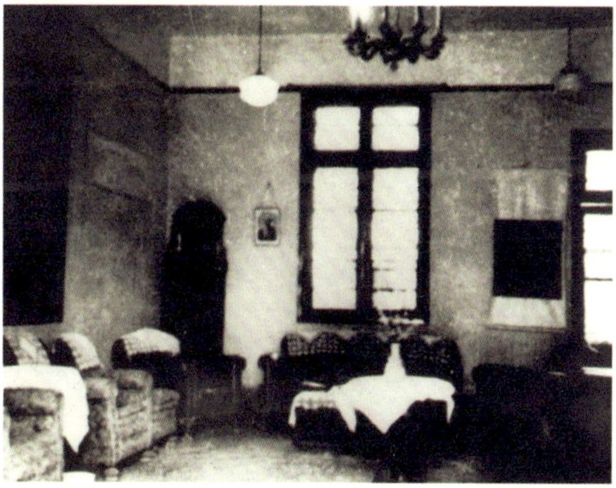

特园会客厅

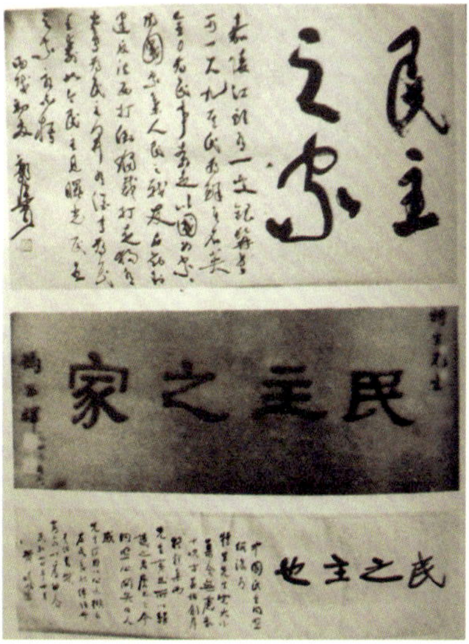

郭沫若和冯玉祥分别为特园所题“民主之家”及黄炎培题赠鲜特生的“民之主也”墨迹

抗日战争期间，部分民盟领导人和工作人员合影。左起：梁漱溟、辛志超、沈钧儒，右三起：张澜、叶笃义、史良

1945年10月1日至12日，民盟在特园召开临时全国代表大会，即第一次全国代表大会。图为民盟领导人和部分代表、工作人员合影

1946年1月，政治协商会议在重庆召开。会议期间，民盟和中共配合默契，同进共退，最后促成会议通过了《政治协商会议五项协议》。图为中共代表周恩来、民盟代表罗隆基步出会场时，接受记者采访

1946年2月10日，重庆各界20多个团体和广大群众在较场口广场举行庆祝政治协商会议成功大会，国民党特务有组织、有计划地进行破坏，殴伤李公朴、郭沫若、施复亮等60余人，制造了震惊全国的“较场口血案”。图为庆祝大会会场

■■■■ 重庆民盟活动剪影

1944年，民盟重庆第五分部盟员史良在重庆的妇女集会上振臂高呼团结抗日口号

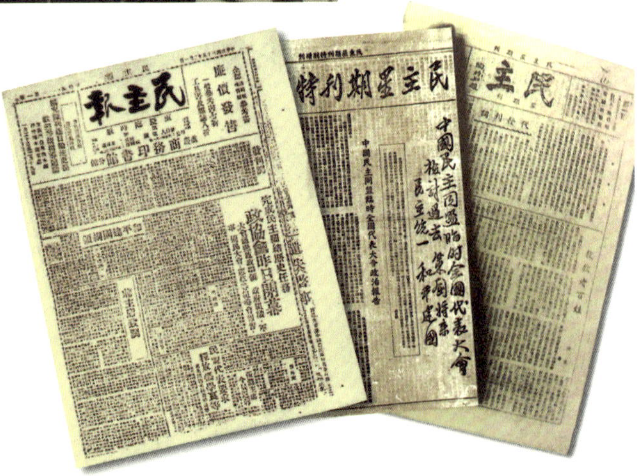

1945年9月，民盟市支部正式成立。支部办有机关刊物《民主星期刊》。1946年2月，民盟总部机关报《民主报》创刊，后由民盟重庆市支部接办。图为《民主星期刊》及《民主报》

重庆解放前夕，民盟市支部积极营救被关押在“白公馆”、“渣滓洞”的革命志士。图为支部负责人、营救人员与被营救出狱的部分人员合影

1950 年 9 月，民盟西南总支部临时工作委员会成立。前排左六为主任委员楚图南，右四为鲜英，右三为潘大逵，右一为金锡如

1984年，为庆祝建国35周年，民盟市委举行盟员为“四化”建设服务成果展

1989年9月，全国劳动模范和先进工作者表彰大会在北京召开，重庆盟员吴云鹏荣获全国先进工作者称号。图为部分代表应邀到民盟中央座谈后与民盟中央领导人合影。前排左一：吴云鹏

1990 年 5 月，全国政协副主席钱伟长（左）在校长、民盟市委常委鲁承宗陪同下视察凉山大学

1994 年 10 月，民盟市委设立渝盟教育奖励基金。图为 1995 年首届表彰获奖者合影

1997 年 6 月，民盟市委主委冯克熙在重庆成立直辖市挂牌大会上代表重庆各民主党派发言

2001 年 10 月，民盟市委承办民盟部分省市高教研讨会第十三次会议。民盟中央主席丁石孙，副主席吴正德、张梅颖出席会议

2001 年 4 月，民盟市委将“一一•二七”盟员烈士纪念碑重新设计后迁建到歌乐山烈士陵园内。图为 2005 年民盟中央副主席李重庵（右二）代表民盟中央向纪念碑敬献花圈

2002 年春节，民盟市委组织演员到监狱开展帮教文艺演出

2004年11月，民盟京津沪渝四直辖市第四次盟务工作交流会在重庆举行，专题研讨文化体制机制建设问题

2006年3月，民盟市委与重庆市桃花溪市政建设有限公司签订合作协议，正式启动“盟桃合作”

2007 年 2 月，中国民主同盟成立纪念碑揭碑仪式在上清寺特园举行。民盟中央主席蒋树声在揭碑仪式上讲话

坐落于特园的中国民主同盟成立纪念碑和中国民主党派历史陈列馆

2007年8月，中国民主同盟农村教育烛光行动重庆市启动仪式在巴南举行

2008年5月，民盟十届三次中常会暨民盟政治交接主题学习教育活动经验交流会在重庆召开

2008年8月，由民盟市委牵头，民盟渝中、涪陵区委共同在涪陵区开展“渝涪牵手、情系大木”社会服务活动

2010年4月，在民盟市委的帮扶下，重庆血友病康复协会“剪·爱剪纸艺术作品展”在三峡博物馆举行开展仪式

2011年3月，全国政协副主席、民盟中央第一副主席张梅颖（右二）来渝参观考察

2011年6月，民盟市委调研组考察重庆文理学院大学生创业园

2011年10月，民盟中央与重庆市人民政府签署“盟渝合作”协议。图为民盟中央常务副主席张宝文与重庆市副市长童小平签字后握手

2011 年 10 月，民盟中央副主席索丽生、陈晓光在重庆调研

2012 年 10 月，民盟市委举行参政议政“特色及品牌”研讨会

何公敢

（1888–1977）

民盟重庆市第一届支部委员会主任委员

鲜特生

（1885–1968）

民盟重庆市第二届支部委员会主任委员

潘大逵

（1901–1991）

民盟重庆市第三届支部委员会主任委员

萧华清

（1894－1969）

民盟四川省重庆市分部委员会、第二届和第三届委员会主任委员

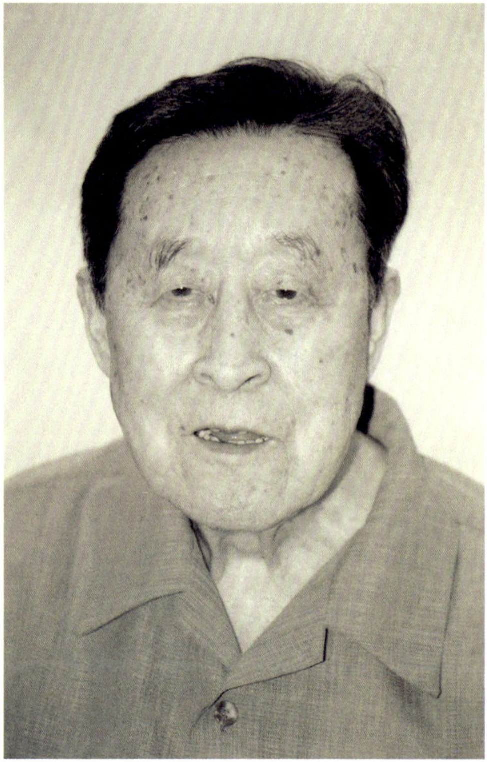

金锡如

（1905–2001）

民盟四川省重庆市第四届和第五届委员会主任委员

冯克熙

（1922–2004）

民盟四川省重庆市第六届和第七届委员会、民盟重庆市第一届委员会主任委员

陈万志

（1944－　　）

民盟重庆市第二届和第三届委员会主任委员

吴　刚

（1956－　　）

民盟重庆市第三届和第四届委员会主任委员（第三届为2010年11月届中接任）

■■■■ 办公地点

重庆国府路 300 号（现渝中区人民路 302 号）。1945 年 5 月前为民盟总部所在地，其后为民盟重庆市支部办公地

市中区（现渝中区）金汤街 80 号，1958 年至 2010 年为民盟市委机关办公地

2010 年 4 月，民盟重庆市委机关由渝中区金汤街 80 号迁至渝中区沧白路 71 号

重庆民盟史

中国民主同盟重庆市委员会 编

群言出版社
Qunyan Press
·北京·

图书在版编目（CIP）数据

重庆民盟史 / 中国民主同盟重庆市委员会编 .— 北京：群言出版社，2014.10
（民盟历史文献）
ISBN 978-7-80256-622-4

Ⅰ. ①重… Ⅱ. ①中… Ⅲ. ①中国民主同盟—史料—重庆市 Ⅳ. ① D665.2

中国版本图书馆 CIP 数据核字（2014）第 230770 号

责任编辑　盛利君　孙平平
封面设计　群言艺术设计中心·齐立娟

出版发行　群言出版社（Qunyan Press）
地　　址　北京市东城区东厂胡同北巷 1 号（100006）
网　　站　www.qypublish.com
电子信箱　qunyancbs@126.com
总 编 办　010-65265404　65138815
发 行 部　010-65263345　65220236
经　　销　全国新华书店
读者服务　010-65262436　65276609
法律顾问　北京市君泰律师事务所

印　　刷　北京画中画印刷有限公司
版　　次　2014 年 10 月第 1 版　2014 年 10 月第 1 次印刷
开　　本　880 × 1230　　1/32
印　　张　11　　插页 26
字　　数　228 千字
书　　号　ISBN 978-7-80256-622-4
定　　价　35.00 元

《重庆民盟史》编委会

前　言

中国民主同盟成立于1941年3月，正值抗日民族统一战线遭到国民党独裁统治破坏的危难之际。民盟以贯彻抗日主张、实践民主精神、尊重思想自由、提倡依法治国为政治纲领。民盟凝聚了当时绝大多数进步知识分子和社会精英，可谓群贤毕集。在不同的历史时期，黄炎培、张澜、沈钧儒、杨明轩、闻一多、李公朴、梁漱溟、史良、胡愈之、楚图南、吴晗、费孝通……这些民盟前辈精英们纵横捭阖、开阔放达，本着知识分子的人文良知和社会责任“奔走国是”，在政治、经济、军事、外交、教育、社会等领域都提出了明确的纲领和主张，将平等、民主、自由的思想播撒在中国的土地上。

在那苍黄翻覆、陵谷变迁的大时代，在那风云变幻、波澜壮阔的动荡岁月里，历史的浪潮将中国民主同盟，将有志于民族振兴的贤良才俊推上了风口浪尖，他们在改变中国命运的同时，也改变了自己的人生轨迹。他们为历史的进程，为国家富强、民族振兴和民主政治的进步做出了卓越的贡献；他们将自己的荣辱与民族存亡紧紧地联系在一起，为中国的民主、繁荣奋斗了一生，为后人留下了许多宝贵的精神财富；他们关于新民主主义社会的探索，至今仍具有巨大的影响和现实意义。

在和平盛世的今天，为了保存这珍贵的历史财富，为了让后人记住先辈们的独立之精神、自由之思想以及他们为国为民、励精图治的奋斗事迹，我们通过多年的精心准备和积累，出版了《民盟历史文献》丛书，这不仅仅是追忆往昔、缅怀先贤，也不仅仅是为了从学术研究的角度去厘清历史、臧否人物，更重要的是：通过回顾那段曲折的历史，传承民盟与中国共产党肝胆相照、荣辱与共的真挚感情；纪念民盟先贤为新中国做出的巨大贡献；呈现近现代中国社会的嬗变和进步知识分子的爱国情怀；同时也是为了民盟薪火相传、与时俱进的需要；为了让那些隽永传奇的人物和可歌可泣的历史再现后人的眼前。

路漫漫其修远兮，吾将上下而求索。《民盟历史文献》丛书的出版，是对先贤们多党合作历史的尊崇和传承。

《民盟历史文献》编委会

序　言

翻阅厚重的《重庆民盟史》清样，再次回望民盟在重庆经历的峥嵘岁月，抚摸重庆民盟与时代同步的深深纤痕，心中百感交集。“以史为鉴，可以知兴替”。今天回望足迹、梳理历史，就是为了给岁月留一道印记，给前行铸一面明镜；就是为了传承复担当，行行重行行。

重庆，是民盟的发祥地，是孕育民盟人文精神的神圣热土。七十三年前，中国民主同盟诞生于斯，战斗于斯。那是抗日战争艰苦卓绝之时，山河破碎，民生凋敝，中华民族在内忧外患中苦苦挣扎。为了挽救民族危亡，由黄炎培、张澜、梁漱溟、左舜生、张君劢、章伯钧、罗隆基等发起，于1941年3月19日在重庆特园创建了中国民主政团同盟（1944年9月改名为“中国民主同盟”）。从此，民盟作为一支不断壮大的“民主运动的生力军”活跃于政治舞台，与国家民族同呼吸共命运。民盟在重庆成立，到民盟总部1946年5月由重庆迁往南京，其间历时五年有余。这是民盟在重庆这片热土上演绎辉煌的五年，是民盟先贤在重庆留下铿锵足迹的五年，是“关注民生、奔走国是”的民盟精神积淀成型的五年。呼号民主团结、共御外辱，民盟走在前列；重庆谈判，毛泽东“三顾特园”，与民盟领导人共商良策；“反饥饿、反压迫、反内战”，民盟义无反顾……重庆承载了民盟这段影响深远的光辉历史，民盟总部为重庆留下了厚重而宝贵的精神财富。

在民盟总部的猎猎大旗下，在陵谷变迁、风云激荡的时代大潮中，民盟重庆市地方组织慨然走上历史舞台。1945年9月，由章伯钧、史良、陶行知等民盟先贤一手创建的民盟重庆市支部正式成立。担任过民盟中央主席的女中俊杰史良是重庆民盟第一届支部组织部长，伟大的人民教育家陶行知是第一届支部宣传部长，曾任民盟中央副主席的章伯钧、罗涵先和曾任民建中央主席的孙起孟是重庆民盟第一届支部委员，辛亥革命先驱何公敢、“民主之家”的主人鲜特生分别是第一、二届支部主委。69年来，重庆民盟无数优秀儿女梦耽天下，为光明前赴后继，为国是奔走不息，为民生呼号不已，谱写了与中国共产党生死与共、风雨同舟的不朽篇章。黎明前夜，有小说《红岩》中刘思扬的原型刘国鋕、成岗的原型陈然、双枪老太婆原型之一邓惠中，以及《黑牢诗篇》的作者蔡梦慰等27位优秀盟员牺牲在白公馆、渣滓洞等地，他们的鲜血与共产党人的鲜血汇流在一起，为红岩精神增添了光彩。

正是先贤和英烈们或筚路蓝缕，或甘洒热血，共同开启了重庆民盟的辉煌之路。自此以降，从以信相守、思想深邃的冯克熙，到老骥伏枥、报国以诚的雷亨顺，再到殚精竭虑、参政为民的陈万志，可以分明看到重庆民盟薪传火继、砥砺以行的坚定步伐。重庆民盟组织也在传承中一路前行，一路壮大，一路奉献。

新中国成立后，特别是改革开放以来，重庆民盟组织带领广大盟员围绕中心、服务大局，为促进重庆经济社会发展作出了重要贡献。参政议政是参政党的第一要务和立足之本。近年来，民盟市委充分发挥自身优势，大力倡导并践行研究型参政、开放型参政，不断建立健全机制，推进参政议政工作制度化、特色化、品牌化，围绕三峡工程及库区建设、地方经济发展、教育改革发展、“三农”矛盾化解、民生社会事业、社会管理创新、文化建设等重大问题建诤言、献良策、树品牌，不断巩固民盟市委在这些行业和领域的话语权和优势地位，一篇篇有价值的“应用文”新鲜“出笼”，一条条对策建议进入全市或全国党政决策，一件件社情民意信息促成了老百姓最现实最直接利益问题的尽快解决，在参政建言之路上留下了深深的烙印。

开展社会服务工作是重庆民盟的一项优良传统。多年来，重庆民盟以“做好事、做实事”为宗旨，坚持发挥优势、突出特点、量力而行、尽力而为、持之以恒的原则，不断拓展社会服务领域，不断创新社会服务方式。从创办“凉山大学”、实施“盟遂合作”，到监狱帮教、扶贫济困、对口帮扶、烛光行动、新农村建设和社区服务等方面都取得了突出成绩，打造了渝盟教育奖励基金、盟桃合作、帮教工作、彭水帮扶等品牌，产生了良好社会影响。

在黾勉同心、参政为民的履职实践中，重庆民盟的自身建设不断迈上新台阶。其间虽然有特定历史时期的挫折，但更有对多党合作大业始终不渝的信念。民盟市委始终把思想建设放在自身建设的核心地位，努力创新思想建设和宣传工作的方式方法；坚持开展各种主题教育活动，并利用丰富的盟史资源，教育感召盟员修盟心、树盟性，弘扬民盟先贤的优良传统，为凝魂聚力开展各项工作提供了坚实的思想基础。同时，民盟市委稳步推进组织发展工作，切实加强后备干部队伍和代表性人士队伍建设，全面加强基层组织建设，为民盟各项事业的可持续发展提供了扎实的组织保障，奠定了坚实的人才基础；一大批优秀盟员双岗建功，可圈可点。

民盟在重庆、在多党合作大业上矗立起不朽丰碑，照耀历史，也照耀未来。明年是重庆民盟地方组织70周年华诞。借此契机编辑出版《重庆民盟史》，旨在和6000多位盟员一道聆听民盟创始者们指点江山、抨击时弊的历史回音，缅怀红岩英烈为国家民族慷慨捐躯的英勇壮举，重温民盟在重庆风雨同舟、肝胆相照的铿锵岁月，钩沉重庆民盟同心同行、与时俱进的坚实足迹。唯有如此，今天的重庆民盟才更有底气接续特园薪火，传承民盟精神；才更有信心开创民盟各项工作的新局面，促进多党合作事业蓬勃向上，助推“科学发展、富民兴渝”。

是为序。

吴刚

2014年5月30日

目 录

第一章

中国民主同盟的建立及总部在渝主要活动

（1941 年 3 月至 1946 年 5 月）

1931 年 9 月 18 日，日本发动侵华战争。为了抗击日本侵略，挽救民族危亡，在中国共产党的推动下，国共两党实现了第二次合作。以此为基础，形成了包括各抗日党派、爱国民主人士在内的抗日民族统一战线。“皖南事变”后，为了调解国共争端，维持民族团结，坚持抗战到底，各抗日党派加强联合，并以“统一建国同志会”为基础，在重庆秘密成立中国民主政团同盟。从此，民盟作为“中国民主运动的生力军”，登上中国政治舞台，并在坚持“团结、民主、抗日”中不断发展壮大，成为推进民主宪政、参与政治协商的重要力量，在反对内战、争取和平，反对独裁、争取民主等方面发挥了重要作用。1946 年 5 月，民盟总部由重庆迁往南京。

第一节　中国民主政团同盟的建立

一、抗日战争全面爆发和国民政府移驻重庆

1937 年 7 月 7 日，日本帝国主义制造“卢沟桥事变”，悍然发动全面侵华战争。中国守军奋起抵抗，全国人民迅速掀起抗日

救亡热潮,中国历史由此进入长达八年的抗日战争时期。

战争之初,日寇的侵略态势异常凶猛。7月底,平津沦陷,华北全线告急。8月13日,日军进攻上海,制造“八一三事变”。面对日寇的疯狂进攻,中国守军顽强抵抗,体现了中国军民守土保国的决心。然而,日寇凭借优势军力快速推进,使国民政府首都南京所受威胁日趋严重。为应对时局的突变,国民政府最高中枢机关开始将迁都事宜提上议程,并将四川及重庆作为抗战大后方重要战略地区予以筹谋。

11月15日,代行战时国家最高决策机构的国防最高会议常务会议正式作出“国民政府移驻重庆”的决定。19日,国防最高会议主席蒋介石在国防最高会议上作《国府迁渝与抗战前途》的讲话,明定四川为抗战的大后方,重庆为国民政府驻地。[①] 20日,国民政府发表移驻重庆宣言,宣告“国民政府兹为适应战况,统筹全局,长期抗战起见,本日移驻重庆。此后将以最广大之规模,从事更持久之战斗”。26日,国民政府主席林森抵达重庆。12月1日,国民政府开始在重庆办公,但国民党政治和军事指挥中心仍然设在武汉。

1938年10月,武汉沦陷,国民政府党政机关和人员大部被迫全线迁移。12月,国民政府军事委员会随蒋介石由桂林迁抵重庆。1940年9月6日,国民政府正式发布命令,明定重庆为中

---

① 自此,大后方成为抗战时期中国特有的政治地理概念,狭义的大后方指四川,广义的大后方则为整个国民党统治区,无论广义还是狭义,重庆都是大后方的中心。抗战之前,重庆是四川省政府管辖的直辖市。1939年5月5日,国民政府改重庆市为直接隶属于行政院的特别市。

华民国陪都。国民政府党、政、军各中央机关纷纷迁驻重庆的同时,东部沿海和中部地区的大量人员和物质也迅速向西南各省内迁;各抗日党派[1]、民众团体,30多个国家驻华使馆,40多个国际机构、新闻媒体,30多所大学、专科学校、军校及国立中学相继入驻重庆。重庆成为战时中国的政治、军事、外交、经济和文化中心。

武汉失陷前夕,八路军武汉办事处和中共中央长江局大多数工作人员先后到达重庆,遂成立八路军驻重庆办事处。1939年1月16日,中共中央南方局在重庆秘密成立,并确定了向中间阶级发展统一战线的方针。随着各抗日党派、无党派人士、社会各阶层政治力量汇集重庆,重庆成为抗日民族统一战线的重要政治舞台。

二、统一建国同志会成立

抗日战争初期,由于日寇的大举进攻和全国人民民族义愤

---

① 第二次国共合作推动了各抗日党派的大合作。这一时期,除国共两党以外,全国实际存在的较有影响的政党还有三个:中国青年党(简称"青年党",主要领导人有曾琦、李璜、左舜生等)、国家社会党(简称"国社党",主要领导人有张君劢、张东荪等)和中华民族解放行动委员会(也称"第三党",主要领导人有章伯钧、丘哲等);还有三个具有政党性质的政治团体:中华职业教育社(简称"职教社",领袖是黄炎培)、乡村建设协会(简称"乡建派",主要代表人物是梁漱溟)和中华全国各界救国联合会(简称"救国会",主要领袖有沈钧儒、邹韬奋、李公朴、史良、章乃器、沙千里、王造时、陶行知、张申府等)。这些党派有称"抗日党派",也有称"中间党派"。"民主党派"一称,目前最早见于1945年中共"七大"《论联合政府》报告。

的高涨，迫使国民党不得不接受中国共产党提出的“筑成民族统一战线”的主张，承认中国共产党和各抗日党派的合法地位，并先后于 1937 年 8 月和 1938 年 7 月成立和召开了国防参议会和国民参政会，作出了团结各党派共同抗日的民主姿态。

1938 年 10 月 28 日至 11 月 6 日，国民参政会一届二次会议在国民政府军事委员会礼堂召开，这是国民参政会迁到重庆以后召开的第一次会议。会议期间，中共参政员同各抗日党派和无党派人士参政员采用联合提案、参加联署、讨论发言、会议表决等方式提出和通过了多项推动国民党政府坚持团结抗战、反对妥协投降和实行民主政治的提案，建立了中共参政员同各党派和无党派人士参政员之间良好的合作关系。

虽然各党派对国民党抗日寄予很大的希望，可是，这个希望很快就落空了。抗日战争进入相持阶段后，国民党逐渐转向消极抗日，积极反共反人民。1939 年 1 月，国民党五届五中全会制定了“防共、限共、反共、溶共”的政策，设立防共委员会，接着又颁布了《限制异党活动办法》《共党问题处置办法》等法令，并且在 1939 年冬至 1940 年春发动了第一次反共高潮。国民党顽固派破坏抗日民族统一战线的反共活动，使得拥蒋抗日的各党派深感不满、失望和忧虑。1939 年 2 月至 10 月，梁漱溟巡历华北、华东各战地时，看到国共两党的矛盾极为尖锐，认为党派问题尖锐严重情形，近则妨碍抗战，远则重演内战，非想解决办法不可。此观点获得了一部分民主人士的赞同。同时，国民党顽固派坚持一党专政和消灭异己的政策，也使各党派的生存受到威胁。在这种形势下，各党派纷纷要求国民党结束一党专政，实行民主宪政,并产生了联合起来共同对国民党顽固派作斗争的迫切要求。

1939年9月,国民参政会一届四次会议在重庆召开。中共参政员陈绍禹、董必武等联络其他党派参政员提出了《请政府明令保障各抗日党派合法地位案》,针对国民党的反动政策和法令,提出由国民政府明令保障抗日党派之合法权利,取消各种所谓限制"异党"活动办法,严禁借口"异党"和思想问题,非法迫害人民。中国青年党、国家社会党、中华民族解放行动委员会、全国各界救国联合会的参政员,也联络其他参政员同时提出了要求结束党治、改革政治的提案,遭到一些国民党右翼参政员反对。经过两天一夜的激烈争论,终于使参政会作出了"定期召开国民大会,制定宪法,实行宪政"和"全国人民除汉奸外,在法律上其政治地位一律平等"等决议,取得了民主势力对反民主势力的一个重大胜利。

经过一届四次国民参政会上的激烈斗争,各党派领导人深深体会到:这场斗争之所以取得胜利,完全是因为各党派联合的结果;如果没有联合,要在中国真正实行民主宪政,坚持团结抗日是不可能的。因此,国民参政会中的一些党派领导人开始酝酿成立一个国共两党以外的联合政治组织,以形成一种联合的政治力量。1939年10月,中华职业教育社的黄炎培、乡村建设协会的梁漱溟、中华民族解放行动委员会的章伯钧、全国各界救国联合会的沈钧儒等主张抗日的党派领导人和张澜等社会贤达,在重庆发起组织"统一建国同志会",其宗旨为集合各方热心国是之上层人士,共同探讨国是政策,以求意见之一致,促成行动之团结。

1939年11月23日，统一建国同志会在重庆青年会餐厅召开成立大会，参加会议的有中华民族解放行动委员会的章伯钧、丘哲；中国青年党的左舜生、曾琦、李璜、余家菊；国家社会党的罗隆基（后退出该党）、罗文干、胡石青；救国会的沈钧儒、邹韬奋、张申府、章乃器；中华职业教育社的黄炎培、江问渔、冷遹；乡村建设协会的梁漱溟以及社会贤达张澜、光升等。会议通过了《统一建国同志会信约》和《统一建国同志会简章》。《信约》内容包括强调"国家至上，民族至上"；主张实施宪政，成立宪政政府；中止一切抵触宪法之法令、设施；遵守宪法之各党派，一律以平等地位公开存在；要求吏治清明，铲除贪污；尊重思想学术之自由；不赞成以政权或武力推行党务；反对内战等等。

会议选举黄炎培、张澜、章伯钧、左舜生、梁漱溟为常务干事，公推黄炎培为主席。蒋介石在审查了《信约》《简章》和会员名单后，以不能成为正式政党为条件，允许统一建国同志会取得合法活动的权利。

统一建国同志会会员不多，几乎都是国民参政员。它虽然还不是一个政党，但其成立密切了国共之外的抗日党派和主张抗日的无党派人士的联系，在组织上实现了各党派的初步联合，为后来中国民主政团同盟的成立做了组织上的准备。

三、第一次民主宪政运动

抗日战争中后期，国统区先后爆发了两次民主宪政运动。这两次运动均以各抗日党派为主要发起者和活动主体，在中共积极参与和推动下，以反对国民党一党专政、蒋介石个人独裁，争取实行民主政治，早日实现孙中山倡导的宪政为目标。

一届四次国民参政会后，各党派领导人一方面筹建“统一建国同志会”，另一方面积极推进民主宪政运动，对广大人民进行民主思想教育，促进国家的民主化进程，以坚持团结民主抗日。

1939 年 9 月 20 日，国民参政会宪政期成会在重庆举行首次会议，决定在双十节后组织各种集会，着手研究宪法及国民大会组织法、选举法等问题。1939 年 10 月 1 日，沈钧儒、张澜、章伯钧、左舜生、李璜、张君劢、张申府、江问渔、王造时、褚辅成等以参政员身份，首先在重庆发起并邀请各界知名人士举行宪政问题座谈会，一致议决继续举行座谈会，并组织一民众团体，协助宪政的实施，在社会引起强烈反响。11 月 30 日，沈钧儒、章伯钧等又筹组宪政促进会，并向全国各地发展。至 1940 年 3 月，宪政座谈会先后举行 8 次，对全国各地宪政运动起到了重要的推动作用。一时各地宪政促进会如雨后春笋，纷纷举办演讲，出版刊物，对推进宪政、宪政与抗战建国的关系、宪政草案的研究、国民大会的意见等，进行了广泛的讨论，使民主宪政的宣传深入人心。中国共产党也十分重视民主宪政运动。1939 年 10 月和 12 月，中共中央两次向全党发出支持宪政运动的指示，毛泽东等中共领导人亲自发起成立“延安各界宪政促进会”，使延安、华北、华中等抗日根据地的民主宪政运动轰轰烈烈地开展起来。

1939 年 11 月 17 日，国民党五届六中全会通过《定期召集国民大会并限期办竣选举案》，决定国民政府于 1940 年 11 月 12 日召开国民大会，制定宪法，开始宪政。1940 年 3 月，国民参政会宪政期成会提出《中华民国宪法草案(五五宪草)修正草案》(即“期成宪草”)。这是民主宪政运动的结晶,对中国民主宪政思想的发展具有重要意义。然而,坚持一党专政和个人独裁的国民党顽固派根本没有实行宪政的诚意,不久,就出尔反尔,于1940年9月宣布国民大会因“交通不便”不能按期召开,同时采取种种办法限制宪政团体的活动,把轰轰烈烈的民主宪政运动压制了下去。

国民党政府在对中共和各党派联合发动的宪政运动进行破坏的同时,还对他们进行分别打击。国民党政府对中共主要以军事打击为主,在“皖南事变”后达到高潮。而对各党派和社会贤达则采取政治高压,如1940年5月声称救国会领导人沈钧儒等要在重庆发动“暴动”,并命令军警特务监视其活动。1941年初,国民党又封闭了邹韬奋在桂林、昆明等地的生活书店。这些反动行为使原来对国民党政府抱有幻想的人都大失所望,客观形势要求他们必须进一步团结以形成自己的独立的政治力量来壮大自己。

四、中国民主政团同盟秘密建立

在第一次宪政运动失败和国民党政治压迫的形势下,为了求得自身的生存和发展,同时也为了深层次调解国共关系,各党派开始进一步加强合作。1940年12月下旬,黄炎培、梁漱溟、左舜生、张君劢等在重庆多次秘密集会,讨论时局,酝酿联合。主张抗日的各党派联合,得到了中国共产党的鼓励、支持和帮助。

1941年1月,在抗日战争最艰巨的时候,国民党顽固派竟置民族大义于不顾，悍然在安徽泾县地区对奉命北移的新四军军部发动突然袭击，致使军长叶挺被俘、副军长项英等牺牲，北移部队9000余人除少部突围外，大部分牺牲，制造了震惊中外的“皖南事变”。事变发生后，国共两党关系十分紧张，面临着重开内战的危机。

国民党制造“皖南事变”和厉行政治压迫，使“各小党派及中间派，对国民党大为失望”。统一建国同志会的各党派人士认识到，“非民主团结，大局无出路。非加强中间派的组织，无由争取民主团结”。惟有形成一个比较强大的第三者政治集团，才能有力调停国共关系，坚持团结抗日。1941年2月25日至3月13日，黄炎培、梁漱溟、左舜生、张君劢、章伯钧、张澜、罗隆基、李璜等人，多次秘密召开筹备会议，推定梁漱溟、左舜生、罗隆基起草政治纲领和宣言，章伯钧、李璜、罗隆基起草组织规程，并酝酿领导人选，为民主政团同盟的建立作准备。

1941年3月19日下午，中国民主政团同盟成立大会暨第一次中央执行委员会议在重庆上清寺特园①秘密召开。出席大会的有各党派推荐和协商产生的中央执行委员：职教社的黄炎培、江问渔、冷遹，乡建协会的梁漱溟，青年党的左舜生、李璜、林可玑、杨赓陶，国社党的张君劢、罗隆基（蒋匀田代），中华民族解放

---

① 特园位于重庆市渝中区上清寺嘉陵江大桥南桥头，是著名爱国民主人士、民盟重庆市支部第二届主委鲜特生的公馆。特园被誉为“民主之家”，是民盟的诞生地，是民盟总部在渝活动的重要场所之一。国共在重庆谈判期间，毛泽东曾三顾特园，与张澜、鲜英等民主人士共商国是。特园现建有中国民主党派历史陈列馆和中国民主同盟成立纪念碑。

行动委员会的章伯钧、丘哲以及社会贤达张澜等 13 人。会议讨论了政治形势和组织机构等问题，通过了《中国民主政团同盟政纲》《敬告政府与国人》和《中国民主政团同盟简章》；确认与会 13 人为中央执行委员，推选黄炎培、左舜生、张君劢、梁漱溟、章伯钧等 5 人为中央常务委员，黄炎培为中央常务委员会主席（同年 10 月，黄炎培辞去主席职务，由张澜接任），左舜生为总书记，章伯钧为组织部长，罗隆基为宣传部长。

沈钧儒原为政团同盟的倡议人之一，但是因为沈钧儒所属的全国各界救国联合会与中国共产党关系密切，为避免国民党当局找麻烦，决定救国会暂不参加同盟。就这样，包括中国青年党、国家社会党、中华民族解放行动委员会、中华职业教育社、乡村建设协会及社会贤达在内的中国民主政团同盟便在重庆秘密成立。1942 年 1 月，张澜主持民盟中央执行委员会，讨论通过了邀请沈钧儒领导的救国会加入政团同盟的决定，民主政团同盟三党三派格局正式形成。

五、公布政治纲领，走向公开活动

中国民主政团同盟成立后，因在国民党统治区没有合法地位，不能公开活动，决定派中央常委梁漱溟去香港办报，在海外建立言论机关，宣传民盟的政治主张，争取社会舆论的同情与支持，然后公开民盟的组织。1941 年 9 月 18 日，中国民主政团同盟的机关报《光明报》在香港正式出版，梁漱溟为社长，萨空了为经理，俞颂华为总编辑。10 月 10 日，《光明报》发表“启事”，宣告中国民主政团同盟已在重庆成立，并公布了经过修改的《中国民主政团同盟对时局主张纲领》(即“十大政治纲领”)和《中国民主政团同盟成立宣言》,向全国人民公开宣布中国民主政团同盟的政治主张和斗争目标。

中国民主政团同盟的政治纲领主要内容包括:(一)贯彻抗日主张,恢复领土主权之完整,反对中途妥协。(二)实践民主精神,结束党治,在宪政实施之前,设置各党派国事协议机关。(三)加强国内团结,所有党派间最近不协调之点,亟应根本调整,使进于正常关系。(四)督促并协助中国国民党切实执行抗战建国纲领。(五)确立国权统一,反对地方分裂,但中央与地方须为权限适当之划分。(六)军队属于国家,军人忠于国家,反对军队中之党团组织,并反对以武力从事党争。(七)厉行法治,保障人民生命财产及身体之自由,反对一切非法之特殊处置。(八)尊重思想学术之自由,保护合法之言论出版集会结社。(九)严行避免任何党派利用政权在学校中及其他文化机关推行党务;政府一切机关,实行选贤与能之原则,严行避免为一党垄断及利用政权发展党员;不得以国家收入或地方收入,支付党费。(十)厉行后方节约运动,切实改善前方待遇;纠正各种行政上妨碍生产之措施,以纾民困,并力谋民生之改善;健全监察机关,切实为各种行政上弊端之澄清。

通过英美各国在港记者向各国发消息,中国民主政团同盟的成立引起了国内外的注意,对此,国民党政府十分恐慌,千方百计加以压制。与国民党的态度完全相反,中国共产党对中国民主政团同盟的成立表现了热情的支持。中共中央机关报《解放日报》及时作了报道,10 月 28 日,又发表社论《中国民主运动的生力军》,称赞民主政团同盟宣布的纲领强调了“抗战到底,加强团结,保障人权,结束党治,革新内政的必要”,指出这是对抗战期间我国民主运动的一个新的推动。

由于国民党要员孙科等人坚决否认有民主政团同盟的存在,民主政团同盟中央常委经过研究,决定“冒着被打击压迫的危险”,在重庆公开民主政团同盟组织。1941 年 11 月 16 日,即国民参政会二届二次大会召开的前一天,民主政团同盟以主席张澜、总书记左舜生、组织部长章伯钧、宣传部长罗隆基 4 人的名义,在重庆临江路俄国餐厅举行茶会,邀请国共两党代表和国民参政员出席。国民党方面的王世杰、邵力子、张群,共产党代表周恩来等出席了茶会。会上,左舜生报告了中国民主政团同盟成立经过及其政治主张,公开宣布中国民主政团同盟的成立。

次日,国民参政会二届二次大会开幕。会议期间,民主政团同盟参政员张澜、张君劢、左舜生、罗隆基等,根据民主政团同盟的纲领,向国民参政会提出了《实现民主以加强抗战力量,树立建国基础案》,要求国民党立即结束训政,实施宪政;成立抗战时期正式民意机关;政府一切机关不得歧视无党和异党分子;不得强迫公务人员加入国民党;国民党党费不得由国库开支;保证人民各项自由,停止特务组织对内的一切活动;严禁官吏垄断企业,投机倒把等。提案得到了董必武、邓颖超等 20 多位参政员的联署。从此,中国民主政团同盟由秘密转为公开,以中间党派的身份出现在国民党统治区的政治舞台上。

第二节　坚持团结抗日，推动民主宪政

一、参加第二次民主宪政运动

国民党扼杀第一次民主宪政运动，发动第二次反共高潮，全面加强法西斯统治，其结果是加深了国民党统治区的政治、军事、经济危机，引起了国内外强烈不满。为了摆脱内外交困的局面，继续维持其统治，国民党不得不在1943年9月举行的五届十一中全会上，通过了所谓“战争结束一年内即召开国民大会，颁布宪法，实行宪政”的决议。各党派就利用当局打出“宪政”旗号这一有利时机，在国民党统治区掀起了第二次民主宪政运动。

经历过第一次宪政运动的各党派，已经对国民党蒋介石政府假民主、真独裁的本性有所认识，因此，面对其再次的宪政承诺，各党派不再把“制宪、修宪和行宪”作为奋斗目标，而是从一开始就冲破了国民党规定的宪草讨论的范围，把争取宪政的先决条件，即争取人民基本的民主权利和各党派的合法地位作为第二次民主宪政运动的奋斗目标。

1943年9月18日，时值纪念“九一八”事变十二周年，中国民主政团同盟主席张澜发表《中国需要真正民主政治》一文，深入分析“民主”和“党治”的本质内涵，大胆揭露国民党一党专政的独裁统治。该文被印成小册子广为流传，产生了很大的影响。

在第二次民主宪政运动期间，民主政团同盟领导人纷纷出面主办刊物，宣传民主宪政，发起成立各种组织，促进民主宪政

运动的开展。1944 年 1 月,由黄炎培发起出版的《宪政》(月刊)在重庆创刊,主编为张志让,编委有戴修缵、褚辅成、杨卫玉、王芸生、傅斯年等。此外,还有左舜生主编的《民宪》(1944 年 11 月起,正式由中国民主同盟接办,由张澜、张君劢、沈钧儒、李璜、罗隆基、章伯钧、张申府、梁漱溟、左舜生组成编委会),章伯钧主编的《中华论坛》,闻一多、李公朴创办的《自由评论》,都鼓吹民主宪政,并在国民党统治区形成了声势很大的社会舆论。同时,民主政团同盟还举办座谈会,宣扬民主宪政。在黄炎培主持的国民参政会宪政座谈会上,沈钧儒、史良等 50 余人一致要求"保障民权"。沈钧儒、黄炎培还在重庆发起每月一次的"民主宪政座谈会",规模越来越大,参加人数多达数百人,很有影响。此外,黄炎培还在内迁重庆的复旦大学发表演讲,批评国民党当局没有颁布宪法,没有实施宪政,提醒大家要"为民主而战,还要反对假的主义"。

第二次民主宪政运动得到中共中央的有力支持。1944 年 3 月 12 日,周恩来在延安各界纪念孙中山逝世十九周年大会上,指出实施宪政"就是给人民以民主自由,有了民主自由,抗战的力量就会源源不绝地从人民中间涌现出来"。他的讲话明确了宪政运动的目的,进一步推动了民主宪政运动的开展,支持了民主政团同盟的斗争。

1944 年 5 月,中国民主政团同盟发表《对目前时局的看法与主张》,抨击国民党坚持法西斯统治的蛮横态度;认为实现民主的起码条件是国民党"放弃十余年来的特殊地位","无保留无犹豫给予人民以各项基本自由";强调要使中国"成为一个十足道地的民主国家”,“民主体系的形成已刻不容缓,万万不可向战后推宕”,“假定在战时不能实现民主,我们在战后所得的将不是民主,而是国家的分裂与毁灭,其痛苦必且十倍百倍于今天”。

抗日战争后期,中国民主政团同盟以主要力量从事民主宪政运动,借以团结抗日力量,坚持抗战胜利,在运动中起了重要的推动作用,也扩大了自己在群众中的政治影响。民主政团同盟的活动,密切了和中国共产党的合作,推进了大后方的抗日民主运动。

二、中国民主政团同盟全国代表会议召开

在第二次民主宪政运动中,中国民主政团同盟空前活跃。受其影响,大批无党派的民主人士要求入盟,但限于政团同盟主要吸收三党三派的成员,盟务又被中国青年党的一些人把持,阻碍了民盟的组织发展,因而引起盟内外的普遍不满。为此,民盟昆明支部早在1943年即向总部正式提出,改变政团联合体为广大民主分子个人的联合体,得到广大盟员的赞成。经过一年多的酝酿,总部决定召开全国代表会议,对民主政团同盟进行改组。

1944年9月19日,中国民主政团同盟全国代表会议在重庆上清寺特园召开。会议决定取消民盟的团体会员制,盟员一律以个人名义加入,民盟组织的名称,由中国民主政团同盟改为“中国民主同盟”。

会议还针对中共参政员林伯渠9月15日在三届三次国民参政会上提出组织抗日联合政府的主张,讨论了形势,决定拥护中国共产党的主张,结合中共提案的设想,拟定了《中国民主同盟

纲领(草案)》,把建立联合政府、建设民主国家作为民盟的奋斗目标。这个纲领草案共46条,包括政治、经济、军事、外交、教育、社会等6个方面。

会议选举张澜、张君劢、章伯钧、左舜生、潘光旦、罗隆基、李璜、沈钧儒、张申府、梁漱溟、陈启天、张东荪、鲜特生、杨叔明、黄艮庸、曾昭抡、朱蕴山、周鲸文、曾琦、丘哲、张云川、周新民、韩兆鹗、林可玑、郭则沉、刘东岩、黄炎培、冷遹、张志和、余家菊、郑振文、吴晗、潘大逵等33人为中央委员,张澜、沈钧儒、黄炎培、章伯钧、左舜生、李璜、罗隆基、梁漱溟、张申府、曾琦、张君劢、张东荪、潘光旦等13人为中央常委,并推选张澜为主席,左舜生为秘书长,章伯钧为组织委员会主任,罗隆基为宣传委员会主任,梁漱溟为国内关系委员会主任,张君劢为国际关系委员会主任。

中国民主政团同盟全国代表会议,把三党三派的联盟改为广大民主人士的联盟,扩大了民盟的社会基础,大批爱国的进步知识分子得以加入民盟。到1945年10月,全国约有盟员3000人,以无党派身份加入的盟员占70%以上。不少在学术界有地位、在社会上有威望、在斗争中有经验的无党派民主人士入盟后,被选进了各级组织担任领导工作,从而改变了原来由中国青年党把持盟务的状况,极大地推动了民盟组织的发展与巩固。同时,民盟总部组织委员会不断加强对全盟组织工作的领导,在各地建立民盟地方组织。到1945年9月,先后建立了云南省支部、广东省支部、重庆市支部、东南总支部、西北总支部和华北总支部等地方组织[1]，开展了不少活动。同时，为了斗争需要，各地也有一些共产党员加入民盟，民盟的战斗力日益加强，成为中国政治舞台上一支不可忽视的重要政治力量。

三、响应中国共产党建立民主联合政府的号召

1944年9月6日，三届三次国民参政会在重庆开幕。为了根本改变国统区的政治、军事、经济所面临的危机，争取抗日战争的最后胜利，同时把全国人民在民主宪政运动中提出的要求集中起来，形成一个更加明确的斗争目标，中共参政员林伯渠9月15日在参政会上，代表中国共产党向国民党政府和全国人民提出结束国民党一党专政、立即召开紧急国是会议、组织抗日联合政府的主张。10月10日，周恩来发表《如何解决》的讲演，进一步阐明中国共产党提出的立即召开国是会议、取消国民党一党专政、成立联合政府的具体实施步骤。

中国共产党提出的废除国民党一党专政、成立民主联合政府的主张，得到中国民主同盟的积极响应。张澜发表声明："中国今天有强有力的共产党，有强有力的民主同盟。只有立即召开国民会议，实行联合政府，才能挽救危机！"9月24日，各党派领导人和民主人士400余人在重庆迁川大厦集会。张澜在会上抨击国民党的独裁统治，拥护中国共产党提出成立联合政府的主张。会上还成立了重庆民主促进会。

---

① 1944年11月，高崇民、阎宝航、陈先舟、陈彦之和杜弘如等组成民盟东北小组，东北第一个民盟小组在重庆正式宣告成立。

10月10日，中国民主同盟发表《对抗战最后阶段的政治主张》，要求：（一）立即结束一党专政，建立联合政府；（二）召集党派会议，产生战时举国一致之政府，并筹备正式国民大会之召开及宪法之制定；（三）保障人民言论、出版、集会、结社、职业、身体之自由，废除现行一切有碍上列自由权利之法令与条例；（四）开放党禁，承认各党派公开合法地位，并立即释放一切政治犯；（五）废除特务及劳动营一类纯粹法西斯之组织；（六）全国一切派系不同之军队，应本平等待遇之原则，统筹装备、给养、训练、补充之公平，以求得作战指挥之统一并渐进于军队国家化之正轨；（七）财政绝对公开，凡预算、决算及增加人民负担之措施，必须交由现有民意机关审查通过；（八）保障人民之最低生活，改善士兵及公务人员之待遇，对战时战后之受灾人民，尤应统筹救济；（九）立即停止党化教育，保障讲学自由及从事教育职业之自由；（十）促进中苏邦交，加强对英美及其他盟邦之联系，以期彻底合作。同一天，昆明5000余人举行纪念双十节群众大会，李公朴、闻一多、罗隆基等在会上呼吁全国一致要求国民党必须立即建立民主联合政府，保障人民民主权利；并要求切实保障人民身体、言论、集会、结社等自由，立即释放除汉奸以外的一切政治犯；立即彻底改善财政及政治政策；停止通货膨胀，减轻平民的痛苦；必须彻底改善士兵的待遇，调整军队编制，并且普遍平均分配全国军队的装备与供应。

1945年元旦，蒋介石发表广播讲话，说“一俟我们军事形势稳定，反攻基础确立，最后胜利有把握的时候”，就及时“召开国民大会”，“归政于全国的国民”。1月14日，中共代表王若飞、徐冰在重庆同民盟领导人沈钧儒、章伯钧、张申府、黄炎培等人就改革国民政府，实现国共谈判交换意见。1月15日，中国民主同盟针对蒋介石新年文告发表时局宣言说，“假定能召开一举国一致而又确能解决当前一切实际问题的国民大会，吾人在原则上自亦赞成之，但目前事实上乃绝少办到的希望”。并指出，只有结束一党专政，建立联合政权，中国始有实现民主宪政之可能，“否则藉延宕以资敷衍，弄名词以饰观听，则不惟当前一切困难问题无从解决，整个国家民族且有陷于分裂破碎之虞”。这一严正宣言由《新华日报》1月26日全文刊登。国民党当局当即下令禁止出售这天的《新华日报》，并派出军警四处搜查，一经发现即没收或撕毁。为此，新华日报社员工上街散发报纸，在重庆街头出现了争相购买《新华日报》的动人一幕。2月12日，毛泽东就此事写信给解放日报社，指示《解放日报》发表并在延安电台广播民盟这一宣言。3月1日，蒋介石在重庆宪政实施协进会上发表演说，公开反对召开党派会议，反对建立联合政府，并声称要在1945年11月12日召开国民大会。3月10日，中国民主同盟发表对最近国内民主与团结问题的谈话，重申民主同盟对召开国民大会的态度，并指出，九年前选举国民大会代表时，“国内除国民党外，各党派固无一能享有参与选举之机会；即平日在社会雅负时望之各界人士，如非早已取得国民党党籍，亦绝少有被选为国大代表的可能；甚至即在国民党党内之若干贤达，对于当时选举之种种情况，亦有深致其不满者；凡此均属全国所周知的事实，不容否认。今时移世易，合全国之力以与日寇周旋，为时已八年之久！世界民主高潮，即挟其排山倒海之力以俱至；而全国必须团结以共度此战时战后之难关，又实为时代之迫切要求；如置上举一切事实于不顾，仍举八九年前所产生之旧代表，以之应付当前千难万难之新局面，则所谓民主云云，团结云云，岂不将徒托空谈？”民盟不赞成国大的旧代表，而主张以普选产生国民大会的代表，这实际上是否定了国民党包办的“国民大会”。

1945年4月，毛泽东在中国共产党第七次全国代表大会上作《论联合政府》的政治报告，提出立即废止国民党一党专政，“成立一个由国民党、共产党、民主同盟和无党无派分子的代表人物联合组成的临时的中央政府”；并说“为着讨论这些事情，召集一个各党派和无党派的代表人物的圆桌会议，成立协议，动手去做”。可是，这一建议又遭国民党拒绝。为此，中共中央负责人于6月16日公开声明：中共参政员将不出席定于7月召开的第四届国民参政会。此时，国共两党的谈判也已中止。

为了调停国共关系，听取中国共产党的意见，和共产党共同商量解决办法，民盟参政员黄炎培、章伯钧等在征得毛泽东、周恩来和蒋介石的同意后，决定访问延安。7月1日，民盟中央领导成员、国民参政员黄炎培、章伯钧、左舜生、冷遹和国民党国民参政员褚辅成、傅斯年由重庆飞往延安访问。访问期间，黄炎培等6人与毛泽东、朱德、周恩来、刘少奇、林伯渠、张闻天、任弼时、王若飞举行正式会谈，后将会谈整理成《会谈纪要》，提出：(一)停止国民大会进行；(二)从速召开有国民党、共产党、民盟及三方共同推荐的无党派代表人士组成的政治会议，讨论结束一党专政，建立民主联合政府，研究民主改革之紧急措施，制定民主的施政纲领和将来召开国民大会等问题。此外，还提出会议应公开、平等、自由、一致、有权，会议召开前应释放政治犯。

7月5日，黄炎培等回到重庆，集体面见了蒋介石，递交了《会谈纪要》，这无疑是对蒋介石独裁政策的一个沉重打击。7月7日，四届一次国民参政会开幕，中共8位参政员未出席，民盟参政员、民盟中央主席张澜也未出席，他在致蒋介石的信中表明立场，认为此次会议讨论国民大会将导致分裂，出于国家利益和维护团结，所以不出席会议，以保持政治上的主动。蒋介石在开幕词中把中共和各党派对国民党坚持召开包办的国民大会的合理批评指为"肆意攻击"。7月14日，国民参政会讨论召开国民大会的专题，民盟参政员黄炎培、冷遹、江问渔等发表书面声明：不参加国民大会问题的讨论，并说召开国民大会在于"国民党结束训政，还政于民"，而今"遂欲仓卒召集，仓卒制宪，则其后患将不堪设想"。由于民盟与各党派的坚决斗争和中共会外攻势的配合，终于使国民党参政员未敢倚仗多数强行通过按期召开国民大会的决议，改为"本会同人意见未尽一致……由政府酌情决定"。

但是，国民参政会刚刚闭幕，国民党便调集了几个师的兵力，突然对陕甘宁边区发动大规模进攻。中共中央指示正在重庆的徐冰立即向大后方各党派、民主人士、新闻界和各国使节说明情况，呼吁共同制止内战。听了徐冰介绍的情况后，民盟立即于7月28日发表《对时局宣言》，严厉谴责国民党发动内战的行为，再次重申必须召集各党派及无党派人士的政治性会议，以达成改组举国一致政府之目的，"俾在一定时限之内，扶持国家，步入民主常规"。8月3日，中国民主同盟主席张澜在招待外国记者时发表演说，坚决反对国民党政府于1945年11月12日召集国民大会，主张“召集包括各党派代表以及无党派的有力人士的政治会议，协商国家大计，订定临时施政纲领”，“改组政府为举国一致的临时性质的民主联合政府，执行由政治会议拟定的施政纲领，筹备真正的国民大会的召集”。

第三节 争取和平民主，反对内战独裁

一、呼吁并力促国共和谈

1945年8月15日，日本帝国主义宣布无条件投降，抗日战争胜利结束。日本即将投降的消息一传出，国共两党的关系就出现了尖锐对立状况，内战一触即发。就此，民盟中央主席张澜于8月12日就时局发表谈话，呼吁“国共两党军队赶快停止各地足以促成大规模内战的一切摩擦，并立即召开党派会议，从事团结商谈”，寻求民主、统一、和平、建国的途径。1945年8月15日，中国民主同盟发表《在抗战胜利声中的紧急呼吁》，提出“民主统一，和平建国”的口号。同时提出修改国民大会的组织法和选举法，实行普选，召开全国人民所一致需要的国民大会；政府保障人民的一切基本自由；释放一切政治犯和思想犯；由政府召集各党派及无党派人士的政治会议，成立举国一致的民主政府；政府应逐渐做到使军人主军，文人主政的原则；自省一级开始，加强各级的自治，实现中央与地方的均权，以促进地方事业与文化的发展；切实注意经济的复原，废除战时的统制与专卖政策；

政府应立即停止征集壮丁等。《呼吁》还要求国民党和共产党对这些主张“给以充分的考虑”。

由于中国共产党的坚决斗争,民盟的一再呼吁,国内外社会舆论的压力,国民党被迫做出“和平”姿态。从8月14日至23日,蒋介石三次电邀毛泽东到重庆谈判。8月28日,毛泽东、周恩来、王若飞等在张治中、美国驻华大使赫尔利的陪同下飞赴重庆,同蒋介石进行和平谈判。毛泽东等人在九龙坡机场受到民盟领导人张澜、沈钧儒、黄炎培、左舜生、章伯钧等人的热烈欢迎。

8月30日,毛泽东在周恩来陪同下至特园访晤张澜。当晚,毛泽东在桂园举行宴会,招待民盟领导人和其他民主人士。张澜、沈钧儒、黄炎培、左舜生、章伯钧、张申府、冷遹、柳亚子和王昆仑等出席宴会,中共中央王若飞、徐冰、王炳南等人作陪,宾主进行了广泛的商谈。9月2日,民盟以中央常委会名义在特园举行午宴,欢迎毛泽东、周恩来、王若飞,张澜、沈钧儒、黄炎培、左舜生、冷遹、张申府、章伯钧、罗隆基、鲜特生等出席。毛泽东在席间高兴地说:今天我们聚会于“民主之家”,今后共同努力,生活在民主之国。双方就时局问题进行了亲切交谈。中共方面详细阐明了关于实现和平、民主、团结的基本方针,介绍了国共两党谈判情况。中共对和谈的诚意,得到了民盟的同情和支持。

9月10日,中国民主同盟主席张澜致函蒋介石和毛泽东,对国共两党谈判表示关切,希望国共两党应乘此时机,“全盘”、“彻底”地解决国家问题,并提出“政治必须彻底民主”,军队应“采用全盘统筹”之计划进行合理编遣等建议。当晚,周恩来、王若飞招待张澜、沈钧儒、黄炎培、左舜生、罗隆基、张申府等,通报十余日来国共两党谈判情况。11 日，毛泽东、周恩来、王若飞在桂园再度与张治中、黄炎培、沈钧儒等就团结问题交换意见。13 日，章伯钧又就国共谈判中国民党拒绝承认解放区政权和人民军队的合法地位向《新华日报》记者发表谈话，强调“此等军队与政权，系由当地人民取自敌人，有功抗战，不能视为化外，予以敌视的态度”，要求合理妥善地解决解放区的军队和政权问题。

9 月 14 日和 25 日，国共双方谈判代表张群、张治中、邵力子、周恩来、王若飞等人，两次向民盟领导人通报谈判的进展情况，并听取民盟领导人的意见。黄炎培建议国共两党应一面继续谈判，一面着手准备各党派及无党派代表参加的政治会议，这一意见被国共两党采纳。9 月 15 日，毛泽东第三次赴特园看望张澜，就国共谈判、民盟和中共配合等问题交换了意见。9 月 30 日，国共双方谈判代表又在国民参政会宴请民盟领导人及有关人士，商讨政治协商会议组织等问题，民盟领导人张澜、沈钧儒、章伯钧、罗隆基、张申府、左舜生、曾琦等出席了会议。

国共双方经过 40 多天谈判，于 10 月 10 日签署了《政府与中共代表会谈纪要》，即《双十协定》，向全国声明：国共两党“共同努力以和平、民主、团结、统一为基础，长期合作，坚决避免内战，建立独立自由富强的新中国”。

10 月 11 日，毛泽东在王若飞和张治中的陪同下飞返延安，民盟领导人张澜、章伯钧、陶行知等到机场送行。

二、中国民主同盟第一次全国代表大会召开

1945 年 10 月 1 日至 12 日，中国民主同盟在重庆上清寺特园

召开临时全国代表大会,即民盟第一次全国代表大会。四川、西康、云南、广东、贵州、广西、重庆以及西北各地推选代表63人出席,实到48人,代表盟员约3000人。张澜、沈钧儒、黄炎培、章伯钧、罗隆基、左舜生、陶行知、潘光旦、刘王立明、史良、邓初民等出席了大会。大会的中心议题是讨论建立一个什么样的国家的问题,认真研究了毛泽东在《论联合政府》一文中所提出的设想与中国现实之可能。据此,大会通过了《政治报告》《临时全国代表大会宣言》和《中国民主同盟纲领》三个文件。

《中国民主同盟纲领》主张:"民主国家以人民为主人";"其主权永远属于人民全体";"国家应实行宪政,厉行法治,任何人或任何政党不得处于超法律之地位"。关于国家体制,《纲领》主张:第一,议会制。"国会为代表人民行使主权之最高机关,由参议院及众议院合组之","参议院由各省省议会及少数民族自治单位选举之代表组织之"。第二,责任内阁制。"国家最高行政机构采内阁制,对众议院负其责任"。第三,司法独立。"司法绝对独立,不受行政及军事之干涉"。第四,地方自治制。"地方自治为民主政治之基础","中央与省、省与县之权限应以宪法明定其采分权制度"。此外,还提出了"国家保障人民身体、行动、居住、迁徙、思想、信仰、言论、出版、通讯、集会、结社之基本自由","国家应建立健全之文官制度"和"国家实行普选制度"等项。《纲领》提出的主张反映了战后广大人民要求民主、和平、统一的迫切愿望,是对国民党一党专政和个人独裁的一个有力的否定。

大会认为,要"把中国造成一个十足道地的民主国家,一定要首先扫除民主的障碍",即结束国民党一党专政的党治,彻底清除内战的危机，改进普遍贫穷匮乏并且已经陷于破产崩溃的社会经济，提出：（一）召开政治会议。“召集全国各党派及无党派的代表人物共同举行圆桌会议，用和平协商的方法，对当前国家的一切问题求得全盘彻底的解决”。（二）建立联合政府。“联合政府是中国和平、团结、统一的惟一途径”，“是实现军队国家化，彻底消弭内战，平息党争的惟一枢轴”。（三）召集国民大会。“国民大会必须是代表真正民意的机关，而不是任何党派包办操纵的机关”，“必须用人民普选产生的代表以组织国民大会”，国民大会的组织法、选举法和宪草必须经过审慎周详的修改。

大会总结了中国民主同盟全国代表会议以来组织工作的经验，提出发展和巩固组织的意见：（一）扩大中央组织委员会及各地方支部的组织委员会，健全县区分部的组织，提拔培养并训练组织工作的干部；（二）吸收工商业家、文化工作者、中小学教师、乡村工作者等入盟，以扩大盟的组织基础；（三）加强同人民团体的联系，同文化界、工商界、自由职业者团体、工会、农会和学生会建立经常联系，推动并参加各界组织的社交活动。大会通过了《中国民主同盟组织规程》，规定了中国民主同盟的组织原则、中央和地方的组织机构、盟员入盟和退盟的具体办法等等。大会还批判了青年党把持盟务，排斥异己力量，拒绝吸收无党派民主人士入盟，以及企图把民盟变为青年党的工具或外围团体的错误做法，并采取有力措施限制青年党在盟内的派别活动。

大会增选叶笃义、董时进、蒋匀田、何公敢、陶行知、刘王立明、孙宝毅、闻一多、邓初民、杨子恒、刘清扬、辛志超、杜斌丞、范朴斋、柳亚子、史良、马哲民、李公朴、冯素陶、罗子为、楚图南、陈此生、李相符、沈志远、李章达、杨伯恺、李文宜、李伯球、罗涵先、曾庶凡、刘子周、罗忠信、刘泗英等33人为中央委员，连同原有中央委员33人，共有中央委员66人。推选张澜、沈钧儒、章伯钧、黄炎培、史良、张君劢、左舜生、罗隆基、梁漱溟、张东荪、张申府、杜斌丞、陶行知、朱蕴山、潘光旦、马哲民、周鲸文、蒋匀田等18人为中央常务委员，并推选张澜为中央常务委员会主席，左舜生为秘书长[①]，章伯钧为组织委员会主任，罗隆基为宣传委员会主任，张申府为文化工作委员会主任，张君劢为国际关系委员会主任，梁漱溟为国内关系委员会主任，沈钧儒为青年运动委员会主任，陶行知为民主教育委员会主任，黄炎培为工商委员会主任，刘清扬为妇女委员会主任。

大会还决定，为了加强宣传民盟的政治主张，推动全盟的工作，计划出版一种日报。会议结束后，进行了积极的筹备，并于1946年2月1日在重庆正式出版中国民主同盟总部机关报《民主报》[②]。

中国民主同盟第一次全国代表大会提出的政治纲领和主张，反映了战后渴望和平民主的广大人民的要求，和中国共产党的“七大”政治路线和政策相呼应，因而得到了中国共产党和各界群众的积极支持。大会通过的组织问题的决议，对于巩固和发展民盟的组织起了很大的作用。

---

① 1945年12月，青年党从民盟分裂出去，左舜生秘书长一职被解除，后由梁漱溟接任。

② 详见第二章第二节。

三、发动反内战运动

《双十协定》的墨迹未干，国民党就挑起了武装冲突。1945年10月13日，蒋介石发布“剿匪”密令，国民党军队随即沿平汉、津浦、平绥铁路向解放区发动进攻。为了制止内战，民盟立即发动各界人民掀起了大规模的反内战运动，并要求迅速召开政治协商会议，解决国家各项重大问题。10月26日，张澜在民盟召开的记者招待会上指出，“不愿中国再见内战，军事冲突应立即停止”。10月30日，由于国民党军队进攻解放区，国共双方冲突又起，张澜与黄炎培、沈钧儒等在特园举行会议，商讨停止内战问题，并由民盟中央常委黄炎培致函国共双方会谈代表，呼吁“立即停止内战”，提议组织包括各方代表的调查团，前往冲突地点调查真相，商谈解决办法。10月31日，张澜召集民盟中央常委会讨论时局及内战危机问题。11月2日，民盟发言人针对国民党挑起内战的事实发表反对内战的谈话，提出民盟对制止内战的四项主张。11月中旬，张澜、沈钧儒、黄炎培等发起成立“陪都各界反内战联合会”。11月19日，“陪都各界反内战联合会”在重庆西南实业大厦举行有500余人参加的反内战大会，呼吁和平，反对内战，反对美国干涉中国内政，并倡议在全国各地分别成立由各界人士参加的反内战联合会，制止内战，以奠定国内的永久和平。

在此期间，民盟总部和地方组织积极支持各地反内战的学生运动。12月1日，国民党军警特务在昆明屠杀反对内战、反对美国干涉中国内政的学生和教师，致死4人，伤60余人，制造了震惊中外的“一二·一”血案。12月6日，中国民主同盟总部发言人严厉谴责国民党残酷镇压手无寸铁的青年学生，要求：（一）国民党政府应查明事实，追究责任，严惩肇事军政长官；（二）抚恤受害青年，赔偿损失，保证以后不再有类似事件发生；（三）撤销特务，保障人民言论、集会、结社之民主自由；（四）国民党政府勿再听任军警干涉爱国运动，致生不幸事件。成都、重庆等地的民盟组织也纷纷声援昆明学生的正义斗争，要求立即停止内战，实现和平。

1945年12月16日，以周恩来为首的中共政协代表团到达重庆，提出“在政协开幕之前，国民党必须停止军事进攻，实行无条件停战”；并专程拜访张澜，交换了意见。12月24日，沈钧儒、陶行知、梁漱溟、张东荪、张申府、章伯钧、罗隆基、史良、蒋匀田、周鲸文、李公朴等以重庆反内战联合会名义致函蒋介石，要求国民党政府明令“停止武装冲突，使和平建国大业早日顺畅推行”。12月30日，中国民主同盟主席张澜致函国民党和共产党政协代表，要求国共两党于1946年元旦“双方发令所属一切军队即日停止武力冲突，所有问题均得提交政治协商会议解决”。1946年1月2日，中国民主同盟发言人又发表谈话，建议国共双方“一切军队，应各驻原地，不能利用铁道，调动军队”，并要求于政协会议召开之前停止军事冲突。

在全国人民的压力下，国民党被迫接受中国共产党和民主同盟及其他民主人士的要求，于1946年1月10日签订了《停战协定》。决定1月13日午夜起停战命令生效，在北平设立军事调处执行部，监督停战协定的实施，并于《停战协定》签订的同一天,在重庆召开由各党派和无党派代表人士参加的政治协商会议。《停战协定》的签订和政治协商会议的召开,是民盟与中国共产党等民主力量共同斗争所取得的具有重大意义的胜利。

四、参加政治协商会议

1945 年 10 月,由国共双方代表签订的《双十协定》,明确了国民党政府承认各党派的平等合法的地位,决定“召开政治协商会议,邀请各党派代表及社会贤达协商国是”,并由国共双方商定出席单位及名额。最初商定的名额是:国民党 9 人,共产党 9 人,民盟 9 人,社会贤达 9 人,共 36 人。后来,国民党为孤立共产党,通过拉拢青年党对民盟进行分化瓦解,硬要民盟让出 5 个代表名额给青年党。民盟中央坚决反对这一无理要求,为顾全大局,中国共产党提议:青年党单独参加政协会议,不占民盟名额,由中共让出 2 名,国民党让出 1 名,总名额增加到 38 名,维持民盟 9 个名额不变。最后确定的名额是:国民党 8 名,共产党 7 名,民盟 9 名,青年党 5 名,社会贤达 9 名。由于中国共产党主动让出代表名额,粉碎了国民党妄图通过分化和削弱民盟,操纵“多数”,以控制政协的阴谋。但是,从此以后,青年党从民盟组织中分裂出去,在政治上和国民党站在同一立场,和中共、民盟对立起来。

政协会议中,民盟和中共默契配合,互相支持,一起邀请了 34 位国内有声望的学者名流,组成政协代表顾问团,为民盟和中共政协代表提供咨询。这 34 位顾问包括政治方面:邓初民、彭一湖、杜斌丞、周士观、王葆真、张奚若、孙廉良、马哲民、曾昭抡、潘大逵;经济方面:马寅初、章乃器、周谷城、杨开道、施复亮、周炳琳;宪法方面:钱端升、张志让;法律方面:史良、吕复;军事方面:鲜特生、张志和;教育文化方面:潘光旦、陶行知、侯外庐、董渭川、杨卫玉、闻一多;农业方面:乔启明、董时进;地方自治方面:何公敢;东北问题方面:周鲸文;华侨问题方面:彭泽民;合作问题方面:章元善。

1946 年 1 月 10 日,政治协商会议在重庆国民政府礼堂举行。中国民主同盟代表张澜、沈钧儒、罗隆基、张君劢、张东荪、张申府、黄炎培、梁漱溟、章伯钧 9 人出席了会议。蒋介石、周恩来、张澜分别在开幕式致词。张澜在致词中表示:民盟要和各党派代表共同努力,"奠定国家永久和平,建立国家真实民主的基础"。

政治协商会议分大会和小组会两种方式进行。鉴于这次会议主要讨论改组政府、整编军队、制定和平建国纲领、召开国民大会和修改宪法草案问题,所以,会议分成改组政府组、军事组、施政纲领组、国民大会组和宪法草案组。不论大会还是小组会,民盟代表和中共代表都做到了遇事商量,密切配合。例如在讨论改组国民政府时,国民党代表王世杰提出了一个《扩大政府组织方案》,企图以"扩大"代替"改组",保持国民党一党独裁实质。民盟代表罗隆基针锋相对提出要改组政府,并申述了改组政府的理由:(一)大家既期望宪政实施,在这过渡时期总希望由一人集权制过渡到民主集权制;(二)结束训政,实现宪政,希望各党派都能参加政府;(三)目前政府行政效率低,应该提高现代化。同时,又提出改组政府的三项原则:(一)必须以共同纲领作为施政共同准绳；（二）共同决策机关，要真能决策；（三）各方面人士参加执行机关，要使它“真能执行”。然后，中共代表王若飞又和罗隆基商量：从策略上考虑，为了避免讨论陷入僵局，打破国民党提案的骗局，决定接受“扩大国民政府委员会”的建议，但由民盟代表引用英美政治制度对它进行修正，中共予以支持。因此，罗隆基又发言提出：国民政府委员会必须是实际政治权力的最高国务机关，用委员制的集体政府来代替总统制；规定行政官员包括各部、会长官，由这个委员会任免；立法委员、监察委员的人选，应由这个委员会同意；国家的预算决算，应经这个委员会通过；立法原则、施政方案和军政大计，须由这个委员会讨论决定。经过激烈的争论，国民党不得不接受这些最起码的民主原则，同意修正。以后，各方又在国民政府委员名额上发生激烈争执。中共和民盟决定两党联合争取在40名委员中共占14名，超过三分之一，但终因国民党方面的阻挠，未获成功；但是，两党一起提出表决法：“国民政府所讨论之议案，其性质涉及施政纲领之变更者，须有出席委员三分之二始得通过。”这一表决法获得通过，在一定程度上限制了国民党的独裁。

这次政协会议讨论最激烈的问题是“军队国家化”问题。国民党坚持首先“军队国家化”，然后才能“政治民主化”，妄图吃掉人民军队；共产党则针锋相对，提出首先“国家民主化”，即政治民主化，然后才能军队国家化，并建议双方军队同时交民主联合政府及其统帅部。民盟提出《实现军队国家化并大量裁兵案》，明确表示：裁军方案由“政治协商会议审核通过后，交改组后的政府执行”，也就是说，先改组政府，后整编军队，先政治民主化，后军队国家化。经过激烈争论，勉强达成《关于军事问题的协议》，通过了“军队属于国家”“军党分立”“军民分治”“以政治军”等原则规定。

在讨论宪法草案问题时，国民党坚持实行国民党于1936年制订的《五五宪草》，这部宪草实质上是“人民无权，总统万能”，因此，民盟和中共坚决反对。为了废除国民党独裁统治的政治制度，民盟代表张君劢等援引英美政治制度的民主原则，提出了一套修改宪法草案的方案，保留《五五宪草》的形式不变，而对国家机构的职能和权力作很大的变动，这一方案得到了中国共产党的支持。由于中共代表和民盟代表互相配合，经过反复斗争，终于在宪法草案小组中通过了“宪草修改原则”12条，其中包括“立法院为国家最高立法机关，由选民直接选举之，其职权相当于各民主国家之议会”；“行政院对立法院负责”；立法院对行政院有同意权与不信任权；监察院为国家最高监察机关，行使同意、弹劾和监察权；司法独立，“超于党派之以外”；“省为地方自治之最高单位”，“省得制订省宪”，“省长民选”等原则。这样就把《五五宪草》规定的总统独裁制，改换成了议会制和责任内阁制，用以限制国民党和蒋介石的权力，增强国民党以外党派在国家机构中的权力和地位，一些条款也保障了解放区的地位，增加了各党派和人民的权利。

国民大会组围绕着旧国大代表的资格问题，展开了激烈的争论。国民党代表坚持1936年由国民党一手包办“选出”的国大代表仍然有效，另外“合理增加”名额，召开国民大会，通过宪法。民盟坚持要求重新选举，旧国大代表无效。国民党代表不肯让步,会上形成了僵局。于是,周恩来、王若飞与民盟代表商量,为了政协会议的继续进行,希望民盟作出让步。最后商定,承认国民党原来的1200名代表,另外增加各在野党派和社会贤达代表700名,台湾和东北代表150名。由于共产党和民盟的代表占总数的四分之一强,因而按国大表决法规定:“讨论的提案,须经出席代表四分之三同意,才能形成决议”,共产党和民盟就掌握了国民大会的否决权,从而可以防止蒋介石把国大变成他的表决机器。讨论有关施政纲领问题时,国民党和青年党的代表主张以《抗战建国纲领》和国民党第六次全国代表大会的政治纲领为依据;中共代表则根据《双十协定》的精神,提出了《和平建国纲领(草案)》。民盟代表支持共产党的方案,并指出共同施政纲领应以《国民党第一次全国代表大会宣言》和孙中山主持制订的《中华民国临时约法》作为依据,中共的方案符合这两个文件的精神,因此可以作为基本方案讨论。最后,会议基本上根据中共起草的方案,通过了《和平建国纲领》。

政治协商会议的召开和《关于政府组织问题的协议》《和平建国纲领》《关于国民大会问题的协议》《关于宪法草案问题的协议》《关于军事问题的协议》等五项协议的通过,实质上否定了国民党训政的法统和国民党的专制独裁。

五、为坚持政协路线而抗争

政协会议成功举行,全国人民深感振奋,认为这是民主力量的重大胜利,从此在中国实现民主政治有了保证。为了促使政治协商会议成功地进行,重庆各界组成了政治协商会议“陪都各界协进会”，并共组织召开了八次各界民众大会，邀请章伯钧、罗隆基、梁漱溟等政协代表作报告。国民党反动派对政协会议的成功举行极端仇视，协进会在沧白堂举行的多次报告会因连续遭到特务的破坏而被迫中断，并酿成激起各方公愤的“沧白堂事件”。1月26日，国民党军警和特务非法闯入政协代表、民盟领导人黄炎培的住宅进行搜查，激起政协代表的公愤。黄炎培和其他参加政协的民盟代表要求坚决彻查，决定36小时内未得政府解决的保证以前，拒绝出席会议，最终迫使国民党不得不“查办”有关人员，并由孙科、张群、孔祥熙登门向黄炎培道歉和慰问。

政协会议闭幕后，为了庆祝政协会议所取得的胜利，各民主党派联合重庆20多个民主团体，于2月10日在较场口举行庆祝政协成功大会，到会群众万余人。国民党特务到场破坏，当场打伤李公朴、郭沫若、施复亮等60余人，一手制造了震惊中外的“较场口血案”。各党派团体参加的陪都各界庆祝政协成功大会筹备委员会，发表了向全国同胞控诉书，揭露了国民党制造血案的真相，提出严惩主犯、立即解散一切特务机构、赔偿损失、保证人民自由等七项要求。接着重庆、成都、昆明、上海、武汉、广州、西安、北平、香港等大中城市和解放区，纷纷举行游行或集会，抗议国民党的法西斯暴行。

特务的暴行引起了全国人民的抗议，然而，国民党仍一意孤行，又于2月22日煽动重庆一部分学生举行反苏游行，特务暴徒乘机捣毁《新华日报》和民盟机关报《民主报》的营业部，打伤工作人员多人。为此，民盟中央主席张澜致函蒋介石，要求严惩

“较场口血案”及捣毁《民主报》《新华日报》的主使人，并提出解散特务组织，保障人权等要求。

1946年3月1日至17日，国民党在重庆召开了六届二中全会，公开撕毁政协决议，并通过修改宪草的五项决定：（一）制定宪法应以《建国大纲》为最根本之依据；（二）国民大会应为有形之组织，用集中开会之方法行使《建国大纲》所规定之职权；（三）立法院对行政院不应有同意权及不信任权，行政院亦不应有提请解散立法院之权；（四）监察院不应有同意权；（五）省无须制定省宪。这就完全推翻了政协会议所确定的民主宪政原则。针对这一情况，中共和民盟立即进行了斗争。3月18日，周恩来招待中外记者，揭露国民党二中全会破坏政协决议，号召全国人民为坚决实现政协全部协议而斗争。3月20日，民盟中央主席张澜对《新华日报》记者发表谈话，指出国民党二中全会决议“无非在维持其国民党一党专政的实质与形式，把各党派参加政府变成请客”，并表示民主同盟为了对全国人民负责，“不愿贸然参加政府”。针对国民党秘书长吴铁城的辩护，《民主报》发表了《对国民党吴秘书长谈话的感想》，并报道了中共代表团发言人谈话驳斥吴铁城的情况。

3月30日，国民党在重庆召开一手包办的第四届国民参政会第二次会议，企图利用这次会议的所谓“民意”，把国民党二中全会推翻政协决议的阴谋进一步公开化、合法化。中国共产党的参政员拒绝出席这次会议。3月31日，民盟总部宣传部长罗隆基发表声明，表示民盟在国民大会和参加政府问题上与中共取同一态度，拒交国大代表名单。4月，宪草审议会上，民盟代表又与中国共产党代表一致反对国民党对政协宪草原则的篡改。接着，民盟在上海发表谈话，声明“政协五项决议，是全国各党派代表及社会贤达共同一致商定的方案，这是全国人民所接受所拥护的方案……绝对不容许任何党派单独否认或撕毁”。

六、民盟总部迁离重庆

1946年4月23日，国民政府发布命令，以国民政府即将还都南京，决定在重庆恢复国民政府主席重庆行营。[1] 5月5日，国民政府还都南京，重庆作为战时首都的历史使命随之结束。1946年5月，周恩来率领中共代表团在南京设立办事处。6月，代表团又在上海设立办事处。由于政治中心东移，众多政治团体、党派机关也纷纷移向南京、上海、北京等大中城市。从此，政治斗争的中心由西南地区转移到华东地区。

民盟主要领导成员多数是国民参政会参政员，又是国共两党尖锐矛盾的调解者。国民政府、国民参政会和国民党中央迁移重庆之际，民盟总部也积极筹备，准备迁往南京，并专门成立迁京委员会。但由于国民党政府不愿意民主党派领袖入住首都，民盟总部办公地址以及领导人住处相关事宜推进不顺利，最后只好选择蓝家庄15号和高门楼两处独立别墅楼作为民盟总部办公处。

---

① 重庆行营设立后，辖川、康、滇、黔等地区。1946年7月，改称国民政府主席行营；1948年6月，改称重庆绥靖公署；1949年5月，改称西南军政长官公署。这一时期，重庆一直作为国民党当局在西南的最高统治中枢。

1946年5月1日,张澜特邀张君劢、沈钧儒、梁漱溟、章伯钧在特园会晤,一致主张民盟应为和平继续努力,决定分批赴南京、上海开展和平运动。张澜年事已高,不愿离开四川老家,于5月3日由重庆返回成都。中共代表团由重庆迁南京后,民盟派辛志超、罗任一到南京筹备民盟总部迁南京事宜。5月8日,民盟秘书长梁漱溟离开重庆飞赴上海,转南京,总理日常事务,作为民盟首席代表参与国共两党和谈。在此期间,罗隆基、黄炎培、沈钧儒、章伯钧、张君劢等民盟总部负责人也相继由重庆飞往上海、南京。5月28日,民盟总部正式迁至南京新选办公地址。12月12日,民盟主席张澜在民盟中委鲜特生等的陪同下离开重庆赴上海。史良、邓初民等民盟中委继续留在重庆,直至次年1月参加民盟一届二中全会才离渝赴沪。

民盟总部迁离重庆后,南京和上海代替重庆成为民盟维护政协决议,反对国民党内战独裁政策斗争的指挥中心。民盟重庆市地方组织继续在民盟总部的直接领导下开展活动。

第二章

中国民主同盟重庆市组织的建立及早期活动

（1945年9月至1949年12月）

民盟重庆支部于1945年9月“在中国历史走进和平建设新阶段的时间成立”。支部成立后，在中国共产党的影响和指引下，在民盟总部的直接领导下，积极投身民主革命运动，开展了接办《民主报》、参加反内战等运动、武装斗争和营救革命志士、策反和迎接解放等重要活动，涌现出了“一一·二七”盟员烈士群像，为争取和平民主、反对内战独裁、加快重庆解放进程作出了积极贡献。

第一节　民盟重庆市组织的建立及发展

一、支部的成立及政治主张

中国民主政团同盟公开活动后，即考虑建立地方组织以扩大基础，加强力量。中国民主政团同盟全国代表会议召开后，民盟总部组织委员会加强了对全盟组织工作的领导，在各地建立民盟地方组织。

由于重庆是民盟总部所在地，在建立民盟地方组织之前，重庆盟员由民盟总部直接领导。譬如总部组织委员会的罗子为等于1944年10月建立了一个青年区分部，作为民盟重庆第八区分部，最初仅有盟员罗涵先、尚丁等8人，都是青年知识分子。一年后，该区分部盟员发展至40至50人。与第八区分部同时建立的民盟重庆第五区分部，其成员也发展至40至50人，以女同志为多，如史良、刘清扬等，该区分部有20余人在重庆出版界、金融界工作。重庆各区分部开展了歌咏和读书活动，并举行了妇女界春节联谊会、“三八”妇女节纪念晚会，分部的盟员在当时许多政治活动中常常奔走在第一线。

从1944年10月起，民盟总部开始筹建重庆市支部。1945年1月，全市300多名盟员分别在特园和信义街两个选区举行选举，由史良、罗子为担任监选，选出章伯钧、邓初民、何公敢、史良、陶行知、孙起孟、罗涵先、刘清扬、罗子为、曹孟君、廖国镇等11人为支部委员。最初由时任民盟中央组织部长的章伯钧负责支部工作。一个月后，章伯钧又推荐董时进负责支部工作。几个月后，支部工作又先后由罗子为、史良代管。

支部成立之初，虽然负责人不断调整，但也开展了一些活动。1945年7月6日，民盟重庆市支部举行盛大欢迎会，欢迎从成都返回重庆的张澜主席和由延安归来的黄炎培、左舜生、章伯钧、冷遹等民盟参政员。到会的有张澜、黄炎培、左舜生、章伯钧、冷遹、沈钧儒、张申府、史良、刘王立明、刘清扬、邓初民以及民盟市支部、分部负责人共50余人。黄炎培等参政员报告了延安之行及中共中央的建议。

1945年9月，民盟重庆市支部第一届委员会正式成立，何公敢任支部主任委员，史良、廖国镇分别为组织部正副部长，陶行知、邓初民分别为宣传部正副部长,刘清扬为妇女委员会主任,罗涵先任支部秘书。支部于当年10月创办了机关刊物《民主星期刊》,发行人为陶行知,主编为邓初民。[①] 当时,支部共有盟员336人,多为公务人员、自由职业者,为便于活动,大体以党派、职业、地区为基础划分为18个小组。

民盟重庆市支部成立时发表了成立宣言。宣言指出:

这次空前惨烈的反法西斯大战,已经把人类历史推进到"人民的世纪"。当前世界的新形势一言以蔽之曰民主统治一切,任何纠纷的问题,都必须要由民主方式来解决。但这并没有否认在全世界与全中国人民面前,还横着很大的困难与障碍物,中国人民经过八九年来的辛苦抗战,由于盟国的配合援助及苏联的参加远东战争,终于迫使日寇无条件投降,然而这究竟只完成了中国民族解放与人民解放总任务之一部分,其余部分能否完成,则要看我们如何继续努力奋斗。我们必须知道,赢得抗战胜利困难,赢得和平建设更难。和平建设,是我们今后努力奋斗的主要目标,然而不民主则不能团结,不团结则不能有和平与建设。但所谓和平决不是临时变计的"伪装",所谓团结决不是表面敷衍或只顾私人利益而牺牲人民利益的妥协。而是要老老实实诚

---

① 1945年11月,《民主星期刊》在北平出版航空版。到1946年初,《民主星期刊》发行量已达两万多份。1946年6月,《民主星期刊》停刊,北平航空版也随之停止发行。此外,在邓初民等支持下,1946年1月12日,民盟广西省支部主办的《民主星期刊》(桂林版)创刊,发行人为周匡人,编辑人为徐寅初、张锡昌和靳为霖。1947年1月11日,《民主星期刊》(桂林版)出版36期后,被迫停刊。

心诚意的跟着世界民主潮流往前走，然后中国才可以成功一个现代富强康乐的新国家。本市支部适在中国历史走进和平建设新阶段的时间成立，这是千载一逢之机会，万不可轻易放过。

我们根据本同盟一贯努力奋斗的目标，谨提出了对当前时局的几点主张：（一）立即承认各党派的合法地位；（二）立即释放各爱国政治犯、思想犯；（三）立即取消集中营、劳动营等特务组织及政治警察；（四）立即取消一切束缚人民的战时法令，尤其是新闻检查制度；（五）切实保障人身自由及言论、出版、思想、集会、结社等自由；（六）正在进行的国共谈判，必须在诚恳友好的空气下及公平合理的原则上，求得问题的迅速彻底的解决；（七）谈判内容应力求公开，使人民可以公正的批评；（八）从速召集各党各派及无党派人士合组之政治会议，以制定一种真能反映全国人民意见与要求的施政的共同纲领，并产生一个全国一致的联合政府，再由联合政府筹备全民普选的国民代表大会，制定宪法，根据宪法产生民选的国民政府，还政于民。

宣言还强调：本同盟总部历来对于时局宣言及本年八月十八日所发表的十项具体主张，为本支部之指导原则，本支部坚决拥护到底，竭力促其实现，惟兹事体大，同人力薄，尚望重庆全体市民，参加协助，共同努力，谨此宣言。

民盟重庆市支部的成立，得到了张澜等民盟领导人的直接关心。1945 年 10 月 1 日，支部机关刊物《民主星期刊》第一期发表了张澜对时局和刊物的五点意见：

（一）中国民族解放、人民解放的全部胜利，虽然还没有获得，但抗战的阶段总算结束了，此后将是和平建设的阶段。和平建设的主要内容和基本条件，是在抗战过程中尽了力的各阶层人民的民主、自由、幸福。（二）就目前中国现实条件来说，中国人民的民主生活的实现，仍需要争取，而且民主的道路，还是很曲折的。质言之，今后对于民主的争取，不是越来越简单，而是越来越复杂；不是越来越轻易，而是越来越艰辛。（三）不论是民主生活的争取也罢，实现也罢，乃至民主生活的保障也罢，都要切实依靠要求民主的各阶层人民的本身力量。捆绑在身上的锁链，只有自己能打碎，堵塞在嘴上的封条，只有自己能撕毁。（四）所谓在抗战过程中尽了力的各阶层的人民，所谓要求民主的各阶层的人民，就是把反动买办资产阶级、少数大地主阶级除外的工农小资产阶级及民族资产阶级，在今天的中国来说，尤其是占人口总数百分之八十以上的农民。无论争取民主，实现民主，保障民主，都需要发动广大农民起来。自然这并不是就要忽视迫切要求民主的工商业家及小市民与广大的工人力量。（五）一个民主的刊物，不仅是要反映、宣达要求民主的各阶层人民的意见，而且是要组织、体现要求民主的各阶层人民的力量，使它能集中起来，步调一致起来，为争取、实现、保障民主而奋斗。此外，还有代表要求民主的各阶层人民的政党，它们本亦是集中力量，齐一步调，为争取、实现、保障民主而奋斗的各自有力的工具和机构，但一个民主的刊物也要把它们组织起来，贯串起来，使它们各自为争取、实现、保障民主而奋斗的工具和机构，更加有力，更加步调一致，这样，和平、民主、团结、自由、幸福的新中国才能建设起来，虽然，道路是迂回曲折的。

此外，《民主星期刊》第三期还发表了邓初民的《中国民主同盟代表什么人的利益》一文，认为“中国民主同盟最根本的要求是民主，民主同盟代表着一切要求民主的人们的利益”。

二、第二届执委会成立，被迫转入地下斗争

1946年4月25日，民盟重庆市支部进行改选，成立支部第二届执委会。执委会有鲜特生、刘王立明、赵一明、冯克熙、吴春选、李正清、黄朋豪、敬树诚、郭思明、章培毅等10名委员，由鲜特生任主任委员，吴春选负责秘书处，赵一明负责组织部，冯克熙负责宣传部。民盟总部沈钧儒、章伯钧、罗隆基、张申府、周新民、范朴斋、史良、辛志超、邓初民、刘王立明、何公敢等出席成立会并致词嘉勉。主任委员鲜特生致词，表示“民主运动之前途尚待民盟努力与发展，当努力盟务，完成任务”。同日，根据民盟总部的决定，民盟重庆市支部发动全市盟员举行无记名投票，推选胡克林、黄朋豪为出席国民代表大会的民盟地方代表。

改选后的民盟重庆市支部下设16个区分部，增加到20多个小组，仍然以党派、职业、地区为基础进行划分。如黄炎培在职教社组，白杨、舒绣文、秦怡在文艺组，另还有大学组、中学组、银行组、农工组、医生组、巴县组、机关组、市女中组等。主要以特园为中心，并以民盟总部机关报《民主报》、适存高级商业职业学校、蜀都中学、育才学校、民建中学、社会大学、韦家院坝、巴县、沙磁区等地为据点开展活动。当时，重庆有盟员600多人。

1947年1月6日至10日，民盟一届二中全会在上海召开，中央委员、民盟重庆市支部主委鲜特生出席会议。会议讨论了加强民盟组织建设问题，通过了《关于现况下的组织原则决议案》

等决议案，彻底消除因历史上“三党三派”而形成的组织纪律松懈问题。同年6月，民盟总部负责人张澜、沈钧儒、史良、周新民等商量，决定派中委潘大逵回重庆筹建民盟西南总支部，由潘大逵任主任委员，鲜特生、邓初民、马哲民、楚图南、张志和、范朴斋为委员，刘宝宣任秘书，领导川、康、滇、黔四省盟务工作。潘大逵于8月下旬返重庆，因时局恶化，且无工作掩护，遂决定先在重庆成立西南总支直属工作小组。当时，参加筹备工作的有赵一明、胡克林、冯克熙、刘兆丰、刘宝宣等。

由于民盟参加和支持学生民主运动和广大人民群众反内战、反饥饿、反迫害的斗争，尤其是在反对国民党非法召开“国民大会”的斗争中，民盟与中共一致行动，拒绝出席，引起国民党的极大仇恨。1947年10月27日，国民党政府内政部发言人宣布民盟为“非法团体”。当时，张澜、章伯钧等作出两项重要决定：第一，在任何险恶的形势下，中央组织委员会必须有负责人留在国内继续领导工作，组委会转入地下；第二，无论总部是否遭到迫害，地方组织的工作一定要继续进行。在国民党政府的高压下，经艰难交涉、谈判，为保护盟员，经由民盟中常会讨论，最后决定民盟宣布自动解散，并由张澜主席于11月6日发表《中国民主同盟总部解散公告》。

民盟总部被迫解散后，国民党重庆地方当局向民盟市支部负责人鲜特生、西南总支负责人潘大逵、《民主报》负责人胡克林等施加压力，要他们按照民盟总部声明停止活动。虽然民盟重庆市支部也在报上登载宣布解散的启事，但重庆民盟组织和盟员仍然坚持进行地下斗争。

三、贯彻民盟一届三中全会精神，调查和整理盟务

1948 年 1 月 5 日至 19 日，民盟在香港召开一届三中全会，成立临时总部，公开宣布同中国共产党携手合作，为彻底摧毁国民党反动政府，实现民主、和平、独立、统一的新中国而奋斗。民盟重庆市支部先后派冯克熙、赵一明到香港向总部请示工作，了解民盟中央三中全会决议内容和精神，并和周新民、邓初民、李相符、吴春选以及当时中共华南局负责人连贯、方方等取得联系。冯克熙、赵一明等回重庆后，向有关盟员传达了民盟一届三中全会决议内容和精神。支部决定，拥护三中全会决议，贯彻三中全会精神，坚持地下斗争，积极开展工作，迎接解放。

根据一届三中全会精神，民盟总部组织委员会发出整顿民盟组织的指示，接着又发表《对当前发展组织的决议》，要求在整顿组织的同时，积极发展组织。民盟临时总部派李正清、章培毅二人返重庆整理盟务，同在重庆的赵一明、郭仲衡、陈伦等对留渝盟员开展调查工作。1948 年 4 月，《挺进报》事件发生，国民党特务大肆搜捕共产党员和进步人士，郭仲衡被迫离渝，随后章培毅被捕，但李正清、赵一明、陈伦等继续开展调查和整理盟务工作。整理工作于 1949 年 2 月完成，在渝盟员共计 286 名。其后，鲜特生召集留渝原支部执委及香港派渝整理工作的人员共同商定，组成重庆市临时工作委员会，推定鲜特生、赵一明、黄朋豪、陈伦、冯克熙、鲜恒、杨复全、汤训安、李正清为委员，鲜特生为主任委员，李正清为秘书处主任，赵一明为组织委员会主任，鲜恒、杨复全参加协助秘书处工作，汤训安、黄朋豪、冯克熙、陈伦参加

组织委员会。将盟员分为特别、教育、工商等小组，赵一明联络特别组，李正清联络教育组，汤训安、冯克熙联络工商组，并先后吸收新盟员30余名。

为了加强在渝各党派组织的联合，1948年6月，中国民主同盟、三民主义同志联合会、民主建国会、农工民主党重庆市组织还组织“民主党派联谊会”，采取聚餐会或其他集会方式，加强联系，互通信息，交换意见，研究工作。根据形势发展要求，1948年8月8日，民盟总部联席会议第29次会议通过《中国民主同盟盟员下乡工作方案》，提出在下乡工作中发展民盟组织，并要求“注意吸收当地积极优秀份子作为基干，奠立工作基础”，“吸收盟员应注意其政治认识及坚定性，更需有服从组织的纪律精神”。民盟重庆市支部按照民盟总部要求，坚持在下乡工作和反蒋斗争中发展组织。

第二节　接办民盟总部机关报《民主报》

一、《民主报》吹响“民主号角”

抗战结束后，人民热切希望国家从此步入新的阶段，结束国民党一党专政，实现民主宪政。为了增强民主舆论，特别是为了适应政协会议形势，民盟总部经过多次研究，决定在重庆创办民盟机关报。当时办报财力物力都很困难，国民党反动派又施加重重阻力，但经过争取各方支持，经过短期积极筹备，《民主报》于1946年2月1日创刊，编辑部设在民盟总部所在的国府路300

号，经理部设在民生路151号。

《民主报》刊务阵容十分强大。发行人是张澜，社长为罗隆基，社论委员有罗隆基、章伯钧、梁漱溟、张申府、郭沫若、马寅初、陶行知、邓初民、马哲民、周鲸文、张东荪、张君劢、孙宝毅，经理先后为尚丁、罗子为、冯克熙、周特生、赵一明、吴春选，总编辑先后为马哲民、叶丁易，编辑主任为陈士方，副刊编辑为刘沧浪、魏宇平，编辑部编辑有舒军、王得志、胡钊、谢公望、陈新桂等，采访部记者包括唐弘仁、李康、张真民、曹锡珍、陆慧年等。民盟重庆市支部盟员陶行知、鲜特生、冯克熙、赵一明、吴春选、胡克林、李康、舒军、姚江屏、尚丁、张真民、龙圣夫、唐弘仁、张明泛、魏宇平、敬树诚、杨复全、王方绥、莫与一等，都是《民主报》的骨干或工作人员，为《民主报》的创办、发行作出了贡献。

《民主报》作为民盟的机关报，但它并不只限于代表民主同盟这个政治团体以内的意见。在发刊词中，它公开表明："民主报，顾名思义，他的目的是民主。是实现中国的民主，是争取全世界全人类的民主，所以民主报是一切民主信徒共同的工具。"发刊词还阐述了民主的涵义："民主最浅近的意义，是承认人的尊严，人的价值。民主既承认同是人，那末，人的尊严和价值都应相等。"发刊词还结合政协会议闭幕后的形势，提出了民盟的努力方向："中国民主同盟是参加这次政协会的一个政治团体，是对政协中商定各种方案的实现，有了重大的道德责任。今天我们发行这个民主报，正是向全国人民，向全世界人民来表达我们要担当这个道德的责任。"

在发刊头版上，还刊登了《民盟代表要求释放张学良、杨虎城》的消息，第三版上刊登了茅盾的《祝民主》的六点希望：（一）不做调和派；（二）明辨真假民主；（三）开放读者信箱；（四）文字语体浅近；（五）少登大人先生官样文章；（六）副刊不怕曲高和寡。

《民主报》秉持民主理念，坚守民主主张。除了社论、要闻等之外，还开辟了“民主妇女”、“民主音乐”等专栏。社论先后围绕“集中军训”“国共内争”“警管制”“美国军援”等问题发表看法，并刊载张澜等民盟领导人文章。“较场口血案”发生后，《民主报》立场鲜明，多期刊载西北、云南等地民盟组织的慰问电和公告书，追踪事件的进展以及社会各界反映。4 月 10 日，中共代表坚决要求彻底实行 3 月 27 日国共双方签订的停止东北军事冲突的三点协议和先停战再商谈一切时，《民主报》立即发表社论《东北应即停止内战》。4 月 13 日，《民主报》对当前工潮发表社论《政府应对工潮负责》。由于旗帜鲜明，言论公道，群众反应热烈，很快就打开了销路，取得了生存的社会基础。

《民主报》宣传民主、反对专制的政治主张与《新华日报》相一致，两报一直紧密配合，互相支持，发挥了重要的战斗作用，被誉为国统区的两大火炬。中共对《民主报》及工作人员在政治上给予指引，工作上给予支持，生活上给予照顾。1946 年 1 月 10 日，《新华日报》刊发了标题为“民主号角”的消息，为《民主报》的出场鼓劲造势。

二、支部接办《民主报》

1946 年 5 月以后，民盟总部迁往南京，《民主报》的实际负责人和部分骨干也相继离渝。民盟总部决定,《民主报》交由民盟重庆市支部接办,原登记的发行人张澜、社长罗隆基不变,成立新的董事会,由民盟重庆市支部主委鲜特生任董事长,支部盟员胡克林任董事会秘书长,冯克熙任经理。编辑部人员也多数为支部盟员。

民盟重庆市支部接办《民主报》后,坚持办刊宗旨,发挥舆论作用,先后发表了题为《停战第一》《赶快收拾人心》《各地行营应即撤销》《反法西斯细菌》《剐肉补疮的粮食政策》《和平商谈重开》《可耻的丑剧》等社论。美商讨军事援华案期间,《民主报》发表社论《请勿助长中国内战》,并报道美国人民及媒体反对法案的通过。1946 年 6 月 11 日,《民主报》新增“呐喊”专栏,刊发短小精悍的时评文章。民盟中央委员李公朴、闻一多在昆明先后惨遭国民党特务暗杀后,当时的重庆也杀机四伏,一些特务报纸,如《新华时报》《民主日报》等每天对《民主报》进行诬蔑、威胁,说要“斩断这根共产党的尾巴,砸烂共产党的工具”。而《民主报》一如既往,巍然不动。李公朴殉难第二天,7 月 12 日,《民主报》发表了《抗议! 抗议! 抗议!》的社论。其后,《民主报》用大量篇幅报道了血案的真象和人民的愤怒、控诉、申诉、哀思,连续发表了《杀的教育》《血债》《最严重的关头》《正告国民政府》《等待政府答复》《取消特务机关》等社论,“呐喊”专栏以“血的控诉”为题,登载了《中国在屠杀中》《不能止于控诉》等抗议和悼念的文章。同时,《民主报》还参与发起于 7 月 28 日在重庆青年馆隆重举行的李公朴、闻一多追悼大会,并在当天发表社论《埋在活人心里——献给李公朴、闻一多两同志追悼会》。

1946年8月1日,《民主报》扩版,由原来的每天四开小张,扩大为对开大张,增设专论、时评、通讯、特写等栏目。扩版第一天的报纸上,重申"仍本人民立场,推进和平民主"。其后,《民主报》先后刊登了《威武不屈,富贵不移》《联合政府如何成立》《内战决无出路》等社论,义正词严,语铮意切。8月18日,张澜在成都主持李、闻追悼大会,甫出会场,即遭特务突然袭击,头部受伤,《民主报》在第二天就发表了《还像不像一个政府?》的社论和《我们要质问政府,究竟还有没有法纪? 还要不要法纪?》的文章。在国民党反动派决心摧毁《民主报》的背景下,《民主报》针锋相对,口诛笔伐,发表了《不要把人民作炮灰》《战场火炽,谈判无声》《政府决心要打》《拿出人民的力量,制止祸国殃民的内战》《反对不平等的中美商约》《水火益深的农村苦难》《血的教训! 血的道路——为纪念"一二·一"惨案一周年》《法统与地盘》《发扬"一二·九"的光荣传统》《不要做历史的罪人》《取消特务组织,保护爱国运动!》《声援二八血案》等文章。

民盟重庆市支部接办《民主报》后,一直得到民盟总部的大力支持。1946年10月,赵一明代表民盟重庆市支部和《民主报》到南京、上海向民盟总部负责人汇报工作,并争取民盟总部协助、支持解决《民主报》经济上的困难。民盟总部召开会议,张澜、罗隆基、章伯钧等听取汇报。在南京的三民主义同志联合会负责人陈铭枢,表示愿意向《民主报》提供适当经济支援,并通过在上海的朱蕴山向上海神州社负责人提取捐赠款项,汇交重庆《民主报》社。

1947年1月31日,为纪念《民主报》创刊一周年,民盟重庆市支部举行《民主报》周年报庆游艺晚会，各界人士300人赴特园祝贺，交换对时局的意见。2月1日，《民主报》为一周年报庆发表社论《为民主奋斗到底》，吴玉章作了“为人民服务，替人民说话，作暗室明灯，作迷津宝筏”的题词。

周恩来和中共代表团离开重庆以后，《民主报》继续和中共四川省委的吴玉章、张友渔以及《新华日报》的于刚、田伯萍、邵子南等保持密切联系，同时和川东地下党刘国鋕、吴宇同、黄可等密切合作。《民主报》一些重大的事情，遇到比较大的困难，都是通过各种渠道与中共地下党张友渔、于刚、熊复等人商量，求得解决。《新华日报》内许多集会，从听报告到扭秧歌，都有《民主报》的工作人员参加，大家休戚相关，解衣推食，患难与共。

三、《民主报》被迫停办

《民主报》坚持民主立场，赢得了广大追求进步人士的热烈欢迎和大力支持，但国民党反动派将《民主报》和中共《新华日报》等同看待，分外仇视和百般阻挠。

早在1946年1月27日，民盟筹备创办机关报时，定名为《民主日报》，并在是日《新华日报》上刊出广告，后因国民党策动亲信抢先发行同名日报，遂不得不改名为《民主报》。2月22日，因东北问题和“张莘夫事件”①,重庆各校学生万余人参加反苏游行,混在游行队伍里的特务乘机捣毁《新华日报》营业部和《民主报》报馆。其后,恫吓信、威胁信不断投向报社,派报公会拒发《民主报》,报童上街零售《民主报》也受到特务围打。

1947年2月28日,重庆《新华日报》被国民党勒令停刊后,国民党亦迫令《民主报》停刊。警备司令部出动大批军警查封了《民主报》编辑部和工厂,限令《民主报》三天内搬出国府路300号。

《民主报》被查封后,大部分职工移住上清寺鲜英的私宅内,一部分职工先后离开重庆。国民党特务还利用发遣散费的机会唆使一些坏分子要拍卖印刷厂的机器,混入厂内的特务分子也动手捣毁机器,拆除零件,但一部分进步职工坚持斗争,用“自力印刷厂”的名义继续营业。在国民党特务进行“六一”大逮捕中,《民主报》在李子坝的职工40余人全部被捕。舒军、李康、余阳明、唐弘仁、张真民、龙圣夫、张明泛等7人长期被关押在重庆“渣滓洞”集中营。

《民主报》从发行到被查封,历时一年零四个月。这一年多

---

① 据刘向上等人文章,1945年日本投降后,国民政府任命张莘夫为经济部东北行营工矿处副处长,负责东北工矿接收事宜。1946年1月14日,张莘夫奉命带领7名“满炭”工程师赴抚顺,交涉接收抚顺煤矿事宜受阻。在16日回沈阳途中,一行八人于抚顺以西的李二石寨车站,被一股不明武装人员劫往南山枪杀,张莘夫与随行七人同时遇难。由于《雅尔塔协定》极大地损害了中国的权益,又以“张莘夫事件”为导火线,2月,反苏示威游行迅速波及全国。5月3日,苏军全部撤出东北。

时间里，在民主与独裁、进步与反动、光明与黑暗展开决战的斗争中，它为民主呼号，为黎明呐喊，产生了广泛影响。

第三节　为争取和平民主多方奔走

一、参与政治协商会议，拒绝参加非法“国大”

在重庆召开的政治协商会议，“为中国政治开辟了一条民主建设的康庄大道”，极大地鼓舞了广大盟员。民盟重庆市支部以多种形式参与和宣传政治协商会议，努力维护政治协商会议成果。

1946 年 1 月 10 日，政治协商会议在重庆开幕，民盟重庆市支部何公敢、邓初民、史良、鲜特生、陶行知等分别担任民盟代表团地方自治、政治、法律、军事、教育文化顾问组成员。罗涵先与史良以民盟重庆市支部委员的身份，分别负责发动男女学生盟员，向政协会议提出如下建议：(一)请政协会议向政府要求惩办制造昆明“一二·一”屠杀要求和平与民主的教师和学生血案的凶手；(二)请政协会议向马歇尔特使要求撤退驻华美军；(三)要求政协会议负责督促停止内战；(四)要求政协会议保证全国学生求学自由；(五)要求政协会议迅速组织联合政府。邓初民就政治协商会议制定共同纲领撰文指出：召开政治协商会议，所要完成的任务，“就是要把党治变成民治，要把训政变成宪政”。21 日至 25 日，民盟重庆市支部在国府路 300 号和特园，先后邀请中共代表秦邦宪和民盟参加政治协商会议的代表梁漱溟、张君劢等座谈政治形势与政治主张。

政协会议期间,史良、陶行知等被推选为“陪都各界政治协商会议协进会”理事,民盟重庆市支部发动盟员参加协进会组织的各界民众大会。1 月 16 日,民盟重庆市支部发动盟员参加在沧白堂举行的庆祝实现国内停战的和平大会,刘清扬作了发言。“沧白堂事件”中,史良积极奔走营救,陈然等盟员还与暴徒展开搏斗,并发表演说,愤怒斥责国民党特务破坏政协的罪恶行径。

同月,民盟中央委员朱蕴山及总部罗子为等协助陈铭枢在重庆关庙街广东酒家举行纪念“一二·八”淞沪抗战招待会,出席纪念会的有参加政治协商会议的中共代表团林伯渠、吴玉章,民盟代表团张澜、沈钧儒、罗隆基、章伯钧以及国民党代表团的邵力子、陈立夫等,刚从国民党集中营获释的邓发、廖承志与民盟重庆市支部负责人一道应邀出席了招待会。

2 月 10 日,重庆各界群众近万人在较场口举行庆祝政治协商会议成功大会,民盟重庆市支部发动盟员参加集会并担任会务工作,陶行知也带领育才学校、社会大学师生参加集会。“较场口血案”发生后,重庆各人民团体用合法形式举行记者招待会,并向重庆法院提出控告,郭沫若出庭申诉。史良在事发当天即陪同李公朴等往重庆地方法院,验明伤情。针对国民党当局反诬陶行知及育才学校,史良以育才学校常年法律顾问身份,代表学校发表《紧要声明启事》,以正视听,同时以律师身份对国民党特务的暴行提起诉讼。民盟重庆市支部新闻界盟员出席旁听并及时报道情况,利用《民主报》等舆论力量谴责国民党破坏政协决议、纵容特务行凶的罪行。事后,民盟重庆市支部盟员李康、姚江屏等会同《新华日报》及新闻界同行40余人发起签名，以广告的形式刊登启事，驳斥国民党“中央通讯社”对“较场口事件”歪曲事实的谬论。4月11日，史良等50余人，为纪念“较场口血案”，发起成立“二一〇”社，并拟定出版《二一〇》特刊。

1946年10月11日，蒋介石违背政治协商会议协议，擅自下令于11月12日召开“国民大会”。对于国民党当局的这一做法，民盟郑重宣布：“民盟历次宣言拥护政协决议，一切行动以此为惟一依据。同人等当竭尽一切努力，以求政协决议于国大开会以前各项手续之完成。完成以后，即一致参加国大。未完成前，暂不参加。”

10月11日，张澜由成都来重庆，在邓初民等二十余人的陪同下，在特园向记者发表对时局的看法，认为“要和平要民主才能达到统一，若现在国民党召开一党国大，只会造成分裂”。11月14日，民盟总部发出《紧急通告》，要求各省市民盟组织广泛宣传民盟总部的决定和张澜主席的指示，坚决反对国民党召开分裂的“国民大会”。重庆民盟组织遵照总部要求，所推选的胡克林、黄朋豪两代表拒不出席伪国民大会。11月15日，《民主报》就国民党召开国大发表社论《统一与分裂》，表示，“我们对于当局的片面召开近日的国大坚决不能容忍”。

二、参加反对内战运动及抗拒美军暴行

抗战胜利后，虽然国共两党签订《双十协定》，召开了各党派参加的政治协商会议，但是中国并未走上和平民主建设的新阶段。1946年初，国民党不顾民盟的调停，在美国的支持下，不断

扩大内战。民盟重庆市支部积极参加反对内战、反对美国援华政策和美军在华暴行，与全国各地的民主革命运动相呼应。

1945年11月中旬，何公敢、史良、邓初民、陶行知、刘清扬等人在特园先后举行3次筹备会议，商讨组织“全国各界反对内战联合会，借以发动人民制止国共两党之武装冲突”，并抨击美国政府“干涉中国内政，支持中国内战”的政策。民盟重庆市支部积极参加重庆市各界反内战大会，机关报《民主星期刊》接连发表社论，呼吁消灭内战，实现民主政治。“一二·一”血案发生后，史良等180多名知名人士签名发起举行重庆各界公祭昆明“一二·一”死难师生追悼大会，并以律师的身份，为追悼大会租下会场，同时写下挽联“统治者害法，青年遭殃孰能忍；立法的毁法，民权扫地真堪伤”，沉痛敬挽死难师生，愤怒谴责国民党的暴行。

1946年5月26日，重庆各民主党派人士要求和平的座谈会召开，罗隆基、邓初民、史良等到会发表讲话，并进行“要和平反内战”的签名。《民主报》刊登了会议情况。同时，民盟总部留渝委员和市支部盟员还参与成立了重庆市和平促进会。

6月11日，民盟重庆市支部举行记者招待会。支部主委鲜特生说，民盟一贯主张和平民主，今以总部迁京，渝市支部盼能与各党派密切合作。13日，民盟重庆市支部鲜特生、邓初民、冯克熙、李康、唐弘仁、罗涵先等与陪都各界4200余人签名致函蒋介石、毛泽东，要求协商解决政治问题，呼吁停止内战。罗隆基、鲜特生、史良、邓初民、吴晗、周新民、张雪岩等89人还发表《告国人书》，要求停止内战，实行民主，反对学生集训，反对警管区制。

6月23日，以马叙伦、雷洁琼为首的上海人民和平请愿团去南京国民政府和平请愿时，在下关火车站遭特务袭击，马叙伦等均受到严重殴伤。消息传到重庆，群情激奋，认为这是“较场口事件”的复活。盟员新闻记者冯克熙、舒军、李康、姚江屏、唐弘仁等联合重庆新闻界记者244人致电慰问受伤记者浦熙修等，并以坚决意志反抗摧残新闻自由及人身自由的暴力，要求政府惩凶。同时，组织成立“下关血案”后援会，向当局提出严重抗议。27日，民盟重庆市支部电慰“六二三”南京惨案受难人士，电文称：“叙伦先生转诸代表公鉴：顷闻先生等代表上海数百万市民晋京请愿呼吁和平，竟遭暴徒殴辱，消息传来，咸感悲愤，特此慰问，并誓为后盾。”

6月，美国国会通过军事援华法案，美国政府与国民党政府签订《中美处置租借方案物资协定》，帮助国民党打内战。7月11日，民盟重庆市支部发言人在《新华日报》发表谈话，反对美国所谓军事援华，指出美国对于国民党政府片面援助，助长了中国内战。希望美国政府以友好方式促成中国和平民主之及早实现。

7月22日，宋庆龄在上海公开发表时局主张，指出中国的好战分子发动内战，加深民族危机，威胁世界和平。主张结束独裁政体，立即成立各党派一致参加的联合政府。8月12日，重庆盟员潘大逵、李相符、叶丁易、唐弘仁、李康、舒军、冯克熙、姚江屏等和重庆工商文化界136人响应宋庆龄对时局的主张，并联名给全国同胞一封信，呼吁团结一致，为实现宋庆龄的主张而奋斗。

12月14日，重庆盟员邓初民、唐弘仁、姚江屏和市文化界沙鸥、屈楚、柳倩等38人联名致函在南京商谈的各党派代表作迫切呼吁。致函原文说:“既为和平而谈判,必须先把内战停下来再谈,不可边谈边打;政协决议及整军方案为各方同意的庄严决议,全国人民皆认为是达成政治民主与军队国家化的基础。故谈判必须以此为依据;此次谈判成败利钝关系国家兴亡,只许成功,不许失败。”28日,为挽救新的亡国危机,民盟重庆市支部和在渝其他民主团体联合发表宣言,坚决主张驱逐美军,抵制美货,废除“中美商约”。并号召人民团结起来,反对一切丧权卖国的奴性政策。

12月24日,北平发生美军强奸北大女学生沈崇事件。这一消息在全国激起强烈反响,全国各地爆发了共有50万学生相继参加的抗暴活动,并得到社会舆论的广泛支持。12月28日,《新华日报》《民主报》冲破国民党当局严禁发表沈崇事件消息的禁令,在报纸上刊载事件消息。29日,《民主报》组织社论《制止美军暴行》,指出这一事件与先前美军枪杀学生、碾死律师、毒打车夫等一系列事件,是“由于国民党‘开门揖盗’,‘奴颜婢膝’,才发生这样国耻的事件”,并提出“我们要大胆地抗议美军这种暴行!”呼吁“每一个中国人民都有监督政府查究这件案子的权利,也有这种义务”,最后号召全国同胞“赶快有效地制止美军这种暴行!”盟员潘鸿志还为此作诗并刊登在自己主编的《星光》壁报上,揭露国民党反动当局媚外辱国罪行,引起较大反响。

在强大的舆论影响下,重庆市多所学校相继成立抗议美军暴行委员会,并于1947年1月3日在青年会成立重庆市学生抗议美军暴行联合会(简称“抗暴联”)。6日,抗暴联在全市举行

65 所学校、1.5 万余人参加的抗暴大游行。

抗暴学生的正义斗争得到民盟重庆市支部的大力支持。当日，民盟重庆市支部和其他民主团体致电慰问沈崇，指出：美军在华暴行层出不穷，完全表现了帝国主义者对殖民地的残暴姿态。同时，还联合民主建国会重庆分会、九三学社重庆分社等十五个单位，发布《慰问爱国游行同学书》，表示“我们誓以一切力量，支援你们这一运动，直至最后胜利”。此外，民盟中央常务委员、西南学院教授马哲民也发表谈话，支持学生行动；盟员记者舒军、冯克熙、唐弘仁、李康、姚江屏、胡作霖等联合其他记者 67 人签名，要求美军撤退。大信商高校校长、盟员张孟晋在学校举行罢课并亲自带领教师和学生加入大队游行示威，虽被特务木棒殴打，仍然坚持斗争。

2 月 5 日和 8 日，抗暴联学生在江北和市中区作宣传时遭殴打，民盟重庆市支部派代表前往医院慰问为民主、为和平而奋斗的战士，还亲致慰问信，誓作坚强后盾，并和其他人民团体通电全国，呼吁各界援助爱国学生，抗拒暴行到底，反对美军暴行到底。支部机关刊物《民主星期刊》还发表《较场口与江北公园》一文，表示“旧的血债”和“新的仇恨”要“一起清算”，而清算的最好方法，“是更深入的宣传，更广泛的组织，使各阶层人民都在反侵略反卖国反内战反独裁的旗帜下团结起来，为民族独立、民主、和平、团结统一而奋斗。”

三、推进民主教育和进步文艺事业

1939 年 7 月，由陶行知创办的育才学校借北碚北温泉小学举行开学典礼。8 月,学校迁入合川草街古圣寺。学校设立音乐、戏剧、绘画、文学、社会、自然等 6 个组,选聘了艾青、贺绿汀、翦伯赞等著名专家学者任教,很快成为重庆最具活力的学校之一。

1942 年 1 月,陶行知在重庆市区和平路管家巷 28 号设立育才学校驻渝办事处,并将绘画组迁往此处。从 1942 年 1 月到 1945 年 4 月,绘画组先后在中苏文化协会、管家巷儿童美术馆、江苏同乡会等地举办公开展览六次,产生了较大影响,《新华日报》多次予以报道和刊登作品。1945 年秋,育才学校音乐、舞蹈、戏剧、自然四个组和小学部全部迁往红岩村,文学组、社会组迁往回龙寺。育才学校大部分移入市区后,聘请史良担任学校常年法律顾问,师生参与民主进步活动更加便利和频繁,绘画组积极参与出售民盟重庆市支部主办的《民主星期刊》等活动。

抗战胜利后,担任民盟中央常委、民主教育委员会主任、民盟重庆市支部宣传部长的陶行知,根据形势变化,积极推进民主教育。除了发行支部机关刊物《民主星期刊》外,1945 年 10 月 18 日,他发表英文论著《全民教育》,提出“民主第一”“全民教育”“全面教育”“终身教育”等指导原则。11 月 1 日,他又将自办刊物《战时教育》改为《民主教育》,由李公朴担任主编,并在创刊号上发表《民主》《民主教育》两篇文章。在《民主教育》一文中,陶行知提出:“民主教育是叫人做主人,做自己的主人,做国家的主人,做世界的主人”;“民主教育是人民的教育,人民办的教育,为人民自己的幸福而办的教育”。其后他又在《民主报》《联合》等刊物发表文章,认为“人民有受教育的权利,也有办教育的权利”，主张“送别党化教育”。同年12月，重庆部分中等学校盟员和民主建国会会员组织民主教育座谈会。由赵一明、辛德培、周勋成以适存高级商业职业学校、中华职业教育社，巴蜀中学负责人的名义主持座谈会，先后邀请中共代表团秘书长齐燕铭、山东大学校长李澄之介绍解放区教育工作情况，请陶行知讲演民主教育问题。

这一时期，陶行知主持的生活教育社等团体每逢星期六在管家巷28号举办民主讲座，请各方面的知名人士讲演政治时事问题，周恩来曾就战后的形势和任务作过演讲。为了满足青年人向往和平民主、希望有组织有系统地学习的需求，陶行知主持创办了社会大学。1946年1月15日，社会大学在管家巷28号院内隆重举行开学典礼，周恩来、冯玉祥、张澜、史良等参加仪式并讲话。

社会大学由冯玉祥、张澜、沈钧儒、陶行知、史良、李公朴等为校董，陶行知为校长，李公朴为副校长兼教务长。张澜、沈钧儒、章伯钧、梁漱溟、马哲民、沙千里、力扬、叶丁易等多位民盟领导人和学者到学校作报告或者授课，参加学习的有程谦谋、胡作霖、杨复全、胡先梅、莫予一等多名盟员。4月12日，为筹备育才学校迁沪及筹办上海社会大学事宜，陶行知由重庆飞赴南京。5月17日，李公朴也离开重庆去昆明。在形势非常紧张的情况下，邓初民和史良挺身而出，接替校长，筹办了社会大学第二期。1947年3月1日，在查封《新华日报》《民主报》的次日，国民党政府武装查封了社会大学。[1]

社会大学以陶行知倡导的“明白人民的大德”、“亲近老百姓”和“为人民造幸福”为目标，坚持民主教育学习和实践，成为国统区内民主运动的营垒，为创建新中国培养了300多名人才，有15位社大学员牺牲在重庆白公馆、渣滓洞。

除了育才学校和社会大学外，1940年1月，梁漱溟在璧山来凤驿创立勉仁中学，次年移往北碚金刚碑，由杨新德任校长。其后，在勉仁中学地址创办勉仁书院，由儒学大师熊十力负责。1948年，梁漱溟以陈亚三、张俶知等所创办的勉仁国学专科学校为基础创办了勉仁文学院，自任董事长，熊东明任院长，李源澄为教务长和历史系主任，罗庸、吴宓、孙伏园、陈亚三、邓子琴、方敬等也在此任教。

勉仁学校创办后，师生积极参加民主革命运动。勉仁中学、勉仁国学专科学校都成立了中共组织。受梁漱溟影响，有的老师还参加了民盟组织。当时，勉仁中学有民盟小组，盟员有李渊庭、何吏衡、杨新德等，此外范朴斋、李嘉仲等多次到勉仁联系工作。勉仁文学院成立有“全院师生院务共进会”，试行师生民主办学，开展“大学教育新试验”。此外，师生还发起组织北碚私立中学联谊会，参加重庆学生民主运动及反内战、反饥饿、反迫害的斗争，以勉仁中学设立的面粉公卖处为依托，筹集经费，接待

① 社会大学被查封后，由于种种原因，长期未能复校。直到1985年，社会大学才得以恢复，更名为重庆社会大学，民盟重庆市委主委冯克熙曾担任校长。2005年，重庆社会大学改制并更名为“重庆民生职业技术学院”。

掩护民盟及革命同志活动，传递推销《新华日报》《民主报》，开展宣传联络和组织发展工作。[1] 同期，盟员在重庆办学实践，还有马哲民等在重庆南温泉创办的西南学院。该校为私立、文科性质。马哲民任教务长兼教授，民盟中委潘大逵任政治系主任兼教授，民盟中委郭则沉任专科部主任。

抗战胜利后，重庆文艺团体逐渐迁离重庆，以金山为首的中国艺术剧团和以民盟盟员应云卫、陈白尘为首的中华剧艺社也先后返回上海。为了巩固进步文艺阵地，周特生、程谦谋等盟员积极发起组织了现代戏剧学会，并在民盟机关报《民主报》出副刊《舞台》。

1946 年 5 月，以现代戏剧学会为基础，成立了新中国剧社。周特生任社长，屈楚、谢继明、杜皋汉、刘沧浪等分别负责经理、编导等工作，程谦谋任剧务课长。剧社成立后，先后在江苏同乡会礼堂、抗建堂等处演出《升官图》《牛郎织女》《春》《秋》等剧目，还先后在抗建堂、重庆美专等处举行座谈会，何其芳、力杨、胡克林、冯克熙、赵一明等参加座谈会，支持新中国剧社的进步文艺活动。

这一时期，盟员还在重庆积极主办刊物，组织社团，宣传民主进步思想。沈迪群创办进步刊物《活路》半月刊；蔡梦慰主持现代书局，秘密出售被查禁的进步书籍，先后帮助别人创办和发

---

① 解放后，勉仁文学院并入原西南师范学院，为该院文科建设打下重要基础；2005 年，西南师范大学与西南农业大学合并为西南大学。勉仁中学先后改名为重庆 22 中学、勉仁职业中学，现已合并到“北碚职业教育中心”。

行了《三月》《活路》《民歌》等进步刊物，还自己创办了诗刊《露丝》；潘鸿志先后主编《星光》《星火》《生活》等壁报，联络友人创办《摩仿》《活路》《民歌》等进步刊物；孙一心筹组了“重庆鲁迅图书馆”，后改为“武训图书馆”。粟立森联络青年学生组织“黎明社”，自任社长。

四、追悼“四八”及李、闻二烈士和陶行知先生

1946年春，国民党政府破坏《国共停战协议》，向解放区发动进攻。当时在重庆同国民党谈判的中共代表王若飞、秦邦宪，为了向中共中央汇报请示，于4月8日和新四军军长叶挺、中共中央工委书记邓发、教育家黄齐生等同机飞返延安，因飞机在山西兴县黑茶山失事，不幸殉难。同机殉难的还有八路军军官李绍华、赵登俊、魏万吉和叶挺夫人李秀文等。4月13日，民盟张澜、沈钧儒、章伯钧等15人联名致电中共中央，对王若飞等遇难表示无限痛悼。其后，中共代表团、陪都各界在青年馆举行追悼“四八”烈士大会，罗隆基在追悼会上发表演说，民盟重庆市支部发动盟员参加追悼会。

国民党在发动全面内战的同时，又加强对国统区的法西斯统治，血腥镇压民主运动。1946年6月，国民党反动派在昆明散布谣言，说民盟企图勾结地方势力在云南组织暴动，夺取政权，说民盟中央委员、著名民主斗士李公朴已“奉中共之命，携巨款来昆明密谋暴动”，民盟中央委员、著名诗人闻一多“组织暗杀团”等等。蒋介石还发出谋杀令，“特予”昆明警备司令部、宪兵十三团对李、闻等人以“于必要时得便宜处置”之权。云南特务

机关接到密令后，立即拟定了逮捕民主人士的黑名单。

7月11日，李公朴和夫人于外出归途中，遭国民党特务暗杀。接到南京民盟总部关于李公朴遇害的电报后，民盟重庆市支部在国府路300号召开会议商议对策，鲜特生、吴春选、赵一明、冯克熙、郭思明、敬树诚、黄朋豪、章培毅以及民盟总部留在重庆的中委史良、邓初民出席会议。14日，民盟重庆市支部发言人为李公朴被刺逝世发表谈话，指出李氏被刺是一个无耻的政治阴谋的暴露，是反动派加强反民主、镇压人民的进一步表现，应立即取消特务组织，严惩杀人凶手。同日，史良、邓初民在《民主报》发表了纪念文章《李公朴先生的为人》，史良还致电李公朴夫人张曼筠，表示"我们一班朋友也誓死继承他的遗志，永远伴你在一块"。此外，《民主报》通过民盟云南省支部向李公朴夫人张曼筠先生转发了唁电。育才学校学生自治会也唁慰李夫人，并坚决要求政府解散特务组织，重开政协，放弃内战独裁。

7月15日，闻一多参加李公朴追悼会并发表"最后一次讲演"，归家途中惨遭国民党特务暗杀，长子闻立鹤同时受重伤。噩耗传到重庆，民盟重庆市支部就李、闻被暗杀事件向国民党当局提出强烈抗议。邓初民、史良、鲜特生积极做四川省主席张群的工作，让他做李、闻追悼会的发起人和主席。在民盟组织的发起筹备下，28日，重庆市各界群众6000余人在青年馆举行追悼李公朴、闻一多大会。会场庄严肃穆，礼堂中间悬挂李、闻二烈士遗像，两边是十分醒目的挽联，上联是"以身以命争取民主"，下联是"用力用血奠定和平"。张群主持大会，吴玉章、鲜特生、史良、邓初民、胡子昂等出席，并在会上致词。史良说："公朴先生为什么而死？他是为奔走中国和平民主团结而死！”邓初民愤慨讲道：“为和平民主奋斗的人，是永远也杀不绝的，李、闻是人民的朋友和同志，照着他们的路走是不会错的。”随后，鲜特生、史良、叶丁易、郭则沉等发起组织成立李、闻血案后援会，陪都各界人士暨50余个社团参加并发表宣言，吁请当局限期缉拿凶手，立即撤换云南治安当局负责人，切实保障人身自由与安全，立即明令撤销一切特务组织，彻查政协会议以后各地所发生的血案暴行，公布并严惩祸首。

7月25日，陶行知在被迫流动中病逝于上海。消息传到重庆，各界同声悲悼，纷往吊唁及电慰陶氏家属，社会大学和育才学校发起成立追悼会筹备会。史良向陶行知家属致电表示慰问，表示“自当继其遗志，加倍努力”；8月3日，她又在《新华日报》发表文章，悼念陶行知先生。8月4日上午，陶行知追悼大会在重庆和平路管家巷28号隆重举行，邓初民、鲜特生、史良、黄次咸、周新民与各方人士、团体代表1500余人到会，史良、邓初民分别担任主席和主祭。史良向大会撰送挽联：“教育与民主不可分，遍栽桃李万千，远志克承，先生无恨；专职与法西斯成一气，纵有么魔一二，和平争取，我辈有人。”她还在致词中勉励育才学校和社会大学师生继续陶行知先生的一切事业。鲜特生追述了陶行知若干精神，邓初民在讲话中认为，陶行知的伟大在平凡中，他一切都为人民服务。9月16日，陪都各界成立陶行知追悼大会筹备会。22日，陪都各界2000余人在沧白堂举行陶行知先生追悼大会，由邓初民任主祭，史良也由沪来渝参加，民盟重庆市支部部分盟员参加大会。

第四节　参加反蒋斗争，营救革命志士，迎接重庆解放

一、“六一”大逮捕和第一次营救行动

由于民盟坚持正确路线，拒绝参加国民党单方面召开的国民大会，与中共同进退，国民党反动派攻击民盟“其组织已为中共所实际控制，其行动亦均系循中共意旨而行”，“甘为中共之新的暴乱工具”，准备“按照处置共产党的办法处置民盟”。

随着全面内战爆发，国统区人民生活日益艰难。1947 年 5 月 20 日，国民党军警特务分别在南京和天津打伤了示威游行的学生，制造了“五二〇”血案。随后，北京、天津、上海等全国各大城市爆发了反饥饿、反内战、反迫害的学生运动，重庆沙磁区、九龙坡区大专院校和中等学校学生也发动示威游行，并决定响应华北学生提出的“六二”全国一致罢课的号召，准备 6 月 2 日举行全市学生总罢课和示威游行。

广大盟员纷纷参加声援青年学生的反蒋斗争。盟员刘国鋕、吴子良等参加组织发动工作；女师学院学生盟员黄海波、陈茂华等推举汪盛蓉率领学生游行队伍到下半城国民党行辕请愿；新中国剧社的盟员和民盟巴县区分部的盟员分别在观音岩、林森路等地设立慰问站，以示声援。

6 月 1 日凌晨，国民党政府当局借口 6 月 2 日各地学生将举行全国性“大暴乱”，在成都、重庆等多个大城市同时宣布戒严，

疯狂逮捕爱国民主人士，打击进步力量。仅重庆就逮捕270余人，其中不少是共产党员，《民主报》被捕的记者、编辑和其他工作人员及印刷厂工人也多达30余人。他们被关押在“中美合作所”的白公馆、渣滓洞监狱等地。

“六一”大逮捕后，张澜主席随即向国民党当局提出严正抗议。6月2日清晨，鲜特生紧急召集工作人员章培毅、杨复全商讨对策，决定立即电告南京蓝家庄民盟总部，报告情况，请示应对办法。其后，鲜特生找重庆市长张笃伦要求释放《民主报》被捕人员，并派杨复全赶赴李子坝固庐，找他当川军师长时的老友、时任重庆警备副司令的李根固帮忙设法放人。3日，杨复全又奉命前往北碚金刚碑勉仁书院请民盟中央常委梁漱溟出面营救被捕人员。梁漱溟马上与杨复全一道乘车赶赴特园，与鲜特生仔细分析情况，决定发表书面谈话稿。4日，梁漱溟在重庆《大公报》发表公开声明，强调“根据政协决议及蒋委员长四项诺言，民主同盟属于合法之政党，《民主报》的所有言论，一贯遵从民盟之政治主张，即和平、民主、团结、统一之原则”，表示作为民盟中央主要负责人之一，“决定义无反顾的站出来，肩负起我应负的责任，向国民党地方当局进行交涉，立即释放非法逮捕之《民主报》全体员工，早日恢复和维护他们的人身自由权利”。当日上午，梁漱溟去西南军政长官公署找主任张群和秘书长刘寿朋，交涉释放《民主报》被捕人员。同时，将营救情况致函南京民盟总部，并给正在上海的黄炎培去信通报情况。

经过各方据理力争，营救获得初步成功，《民主报》被捕同志除唐弘仁、李康、舒军、张真民、余阳明、龙圣夫、张明泛等7位主要工作人员尚需继续审查外,其余报社职员、印刷厂工人全部获释。12日,第一批获释的有《民主报》校对杜凯、唐晓卿、周韦和工人赵治平等21人;13日,第二批有侯旭初、庞治民、吴德枢、陈永川、万作良、杜群生等6人。两批被捕获释人员均由鲜特生派特园工作人员章培毅、杨复全到中山三路重庆警备司令部接回。

二、参与创办《挺进报》,参加武装斗争

1947年2月底,重庆《新华日报》被迫停刊。5月,陈然等人在从香港来的进步刊物中选择一些消息、报道和文章翻印成油印小报,秘密发送。在此基础上,7月,中共重庆市委决定正式出版机关报《挺进报》。到1948年4月,《挺进报》共出了23期,发行范围由市内扩大到川东大部分地区,对传播胜利消息、教育人民和鼓舞斗志起到了一定作用。

陈然、刘国鋕、成善谋等盟员在办《挺进报》的过程中发挥了重要作用。陈然和刘国鋕负责该报的编辑、印刷和发行工作。1948年1月,中共市委在《挺进报》建立了中共特别支部,陈然担任特支组织委员、书记,利用中国粮食公司机器厂代理厂长身份为掩护,妥善安排转移了一些受到特务注意而有被捕危险的同志。当时,成善谋负责中共秘密电台的收发报工作,通过红色电台将新华社所发的电讯直接传送给《挺进报》。此外,李惠明、蔡梦慰等盟员参加了《挺进报》的发行和传送工作。

1947年下半年,全国解放战争由防御转入全国规模的进攻,战争主要地从解放区转入到原国统区。按照中共中央的指示,为了配合战争,川东中共组织深入农村,建立农村游击根据地,

100多名来自社会大学、育才学校以及市内其他学校的中共党员、"六一"社员、学运积极分子和盟员先后奔赴农村。1947年底和1948年初,地下党组织还在下川东地区(万县、涪陵、贵州黔北等地区)和上川东地区(达县、广安、华蓥山、合川等地区)发动了多次武装暴动。

民盟一届三中全会后,以"群众性革命性的组织路线"代替了过去的"争取合法公开的组织路线"。1948年8月,民盟总部发布的《中国民主同盟盟员下乡工作方案》号召广大盟员"揭发南京政府及其所属地方政府祸国殃民之反动政策","唤起农民反对不合理的负担——如反三征及一切苛捐杂税","扩大乡村民主运动,团结农民,组织农民从事各种斗争——从经济的到政治的"。为早日彻底摧毁国民党反动政府,这一时期,重庆及周边盟员积极奔赴农村,组织农民开展抗丁、抗租、抗税斗争,参加武装反蒋斗争。陈鼎华以垫江中学教员身份为掩护,在农村组织和发动群众,从事农村革命工作;孙一心以组织"农村照相旅行团"为掩护,深入江北等地工厂、农村、学校鼓动工运、学运,传播革命歌曲,宣传共产主义思想;丁鹏武在重庆以办理岳池县旅途人员事宜为掩护,联络各地,从事秘密活动,并购买十几支手枪带回岳池;何雪松与李子伯等在重庆积极策划武装起义;张孟晋赴香港为地下党组织举行武装起义筹集经费。此外,邓惠中、唐征久、张守正、张泽浩等也在广安、岳池、武胜等地组织武装起义。

1948年4月,国民党特务以《挺进报》为线索,开展了大搜捕,直到1949年1月蒋介石宣布"引退"才结束,川东中共组织受到严重破坏。陈然、成善谋、程谦谋等盟员先后被捕。这一时期,因为参加民主革命和武装斗争,何雪松、胡作霖、章培毅等多名盟员入狱。在狱中,盟员和共产党员一道在严刑拷打和威胁利诱面前,英勇不屈,坚持斗争。

三、抢抓和谈时机,开展第二次营救

第一次营救初步成功后,民盟重庆市支部继续积极营救尚在狱中的盟员。1948 年 5 月,专门成立由赵一明、胡克林、冯克熙、黄朋豪、杨复全等组成的救济小组,筹集必要经费,救济被关押的盟员。救济小组设法与狱中盟员取得联系,送去一些东西供他们使用,并运用各种关系,想尽各种方法进行营救,虽不遗余力,也未能奏效。

随着解放战争形势的变化,特别是中国人民解放军取得辽沈、淮海、平津三大战役的胜利后,国民党在军事上的败局已定。1949 年元旦,毛泽东为新华社写的新年献词《将革命进行到底》向中外宣告。同日,蒋介石发表求和声明。21 日,蒋介石被迫宣布"引退",李宗仁代理南京政府总统,同意以中共所提条件为基础恢复和谈。

3 月,四川华阳人张群接受了蒋介石的特殊使命,到四川主持西南军政大计。行前,张群到上海虹桥医院拜晤张澜,问及托办之事。张澜提出三点:"一、回川不要再征兵征粮,扩大内战;二、不要在四川最后决战;三、所有关押的盟员和所有政治犯予以释放。"张群表示:"我决不给四川造成大灾难,盟员清理后就释放。"随即,张澜通知在川的张志和等借机抓紧营救在狱中的民盟盟员及革命人士。

张群到重庆后，民盟中央委员范朴斋去和张群交涉释放关押盟员问题。在张群答应开具名单与行辕二处徐远举联系解决后，由民盟市支部鲜特生、赵一明、冯克熙、胡克林、杨复全提出在重庆被捕关押的名单。经过反复争执，艰苦斗争，徐远举同意3月30日放人。

得知国民党将要释放部分人员的消息后，市支部积极着手迎接他们的有关准备工作。发动大家筹募100万元作为迎接出狱人员的费用；能够找到亲友处住的，就到亲友处住，无地方安身的，就在特园安排两间房屋暂住；发动盟员捐旧衣物，准备好毛巾、牙膏、牙刷、常用药物供他们使用；为住外地的人员离渝准备路费、筹办聚餐、合影等。

3月30日和31日分两批放出21人，国民党特务送到特园后由范朴斋和鲜特生出具字条为凭。被释放的21人是：田一平、李康、舒军、唐弘仁、张真民、龙圣夫、颜士奇、张明泛、仲秋元、周世楷、屈楚、罗克汀、王颖冰、孙文石、刘慕宇、张大昌、余阳明、唐珍润、兰国农、何舒杰、熊鸿嘉。其中，仲秋元、屈楚等14人还是共产党员。

30日中午，民盟市支部在特园举行欢迎聚餐会，慰问被释放的人员。饭后，还合影留念。同时，给每人送了5000元零用，回外地的分送了10万元作旅费。考虑出狱人员的安全，民盟重庆市支部还想办法对他们进行了疏散和隐蔽，部分人员还到梁漱溟在北碚所办勉仁学校暂住。

4月4日，范朴斋到上海，带着欢迎被释放人员的合影照片向张澜主席报告营救盟员的经过，张澜主席专门写信通过民盟重庆市支部慰问释放的人员，罗隆基、史良、叶笃义也在信上签了名。同时，张澜主席还通过银行汇出黄金四两慰问出狱人员。

四、参与策动刘文辉、邓锡侯、潘文华起义

1949年10月，中华人民共和国成立。当时，中南、西南一些省份还没有解放，解放战争仍在激烈进行。11月1日，人民解放军发动西南战役，向国民党西南防线发起强大的攻势。为了配合人民解放军进军西南，民盟重庆市支部按照张澜主席的指示精神，多次研究策动国民党地方军政人员实行起义，脱离国民党反动阵营。

1949年5月下旬，在与川东地下党联系后，民盟重庆市支部派赵一明、冯克熙赴香港，向中共中央驻香港组织的负责人汇报情况，并请示有关策反国民党军政人员起义的问题。他们以商人身份，从重庆白市驿机场登机，冯克熙因在机场受阻，赵一明只身到香港，并同严希纯、张铁生、乔冠华等联系。6月下旬，赵一明和民盟四川省支部负责人范朴斋一道到乔冠华寓所相见。赵一明把重庆的形势、民盟的工作、国民党上层人员的思想情况以及准备策反的设想作了汇报。乔冠华对重庆民盟为迎接解放所作的努力工作给予肯定，并指出，现在解放战争胜利形势已成定局，中共中央、毛主席号召把革命进行到底，刘伯承司令员已在北京广播了向华南和西南进军命令，按照中共中央的指示精神，在进行策反工作上应注意下面几点：第一，欢迎国民党四川地方军政人员脱离国民党阵营，举行武装起义，但行动上应按照

刘伯承司令员在北京广播的原则办事;第二,起义人员的财产除其土地应按照《中国土地法大纲》处理外,其余财产概在保护之列;第三,起义以后不得另立番号,不得自行移防,就地维持秩序,保护国家财产,起义部队的供给就地解决,听候中国人民解放军改编。

后来,赵一明又向胡子昂通报了乔冠华的指示。胡子昂对乔冠华的三条意见完全赞同,并决定介绍赵一明去会晤成都市原市长李铁夫,并通过李直接向刘文辉、邓锡侯转告乔冠华的指示,望他们当机立断,掌握时机,实行起义。胡子昂还亲自给赵一明写了介绍信。

赵一明回四川后,持胡子昂的信到成都见李铁夫。赵一明向李铁夫讲了形势,并望他投向光明,以实际行动迎接解放。李铁夫当即表示,一定要迅速传达这三条意见,并约定与赵一明保持联系。7 月下旬,李铁夫告诉赵一明,刘文辉、邓锡侯认为中共组织的“三条意见”很好,表示一定遵照行事,但还希望中共地下党方面提出一些具体办法,以便更好贯彻执行。后来,赵一明等经过中共地下党同意,提出“国民党四川地方军政人员宣布起义行动上应当注意的意见”等 20 多条,于 9 月底交李铁夫。刘文辉、邓锡侯看了这些意见,决定参照执行。11 月,潘大逵、胡克林、冯克熙先后由重庆到成都,具体策动刘文辉、邓锡侯、潘文华实行武装起义。

12 月 9 日,刘文辉、邓锡侯、潘文华等国民党高级将领和地方军政人员在川西彭县联名通电起义。

五、开展策反杨森等工作，迎接重庆解放

重庆是西南地区政治、军事、经济和文化重镇。抗战期间，重庆作为陪都，为抗战胜利作出了巨大牺牲和贡献。为了避免重庆再遭战火浩劫，民盟市支部主委鲜特生极力开展对重庆市市长、重庆卫戍总司令杨森的策反工作，为争取重庆和平解放而努力。

1949年11月上、中旬，人民解放军先后解放秀山、酉阳、黔江、彭水等地，突破国民党渝东南白马山防线，打开了解放重庆的大门。蒋介石下令重庆市市长兼卫戍司令杨森在撤离前配合保密局爆破毁城。但杨森对于破坏重庆并不积极，给争取重庆和平解放留下了可能。

由于鲜特生与杨森是四川陆军速成学堂的同学，有较深的私交，11月下旬，中共地下组织派苏云将中共对杨森的四项条件告知鲜特生，并希望通过他转达杨森。这四项条件是：(一)杨森所属部队20军撤离重庆时，保证不破坏山城市区建筑，尤其不得破坏大溪沟发电厂，不骚扰抢劫，保证山城百姓的生命财产安全；(二)尽一切努力营救被关押在中美合作所集中营的革命志士；(三)杨森不随蒋介石去台湾，率所部二十军起义，共产党和解放军保证其生命财产的安全；(四)在可能条件下活捉蒋介石，为新中国立功受奖。

鲜特生令其子鲜恒去见杨森，向他转告中共地下组织的四项条件，期望他戴罪立功。杨森见国民党兵败势去，比较实际地谈了四项条件中能办得到和无法做到的一些具体情况，表示：其

部队撤离重庆时，决不破坏陪都市容建筑，骚扰百姓；其交喻孟祥、杨汉烈指挥入驻陪都地区的两个师部队，要他们在其去台后率部起义。但对于其余条件，表示难以办到。得知杨森的态度后，鲜特生仍不甘心，马上带领鲜继坚开车到杨森公馆，但被杨森以有要事在办为由婉言谢客。

杨森是国民党最后逃离重庆的重要军政官员，虽然最终未被策反，但他履行了与鲜特生私下的默契及许诺。在解放军入城前，重庆城区内未发生国民党军队的破坏骚乱，市民免受一次战乱的苦难。杨森撤离重庆时，20 军则由其次子杨汉烈继任。一个月后，杨汉烈在成都附近金堂县率两个师起义。

此外，支部一些负责人还与四川自卫委员会吕超等联络，希望能做到调换王陵基、杨森等死硬派，最低亦使他们无从为所欲为，并先后同伪参议员丁荣灿、李仲平、范仲渠及伪立法委员顾鹤皋等联系，策动他们利用伪参会或其他形式作有益于人民的事情，为迎接解放贡献力量；还派盟员冉庆之返酉阳策反该区行政专员，在解放军入川时做迎接工作；派盟员范首明等赴川东与中共方面联络，从各方配合迎接解放；派盟员任大义及盟外人士以同乡关系，向罗广文部之中下级军官提出，希望他们在解放军到川时，停止抵抗，保护物资，维持秩序；向重庆市警察局中级人员黄家福、许彦鲁等提出，由他们发动警察人员保护成都市，迎接解放；还与重庆民革等民主党派人士商讨重庆市"真空时间"之秩序维持等。

1949 年 11 月 30 日下午，解放军先遣部队进入重庆并进驻陪都伪总统府，重庆市区获得解放。当日晚，鲜特生听到解放军进城的消息后，立即乘车上街欢迎解放军，并以民盟中央执委兼重庆市支部主委的身份，发表了热情洋溢的讲话。

重庆解放前夕，相辉学院的林雅、叶俊才、秦顺政、贺达仁、黄应期等民盟成员越过戒严防线，与北碚中共地下党联系，争取北碚和平解放。12 月 2 日，为迎接解放军进入北碚，在中共地下组织的领导下，参与成立相辉学院应变委员会；以“中国民主同盟”的名义，大量书写欢迎解放军、欢呼北碚和平解放的标语传单，贴满北碚大街和来往卡车，并与各界群众一道乘车前往歇马场，迎接解放军进入北碚城。12 月 4 日，梁漱溟主持了北碚解放群众大会。北碚解放后，林雅等将搜集的相辉学院等文教单位的情况及三青团、特务的情况整理成书面材料交送北碚军管会。盟员黄懋欢策动重庆国民党第三十六兵工厂厂长王建民起义，保全了这个炸药厂。

12 月 14 日，解放军唐山部队解放巫溪，重庆市全境解放。重庆的历史翻到新的一页，开始了建设“人民的生产的重庆”的崭新时代。

第五节　盟员英烈耀千秋

一、黎明前的大屠杀

民主革命时期，重庆有一大批共产党员和爱国民主人士被捕，其中包括部分盟员。1949 年 3 月，经过民盟重庆市支部及各方努力，成功营救出 21 名革命志士，但仍有部分盟员被关押在白公馆、渣滓洞等监狱。

1949 年 4 月，人民解放军占领南京，国民党在大陆的统治即将结束。11 月，刘邓大军进军西南，进逼重庆。国民党反动派在溃败前夕，命令国民党特务从 9 月开始，分批屠杀狱中革命志士。10 月 28 日，陈然、成善谋等 10 人被杀害于大坪刑场。11 月 27 日，重庆解放在即，国民党反动派在仓皇逃跑前，对囚禁在白公馆、渣滓洞等监狱的革命者进行疯狂的大规模屠杀，并纵火焚烧了渣滓洞男牢房，制造了震惊中外的屠杀中共党员和爱国民主人士的“一一·二七”大惨案。

在“一一·二七”大惨案以及前后的屠杀中，共有 27 名盟员遇难。这 27 名盟员烈士是：何雪松、蔡梦慰、邓惠中、程谦谋、陈然、刘国鋕、周从化、李惠明、黎又霖、张国维、成善谋、张孟晋、潘鸿志、黄细亚、孙一心、沈迪群、李子伯、胡作霖、章培毅、唐征久、陈鼎华、张泽浩、张国雄、丁鹏武、胥良、粟立森、张守正。其中，周从化和黎又霖系中共、民革、民盟交叉，邓惠中、程谦谋、陈然、刘国鋕、张国维、成善谋、张孟晋、黄细亚、沈迪群、李子伯、胡作霖、唐征久、陈鼎华、张泽浩、丁鹏武、粟立森、张守正系中共、民盟交叉。

牺牲在重庆的 27 名盟员烈士，在重庆留下了学习、工作和战斗的足迹。其中程谦谋、孙一心、胡作霖、陈鼎华、张国维出生于重庆，陈然、刘国鋕等被直接登记为民盟重庆市支部盟员，黎又霖、黄细亚、章培毅等在民盟重庆市支部担任领导职务或者参加重要活动。

盟员英烈为争取新民主主义革命的胜利，为民族独立解放、国家民主进步而英勇奋斗，流血牺牲，为民盟树立了永远的丰碑，留下了宝贵的精神财富。重庆解放后，27 名牺牲在重庆的盟员先后被追认为革命烈士。为了纪念盟员烈士，民盟重庆市委于 1991 年在歌乐山烈士陵园建立了“一一·二七”盟员烈士纪念碑。

二、盟员英烈生平事迹简介

用身体挡住敌人子弹的何雪松，1918 年生于四川高县。1946 年，来到重庆，在海棠溪孙家坡第五军官总队任上校教官兼《五总》月刊总编辑，同年加入中国民主同盟。1947 年 10 月 9 日，因秘密策动武装起义在重庆被捕。在狱中仍坚持革命工作，多次带头与敌人作斗争。1949 年 11 月 27 日，在渣滓洞集体大屠杀时，用自己身体挡住敌人的枪弹，掩护难友破窗越狱，壮烈牺牲。

《黑牢诗篇》的作者蔡梦慰，1924 年 9 月生于四川遂宁县，1945 年在成都加入中国民主同盟。1947 年 5 月，来到重庆主持现代书局。同年冬现代书局被查封后，在和平路胜利大厦附近办起了重庆文城出版社。1948 年初，准备组织人员到农村去搞武装斗争。1948 年 5 月 10 日，在重庆被捕。在监狱生病期间，用竹签子当笔，用棉花烧灰当墨，在香烟纸上写下了《黑牢诗篇》。1949 年 11 月 27 日遇难，在被押往渣滓洞松林坡枪杀途中，将自己包扎好的《黑牢诗篇》抛留荒草丛中。

“双枪老太婆”原型之一邓惠中，1904 年 7 月生于四川岳池县，1946 年在岳池加入中国民主同盟。领导岳池、武胜起义失败后，1948 年 8 月全家被捕。在岳池军法室被多次刑讯后，和次子邓诚一道被押送重庆渣滓洞。1949 年 11 月 27 日，在敌人大屠杀中，母子同时殉难，壮烈牺牲。

新中国剧社的发起人程谦谋，1919 年生于四川长寿（今重庆市长寿区）。1945 年加入中国民主同盟，同年 10 月，在特园参加话剧演出，庆祝中国民主同盟第一次全国代表大会的召开。其后，和周特生、屈楚等积极发起组织了“现代戏剧学会”，并在民盟机关报《民主报》出副刊栏目“舞台”。1946 年建立“新中国剧社”，任剧务课长并与“中华剧艺社”联合演出陈白尘的新作《升官图》100 多场，先后主编重庆晚报的《剧场生活》、国民公报的《电影与戏剧》等周刊。1948 年 7 月《挺进报》第二期复刊后，担任编写工作。1948 年 12 月在重庆被捕。1949 年 11 月 27 日遇害。

小说《红岩》中成岗的原型、与《挺进报》共存亡的陈然，1923 年 11 月出生于北平市，1945 年加入中国民主同盟。“沧白堂事件”时，挺身而出，率领群众与暴徒搏斗，并当众发表演说，愤怒斥责国民党特务的罪恶行径，被特务打成重伤。1947 年 2 月起负责《挺进报》编辑、印刷和发行工作。1948 年 4 月被捕。在狱中，利用半截铅笔和一些包香烟的薄纸秘密写成纸条，传播解放战争的胜利消息，大家都风趣地称它为《挺进报》白公馆版。1949 年 10 月 28 日被公开枪杀于大坪。

小说《红岩》中刘思扬的原型、“誓把牢底坐穿”的刘国鋕，1921 年生于四川泸州市。1942 年，从昆明到重庆找中共组织，经冯克熙帮助，在中共南方局的领导下工作。1946 年，加入中国民主同盟。积极参加民主活动，为《挺进报》筹集资金，提供资料，弄电台，协助出版发行。“六一”大逮捕后，发起成立六一事件后援会和“六一社”。“李闻血案”后，四处奔走，抗议国民党暴行，筹备召开追悼会、记者招待会，熬夜写悼念文章。1948 年 4 月在荣昌被捕。1949 年 11 月 27 日殉难于白公馆。

在牢房墙壁上镌刻光明的周从化，1895 年生于四川新繁，曾任国民党军队“师管区”中将司令，“国防部战史编纂委员会”中将委员等职。1942 年加入中国民主同盟后，主要同张志和、罗忠信等盟员联系，共同在国民党军政界上层人士中开展工作，争取革命同盟军，发展革命势力。1949 年 8 月在成都被捕，国民党特务用专机将他押解至重庆。在狱中，坚贞不屈，在白公馆“平三宝”牢房墙壁上，用竹筷头刻下的“失败膏黄土，成功济苍生”的誓言及横批“光明不远”。1949 年 11 月 27 日他殉难于白公馆。

渣滓洞的巾帼英雄李惠明，1918 年生于四川大邑县，1946 年加入中国民主同盟。1947 年 8 月，从四川大学毕业后到重庆，先后任民建中学及嘉陵中学教师。与江姐（江竹筠）等中共地下组织的同志密切配合，进行宣传鼓动工作。1948 年 4 月，和张文江（即张国维）去会晤刘国鋕时被捕。1949 年 11 月 27 日，被杀害于重庆渣滓洞。

往来于特园的活动家黎又霖，1895 年生于贵州省黔西县，1945 年经鲜特生、邓初民介绍加入中国民主同盟。作为重庆“民联”临工组的主要负责人之一，经常活动于重庆上清寺有“民主之家”之誉的特园和国民党著名爱国将领杨杰（耿光）宅邸，积极从事民主活动，与吴玉章、张澜、楚图南、潘大逵、冯克熙、孙铭勋等经常保持联系。还担任民盟市支部转入地下后的临时委员会委员。1949 年 8 月在重庆临江门戴家巷被捕。1949 年 11 月 27 日殉难于白公馆。

传递进步报刊的交通员张国维,1921 年生于湖北汉川县,1945 年加入中国民主同盟。曾在重庆沙磁区负责学运,领导各校“六一社”积极从事革命活动,与刘国鋕、赵铭彝、耿振华、袁观等经常保持联系。坚持革命斗争,不断揭露国民党反动派的法西斯暴行,传递进步报刊,宣传解放战争的胜利消息。1948 年 4 月在重庆被捕。1949 年 11 月 27 日在重庆渣滓洞殉难。

红色电台的保护神成善谋,1917 年生于四川合江。1936 年毕业于重庆川东师范学校,后在贵州航空学校深造毕业后在重庆白市驿美军机场任飞机制造工程师。1945 年加入中国民主同盟,曾创办《科学与生活》杂志。1947 年担任中共重庆市委直接领导的电台特支委员会的宣传委员,负责秘密电台的收发报工作。1948 年 4 月被捕。1949 年 10 月 28 日被枪杀于大坪。

视死如归的革命者张孟晋,1920 年生于四川大竹县,1945 年加入中国民主同盟。曾任中国会计专修学校(后改为大信高级商业职业学校)校长、建川中学总务主任等。1946 年 1 月和 2 月发生重庆沧白堂事件和较场口血案时,和《民主报》记者一道参加了集会。同年 7 月 28 日重庆各界在重庆青年馆举行的李公朴、闻一多两烈士追悼大会,8 月 4 日举行的陶行知先生追悼会,均以盟员身份参加服务工作。1948 年 6 月在重庆董家溪被捕。1949 年 11 月 27 日殉难于重庆渣滓洞。

传送《挺进报》的诗人潘鸿志,1927 年生于四川三台县,七岁随父回老家荣昌县居住,1946 年加入中国民主同盟。在重庆精益中学读书时,创办壁报,宣传民主思想。1947 年 8 月再次来到重庆,宣扬民主思想。1948 年 7 月在重庆被捕。1949 年 11 月 27 日,在重庆渣滓洞殉难。

《西南风晚报》女记者黄细亚,1928 年生于湖南临沣县。14 岁时为反抗封建婚姻,从湖南徒步到四川江津县(今重庆市江津区)国立九中读书,发起组织"五月诗学习社"(简称五月社),开展读革命书刊活动。1946 年考入重庆二中学习后,组织学生社团,参加反美游行。1949 年 5 月加入中国民主同盟。入盟后,担负着城区同沙磁区民盟组织的联络任务,并以《西南风晚报》记者身份作掩护,协助在国民党军官学校的学员进行策反工作。同年 9 月被捕。11 月 27 日就义。

传播进步文化的优秀战士孙一心,1922 年生于四川江北县(今重庆市渝北区),7 岁在附近响水寺小学读书,后进入勉仁中学。高中毕业后,出版和发行进步书刊,进行反对蒋帮反动文化斗争。1945 年民盟重庆市支部成立时加入中国民主同盟。1948 年,积极筹组"重庆鲁迅图书馆"。1948 年秋考入重华学院法律系,组织进步社团,1949 年 6 月,到江北县柏树村进行宣传时被捕。1949 年 11 月 29 日,殉难于松林坡。

张澜主席身边的联络员沈迪群,1909 年生于四川南充县,1945 年加入中国民主同盟,曾在张澜主席身边作过联络工作。因面临被捕,由南充转移到重庆,改名沈嘉文,从事文化工作,进行民主活动,任《新南充报》《新蜀报》编辑、记者,嘉乐制纸厂重庆分公司营业主任。1948 年 8 月在重庆被捕,1949 年 11 月 27

日在重庆渣滓洞殉难。

铮铮铁骨李子伯,1911 年出生于四川营山,1946 年在成都加入中国民主同盟。后与何雪松来到重庆,同李荫枫策划落实川东武装起义。1947 年 10 月与李荫枫不幸被捕。被捕后,先关在白公馆,与许晓轩同狱,共商过白公馆集体越狱计划,并将拟订的计划散发给难友们学习。1947 年底被转囚于渣滓洞。1949 年 11 月 27 日,在集体大屠杀中英勇就义。

为《囚歌》谱曲的胡作霖,1917 年生于四川开县(今重庆市开县),1938 年在重庆直属联中读书时加入中国共产党,1945 年毕业于复旦大学新闻系,1946 年加入中国民主同盟。曾任《新民报》记者兼重庆市一中语文教员,支持进步学生活动,与《新华日报》记者一起参加集会。1947 年 6 月 1 日被捕,释放出狱后,继续坚持革命斗争。1948 年 6 月 7 日,在重庆第二次被捕。在狱中教唱革命歌曲,为叶挺的《囚歌》谱曲,难友们唱起《囚歌》对敌特斗争。1949 年 11 月 27 日,为了掩护同室战友壮烈牺牲。

不畏严刑的光荣战士章培毅,1920 年生于安徽桐城县,1944 年加入中国民主同盟。曾任民盟重庆市支部委员,并加入农工民主党,负责农工党组织工作。1948 年在香港奉李济深之命,回川任民革西南执行部政治部主任,策动各地军队起义工作。1948 年 11 月在重庆青木关车站被捕。1949 年 11 月 27 日殉难于重庆渣滓洞。

《华西晚报》总编辑唐征久,1911 年生于四川岳池县白庙乡,毕业于重庆艺专,1946 年加入中国民主同盟。1948 年 8 月,因策动岳池、广安起义,第三次被捕。在敌人酷刑拷打面前,始终坚贞不屈。后被押至重庆渣滓洞囚禁,1949 年 11 月 27 日殉难。

活跃在川东的地下盟员陈鼎华,1925 年生于四川垫江县(今重庆市垫江县),贵州大学毕业后在垫江中学教书,1947 年加入中国民主同盟。曾任川东地下党巴县白市驿支书,领导垫江地下工作,积极开展民主运动。1948 年 10 月,在垫江峡口中学被捕,囚禁于重庆渣滓洞。1949 年 11 月 27 日殉难于重庆渣滓洞。

追求光明的民主战士张泽浩,1921 年生于四川岳池县,毕业于北碚乡建学院农学系。1946 年 2 月加入中国民主同盟,积极进行地下活动,参加民主运动,并从事武装起义的准备工作。1948 年 8 月在岳池新三中学被捕。1949 年 11 月 27 日殉难于重庆电台岚垭。

川东地区工人运动领袖张国雄,1917 生于四川江北县,曾任民生机器厂工会理事长,多次领导过工人斗争。1945 年加入中国民主同盟。1946 年领导工人罢工,曾因反对驻厂"内二警"枪杀工人的"栾春生事件"被捕,后取保释放。1947 年《新华日报》撤退后,3 月 1 日,在厂里贴出去年同日的《新华日报》,震动全川。3 月 4 日再次被捕。1949 年 11 月 27 日殉难于重庆渣滓洞。

敢坐"老虎凳"的民盟烈士丁鹏武,1914 年生于四川岳池县阳和乡,1946 年加入中国民主同盟。1946 年 8 月中共地下组织决定他暂避重庆。1948 年因参加岳池义举暴露被捕。1949 年 11 月 27 日殉难于渣滓洞。

保护钢铁厂的铁血男儿胥良,1901 生于四川蓬溪县,重庆大渡口二十九兵工厂火砖部技工。1946 年加入中国民主同盟后,即在厂内组织工人群众,宣传民主革命知识,进行民主活动。后因参加民盟领导的地下活动及参加护厂工作，于1949年1月被钢铁厂前警卫队逮捕。1949年11月28日，在重庆大渡口双山被国民党特务枪杀。

追求光明的“黎明”社长粟立森，1919年生于四川内江县，1945年加入中国民主同盟。1948年10月在泸县被捕，后被押送重庆，囚于渣滓洞。1949年11月27日在重庆渣滓洞殉难。

民盟南充西路负责人张守正，1919年生于四川南充县，1946年加入中国民主同盟，为民盟南充西路负责人。1948年8月因参加岳池、武胜起义，在南充大西街同生客栈被捕。1949年11月27日殉难于重庆渣滓洞。

第三章

在参加社会主义改造和建设中曲折发展

（1949 年 12 月至 1976 年 10 月）

中华人民共和国的成立，标志着民主革命的基本结束。中国开始进入从新民主主义社会向社会主义社会过渡，并进而全面进行社会主义建设的新时期。民盟以中国人民政治协商会议通过的《共同纲领》为政治纲领，在中国共产党的领导下，积极参加人民政权工作和国家事务管理，推动盟员和民盟所联系的知识分子学习马克思列宁主义、毛泽东思想，努力为社会主义建设事业服务。在这一历史时期，重庆民盟积极行动，巩固和发展组织，加强自我教育和自我改造，开展知识分子问题调查，积极在文教建设工作中发挥作用，为实现共同纲领、恢复国民经济和巩固人民民主政权、实现过渡时期总路线和走社会主义道路而努力，并在反右派斗争和十年内乱中经受考验。

第一节　整顿、巩固和发展组织

一、整理盟务，成立市支部临时工作委员会

1949 年 5 月 28 日，民盟总部临时工作委员会制订《民盟组织工作初步整理计划》，着手整理由于民盟被迫解散转入地下斗

争后上下组织失去正常联系的混乱情况。建国初期，民盟的组织工作以整理为主；1950 年 11 月，民盟一届六中全会以后，则以发展为主。其间，对于民盟的组织路线和发展对象还经历了摸索反复的过程。

重庆解放后，民盟西南总支部和重庆市支部的负责同志于 1949 年 12 月陆续返回重庆，遵照民盟总部临时工作委员会的指示，民盟西南总支部、重庆市支部按照“巩固为主、稳步发展”的方针，着手盟务整顿和组织发展工作。

1950 年 1 月 7 日，民盟总部特派员楚图南从北京抵达重庆，并很快组建了民盟总部西南区特派员办事处。田一平为办事处负责人，潘大逵、萧华清、唐弘仁、李康等参与办事处工作，开展整理西南盟务工作，筹建民盟重庆市支部临时工作委员会。在调查研究的基础上，结合西南地区的实际情况，楚图南整理出《当前西南区的盟员中存在的几个问题》上报民盟总部，并提出“一致接受、统一整理，政治严肃、组织宽大，重点发展、稳步前进”等三项决定，以及“照顾力求周到、整理与学习相结合”两项办法。同时，按照民盟总部“加强重点、着重中心城市、不求普遍发展”的指示，先在重庆进行整理地方组织的试点，取得经验后加以推广。

2 月 1 日，民盟重庆市支部临时工作委员会成立，潘大逵任主任委员。4 月 10 日，楚图南作了《整理西南盟务工作》的报告。到 5 月，市支部临时工作委员会整理盟员盟籍工作基本结束，经登记、审查、核实盟籍的盟员共166人。[1] 同月，中共重庆市委统战部成立，对重庆民盟的联系工作由西南局统战部转至市委统战部。9月，民盟西南总支部临时工作委员会成立，楚图南任主任委员，潘大逵等为副主任委员。

民盟重庆市支部临时工作委员会成立后，重点工作除整顿民盟组织外，还有积极发展新盟员。1950年7月5日，民盟接受中共中央《有关各民主党派组织活动的决议》。根据各民主党派就发展范围进行的协商分工，民盟发展盟员的范围限于文教界知识分子，而当时一些进步知识分子普遍存在入盟不如入中共的思想。因此，解放初的一年多时间里，重庆市支部盟员发展十分有限，1950年仅发展盟员17人。这一情况在全国也普遍存在，为此，民盟一届六中全会做出了《关于进一步整顿巩固组织》和《关于干部问题的决定》，确立"以发展为主、同时巩固"的工作方针，在文教界中下层知识分子中放手发展新盟员。市支部临时工作委员会遵照这一方针，1951年发展盟员达262人。

针对组织发展较快出现的一些新情况，根据民盟全国组织宣传工作会议的建议，1951年12月，民盟中央先后发布了《关于发展组织的指示》和《关于转向中上层发展组织的通知》等文件，逐步确定了"三个为主"，即大中城市为主、中上层知识分子为主、文教界为主的组织路线。重庆民盟在组织发展工作中，贯彻和坚持了民盟中央的组织路线，1952年发展盟员133人。

---

① 据当时参与整理西南盟务的同志回忆，在整顿盟务过程中，四川（含重庆）共有数百盟员受到不公正处理，未能登记盟籍，后予以平反。

这一时期，市支部机关建设得到加强。重庆解放初，支部在市中区棉花街设临时办事处，开展登记盟员等工作，随后搬迁到国府路300号办公。为了加强干部队伍建设，市支部通过了调进一批、培养一批，充实了队伍，通过专题培训、以会代训，不断加强干部队伍素质。先后派出机关干部到西南革大、华北革大、华东革大参加“民主党派训练班”学习。此外，部分盟员和专职干部还参加了政协重庆政治学校的培训。

1952年4月12日，民盟重庆市支部临时工作委员会举行1952年第一次宣教干部会，42人出席，支部临时工作委员会主任潘大逵出席并作主题报告，田一平作会议总结。

二、市支部第三届委员会

1952年10月12日，民盟重庆市支部临时工作委员会举行重庆市第一次盟员大会，113名盟员出席。

会议听取了支部临时工作委员会主任潘大逵所作的工作总结报告、组织部长田一平所报告的关于大会筹备情况及支部委员候选人酝酿经过，审查通过了临时工作委员会工作报告，并选举产生民盟重庆市支部第三届委员会，潘大逵为主任委员，萧华清为副主任委员，方敬、田一平、李海文、李康、杜贵文、金锡如、林诚毅、胡克林、冯克熙、舒军、赵一明、刘兰畦、潘大逵、萧华清、龚灿光等15人为委员，耿振华、张真民、杨复全、谢尊荣、邝抱斋等5人为候补委员。三届支部委员会机关内设秘书处、组织部和宣传部，李康、田一平和赵一明分别担任负责人。会议还通过了给民盟总部、西南总支部、中共重庆市委的三个致敬电。至此，重庆市支部临时工作委员会工作结束。

1952 年 11 月 6 日至 8 日,民盟西南总支临时工作委员会召开第二次全委扩大会,总结盟务工作。会议就健全领导、发展组织、干部培养和使用、组织生活、宣传与学习工作等进行深入讨论。楚图南在会议上发表讲话,总结这一阶段的盟务工作,提出接受中国共产党的领导,与中国共产党和政府的中心工作和政治任务相结合,紧密联系群众,与兄弟民主党派、人民团体和学校、行政机关密切配合等四条工作经验。

1953 年 5 月 27 日至 6 月 8 日,中国民主同盟一届七中全会(扩大)会议在北京举行。为使盟员在文教界中更有代表性,“使盟的影响和作用更加扩大”,会议确定了“以中上层为主,巩固与发展相结合”的组织工作方针。这一年,市支部突出重点,共发展盟员 87 人。

1954 年 1 月 31 日和 2 月 2 日,民盟重庆市支部沙磁分部和北碚分部委员会先后成立,重庆成为全国第一个建立市辖区民盟组织的大城市。

2 月 13 日,民盟重庆市支部委员会召开第二次盟员大会,148 名盟员出席会议。中共中央西南局统战部处长彭友今及中共重庆市委统战部领导到会指导。大会听取了支部主委潘大逵所作的 1953 年支部工作报告、彭友今的讲话及各组讨论情况所作的总结发言,审议通过了支部一年工作报告,确定第三届支部委员会任期为两年。

三、四川省重庆市分部委员会

1954年2月，民盟四川省支部第一届委员会成立。7月1日，重庆由中央直辖市改为省辖市，并入四川省[①]，12月4日，民盟西南总支部临时工作委员会召开第三次也是最后一次全委扩大会议。随着行政区划调整、民盟西南总支组织机构撤销，民盟重庆市地方组织也随之划归民盟四川省组织管辖。

1955年3月19日，民盟四川省重庆市第三次盟员代表大会召开。出席代表应为146人，实到138人。大会听取了民盟重庆市支部副主委萧华清所作的支部1954年工作报告和中共重庆市委统战部部长的讲话。大会确定，当年重庆民盟的重要任务是继续组织、动员盟员和所联系的群众积极参加国家建设，特别是国家文教建设工作；以实际行动支援解放台湾的斗争；参加辩证唯物主义理论学习；开展对胡适资产阶级唯心主义理论的批判。

大会遵照民盟总部的指示，撤销沙磁、北碚两个分部机构，将重庆市支部委员会改建为重庆市分部委员会，隶属民盟四川

---

① 新中国成立后，为了“既利于国家统一，又利于因地制宜”，中共中央在全国实行大区一级的行政区域制度。重庆解放后，中央人民政府在重庆设立西南军政委员会，辖云南、贵州、西康三省，川东、川西、川南、川北四行政区，重庆一直辖市及西藏。1953年3月12日，中央人民政府政务院作出《关于改变大行政区辖市及专署辖市的决定》，将重庆等10个大行政区辖市，一律改称为中央直辖市。1954年6月19日，中央人民政府委员会决定撤销大区一级行政机关，并明确规定将重庆等11个中央直辖市均改为省辖市。遵照中央的指示，重庆市于1954年7月1日正式并入四川省。

省支部委员会领导。会议选举成立了民盟重庆市分部第一届委员会，萧华清为主任委员，李嘉仲、金锡如为副主任委员，李嘉仲兼任秘书长，方敬、王道容、李嘉仲、李海文、李康、杜贵文、金锡如、林诚毅、胡克林、冯克熙、冯泽生、喻传鉴、舒军、叶麐、邓劼刚、刘兰畦、萧华清、萧锡荃、龚灿光等19人为委员，任曼逸、耿振华、张真民、杨复全、叶谦吉、邝抱斋等6人为候补委员。市分部委员会成立时，设专职副主委及秘书长领导岗位，机关设秘书处、组织部和宣传部。

1955年6月12日，民盟重庆市分部委员会召开民盟四川省重庆市第四次盟员代表大会。会议听取了分部委员会主要工作进展情况报告，传达并讨论了民盟第二次全国代表大会筹备委员会《盟务报告提纲》，讨论了《中国民主同盟章程修正草案初稿》，选举了出席民盟四川省第二次盟员代表大会的代表。大会还作出了《提高警惕，分清敌我，坚决肃清胡风反革命集团和一切暗藏的反革命分子》的决议。

民盟重庆市组织转为省辖组织初期，组织发展十分缓慢。1954年仅发展盟员1人，1955年没有发展。

1956年2月，民盟第二次全国代表大会对盟章进行了修改。新的章程将各级组织名称统一为中央、地方各级委员会，并将区分部改称为支部。同年，民盟四川省第一届委员会正式成立。随后，民盟省委所辖各级组织建制也作相应调整。这一时期，民盟重庆市分部组织发展工作有所改善，1956年和1957年新发展盟员人数回升到82人和109人。

1957年反右派斗争开始后，全市民盟组织发展受到极大影响,一大批民盟骨干被划为“右派分子”。知识分子对加入民盟组织存在疑虑,一些盟员也产生轻视民盟的思想,有的不参加组织生活,有的甚至提出退盟申请,组织发展基本陷于停顿。

1958 年 7 月,市分部机关搬迁到渝中区金汤街 80 号。

四、四川省重庆市第二、第三届委员会

1958 年 10 月 27 日至 29 日,民盟四川省重庆市第五次盟员代表大会召开。大会听取了李嘉仲副主委代表民盟市委整风领导小组暨第一届分部委员会作的一年来反右整风和盟员参加技术革命、文化革命运动的工作报告,通过了《关于坚决拥护周恩来总理、陈毅外交部长关于台湾海峡局势的严正声明及彭德怀国防部长的文告和福建前线恢复炮击金门、马祖的命令的决议》,选举了出席民盟四川省第三次盟员代表大会的代表。会议将民盟重庆市分部委员会改建为民盟四川省重庆市委员会,并选举成立了民盟四川省重庆市第二届委员会,萧华清为主任委员,李嘉仲、金锡如为副主任委员,方敬、王翊金、邓劼刚、司徒亮、刘泰琛、萧华清、李嘉仲、杜贵文、李祚膏、金锡如、林诚毅、金震雷、耿振华、杨慧莲、杨才斗、魏宇平、叶麐等 17 人为委员,杨槐、邓少琴、马建策、赵季芳、邝抱斋等 5 人为候补委员。

1962 年 1 月 20 日至 27 日,民盟四川省重庆市第六次代表大会召开,出席大会代表 133 名。会议进行了国际国内形势教育,总结了 1958 年以来的盟务工作并提出今后的工作任务,对民盟市委会进行了改选,选举出席四川省第四次盟员代表大会代表,通过了大会决议。大会选举产生了民盟四川省重庆市第三届委

员会组成人员，萧华清为主任委员，李嘉仲、金锡如为副主任委员，陈彝荪为秘书长，方敬、邓劼刚、王翊金、司徒亮、叶麐、刘泰琛、萧华清、肖建初、李嘉仲、李祚膏、陈以震、陈彝荪、金锡如、金震雷、林诚毅、耿振华、普施泽、杨慧莲、杨槐、邝抱斋、魏宇平等21人为委员，马建策、邓少琴、吴惠弼、姚宝红、赵季芳等5人为候补委员。

民盟四川省重庆市二、三届委员会期间，由于反右派斗争带来的影响，基层组织基本处于瘫痪状态，组织发展陷于停顿，部分盟员被开除盟籍甚至迫害致死，盟员数量不增反减。“文化大革命”爆发后，重庆民盟组织被迫停止活动，未举行代表大会长达18年之久，重庆盟员人数也大幅下降。西南师范学院盟员人数，由反右前的“一百单八将”锐减至文革后的“七十二贤”，就是突出的例子。

第二节　在国家政治生活中发挥作用

一、参加人民政权建设和国家事务管理

按照《中国人民政治协商会议共同纲领》，中华人民共和国成立后，民盟成为人民民主政权的参加者。重庆解放后，重庆民盟组织以及广大盟员，积极参加国家政权建设，为巩固胜利成果，推进人民民主作出了积极贡献。

1950年7月30日，西南军政委员会正式成立，首次全体委员会议隆重开幕，西南暨重庆市各民主党派负责人应邀出席会

议并讲话。军政委员会及内部组织机构注意安排党外民主人士,87 名委员中,党外民主人士有 40 名,各部门正副部长级职位,党外民主人士占 1/3,其中司法、监察、农林、水利、文教等部门的正职都由党外民主人士担任。部分盟员在军政委员会中任职,其中,龙云、刘文辉任副主席,楚图南为委员、文化委员会主任、文教部部长,鲜英为委员,潘大逵为文教部副部长。1953 年 3 月 1 日,西南行政委员会成立,龙云、刘文辉任副主席,楚图南、鲜英任委员。此外,多位盟员还在重庆市政府及部门任职,潘大逵为重庆市人民政府委员,萧华清历任重庆市文教局长、教育局长、文化教育委员会主任、体育运动委员会主任等职,李嘉仲、喻传鉴均担任过重庆市教育局副局长,胡克林为重庆市救济分会秘书长。

中华人民共和国成立时就确立了国家的政权制度是人民代表大会制度,但由于建国初实行普选的条件还不具备,各界人民代表会议(简称“各代会”)成为一种最合时宜的过渡组织形式。从 1950 年至 1953 年,共有 55 名盟员代表参加重庆市各界人民代表会议,潘大逵、萧华清、金锡如当选重庆市各代会协商委员会委员,他们通过提案等形式,在重庆新政权的组建和巩固中发挥了应有的作用。

1953 年 1 月 13 日,中央人民政府委员会根据中共中央的提议,通过了《关于召开全国人民代表大会及地方各级人民代表大会的决议》。基层普选是中国人民空前的一项民主活动,民盟中央通知各地组织积极响应政府号召,推动盟员积极投入当地的普选,并在实际的民主生活中接受教育和锻炼。1 月 16 日,重庆民盟与西南暨重庆市各民主党派联名致电中央人民政府，热烈拥护中央人民政府委员会关于召开全国人民代表大会及地方各级人民代表大会的决议。同日，中共市委统战部邀请各民主党派代表，就中央人民政府委员会关于召开全国和地方各级人民代表大会的决议举行座谈会。6 月 1 日，重庆市各代会协商委员会邀请西南暨重庆市各民主党派负责人，座谈各民主党派如何积极参加普选运动的问题。1954 年 7 月 23 日，重庆市人民代表大会第一届第一次会议隆重开幕，市民盟组织与各民主党派联名向重庆市首届人民代表大会致祝词。

中华人民共和国第一届全国人民代表大会召开后，中国人民政治协商会议代行全国人民代表大会职权的任务已经结束。为了进一步明确政协在新形势下的任务，1954 年 12 月 21 日至 25 日，中国人民政治协商会议第二届全国委员会会议在北京举行。会议制定并通过了《中国人民政治协商会议章程》，政协成为各民主党派参政议政的重要渠道。1955 年 2 月 16 日至 19 日，政协重庆市第一届委员会第一次全体会议召开，政协重庆市委员会成立。

重庆民盟积极参加各级人大、政协活动。潘大逵、鲜英、刘兰畦担任了第一届全国人大代表，金锡如担任了第二、三届全国人大代表，萧华清担任了第三届全国人大代表和全国政协第三届委员会委员；鲜英列席了中国人民政治协商会议第一届会议，贾子群为全国政协第二届委员会委员，喻传鉴、李嘉仲为全国政协第三、四届委员会委员。从 1954 年至 1977 年，田一平、叶麐、潘大逵、萧华清、鲜英、刘兰畦、罗令娴、许倩云、范泰枢等担任过四川省人大代表，李康、李嘉仲、龚灿光、漆文定、谭琴舫、蒋良玉、耿振华、司徒亮、刘佩瑛、陈彝荪、筱秀灵、雷亨顺、马建策、周其鉴、贾子群、林春业等担任过四川省政协委员。从1954年至1968年，重庆盟员参加重庆市第一至六次人民代表大会共95人次，担任第一至六次人民委员会委员12人次；从1955年至1965年，重庆盟员担任政协重庆市第一至五届委员会委员160人次、常委13人次，萧华清担任政协重庆市第一至五届委员会副主席，金锡如担任政协重庆市第五届委员会副主席。盟员中的各级人民代表、政协委员积极履行职责，发挥了应有的作用。

二、参加土地改革、“三反”、“五反”等政治活动

1950年2月27日，重庆各民主党派在胜利大厦举行座谈会，这是重庆解放以后各民主党派的会师大会。座谈会由西南局统战部邀集，民盟盟员51人参加会议。西南局统战部副部长程子健首先致词，刘伯承、邓小平发表重要讲话。4月11日，中共西南局统战部在胜利大厦召开第二次重庆市各民主党派座谈会，广泛听取党外民主人士意见，加强与非党群众的团结合作，民盟重庆市支部临时工作委员会负责人参加会议。其后，重庆民盟还参加了6月21日举行的重庆市各民主党派联欢会、6月22日召开的各民主党派座谈会等活动。7月14日，民盟重庆市支部临时工作委员会在胜利大厦举行纪念李公朴、闻一多、陶行知、杜斌丞等盟员烈士集会。

1950年6月，中共中央提出《土地改革法草案》，刘少奇作《关于土地改革问题》的报告。民盟中央在《土地改革法》颁布的

第二天，发出《关于发动盟员参加土地改革的通知》。8月，以反霸、减租、退押为主题的重庆市民主党派座谈会在胜利大厦举行。9月，民盟西南总支部临时工作委员会召开全体会议，决定号召全西南区盟员积极参加各项政治运动，组织各地盟员投入清匪、反霸、减租、退押工作。10月，中共市委统战部发动各民主党派参加郊区反霸减租退押工作，报名参加的有100余人，确定49人参加重庆市第三区的集体学习后到第二、三、八区工作，其后，民主党派又继续动员各自的成员参加西南第二期土改，报名者有150多人，经审查获准参加者有75人。

1951年8月27日，重庆市各机关团体、各民主党派代表200余人在沧白路举行黄朋豪同志追悼会，田一平代表各党派讲话。11月27日，为祭奠"一一·二七"烈士殉难3周年，民盟重庆市支部临时工作委员会参加中共市委、市政府、各民主党派及各人民团体代表600余人在烈士墓举行的纪念会。

1951年2月21日，中央人民政府颁布《中华人民共和国惩治反革命条例》。3月31日，民盟发布《为提高政治警觉严防反动及不良分子混入组织的指示》，要求各级组织组织盟员认真学习《惩治反革命条例》，揭发反革命分子，健全组织，严格入盟手续，确保民盟组织的健康、纯洁。5月6日，民盟发言人发表谈话，拥护《惩治反革命条例》，号召盟员协助政府坚决镇压反革命分子，以巩固人民民主专政。3月12日，重庆市各民主党派联合发表声明："我们重庆市各民主党派对于惩治反革命条例，除了表示完全赞同和坚决拥护外，并号召所属全体同志展开宣传，发动群众，深入各阶层，协助人民政府为彻底肃清反革命残余而努力。”3 月 13 日,重庆市治安机关对潜伏市内的特务、土匪、恶霸、间谍分子等反革命分子实行总逮捕。3 月 14 日,重庆市各民主党派、人民团体纷纷发表声明或者书面谈话,热烈拥护政府逮捕反革命分子。

1951 年 12 月 1 日,中共中央作出《关于实行精兵简政、增产节约、反对贪污、反对浪费和反对官僚主义的决定》。1952 年 1 月 26 日,中共中央又发出《关于在城市中限期展开大规模的坚决彻底的“五反”斗争的指示》。为开展反贪污、反浪费、反官僚主义斗争,西南暨重庆市各民主党派的负责人于 1951 年除夕举行座谈会。此外,重庆民盟还组织工作组,深入各学校帮助盟员带头检查,配合行政领导开展工作,取得显著成效。

三、声援抗美援朝,保卫世界和平

1950 年 6 月 25 日,朝鲜战争爆发。10 月 25 日,中国人民志愿军应朝鲜请求赴朝参战。11 月 4 日,民盟同各民主党派联名发表《各民主党派联合宣言》,庄严宣告“中国各民主党派誓以全力拥护全国人民的正义要求,拥护全国人民在志愿基础上为着抗美援朝保家卫国的神圣任务而斗争”。民盟一届六中全会作出决定:“今后盟的基本政治任务,就是用一切力量去支持并参加抗美援朝保家卫国的正义行动。”

抗美援朝战争期间,重庆民盟与西南暨全市各民主党派联合行动,发表声明或者谈话,致函致电声援抗击美帝国主义。

战争初期,民盟先后在 106 个单位举行 32 次座谈会,并分区邀请本市各大中小学教师召开座谈会 50 多次,参加教职工千余人次。这些会议宣传了抗美援朝、保家卫国的爱国主义精神，解决了“朝鲜战争为什么我们不能置之不理”的问题。

1950年6月30日，重庆民盟参加重庆市各民主党派和各界人士在胜利大厦举行的集会，痛斥杜鲁门声明和挑衅，一致表示有决心打败美帝国主义的侵略行为，解放我国台湾。8月30日，痛斥美国侵略者，坚持拥护外交部长周恩来的严正抗议。11月1日，就美帝国主义扩大侵朝战争威胁我国安全联合发表谈话。11月18日，发表谈话，拥护外交部发言人声明，誓以实际行动开展抗美援朝保家卫国运动，坚决粉碎美帝国主义者的污蔑欺骗和恐吓。12月8日，朝鲜平壤解放后，致电毛主席、朱总司令、金日成将军及朝鲜人民、中国人民志愿军祝捷。12月22日，发表书面意见，拥护周恩来外长严正拒绝“朝鲜停战三人委员会”接触的主张，揭露美帝国主义要求“停战”的阴谋。

1951年1月7日，重庆民盟联合重庆市各民主党派对汉城解放联合发表讲话。2月26日，愤怒声讨美国侵略军在朝鲜前后方疯狂进行的细菌战。3月11日，发表声明，拥护周恩来外长两次声明以及中国各民主党派对于美帝国主义进行细菌战的抗议。30日，发表声明，驳斥麦克阿瑟3月24日的狂妄叫嚣。6月25日，于朝鲜反侵略战争两周年，分别致电向金日成将军暨朝鲜人民军全体战士、彭德怀将军暨中国人民志愿军全体指战员致敬。10月24日，在中国人民志愿军出国作战两周年纪念日前夕，向中国人民志愿军彭德怀总司令暨全体指战员致电慰问。同日，组成慰问队，分赴各医院、疗养院慰问中国人民志愿军、解放军伤病员及荣誉军人。次日，参加500余人集会，庆祝中国人民志愿军出国作战两周年。12 月 23 日,参加第二届赴朝慰问团总团副总团长周钦岳关于慰问团赴朝鲜慰问经过的报告会。

1954 年 2 月 2 日,重庆民盟与各民主党派、人民团体联合致电中国人民解放军、西南军区、中国人民志愿军,致以节日的热烈祝贺和崇高的敬礼。8 月,市民盟负责人发表谈话,热烈拥护各民主党派、各人民团体为解放台湾于 8 月 25 日发表的联合宣言。

这一时期,重庆民盟还发表了抗议法国帝国主义向我国武装挑衅、反对日本反动派非法制造“松川列车颠覆事件”迫害日本国内民主爱国者、反对美帝国主义重新武装日本、拥护周恩来外长关于对日合约问题的声明的谈话,参加了拥护世界和平理事会关于缔结和平公约签名及日本问题投票大会。

第三节　团结教育知识分子,参加社会主义建设

一、参加知识分子思想改造运动

1951 年 11 月,一个全国性的知识分子思想改造运动逐步展开。运动的直接目的是清除封建买办思想,划清敌我界限,同时批判资产阶级思想,划清工人阶级思想与资产阶级思想的界限,逐步确立工人阶级在学校和一些文化团体中的领导地位。

11 月 11 日至 12 月 1 日,民盟在北京召开全国组织宣传工作会议,通过总结民盟的组织宣传工作,推动盟内思想改造运动的开展。根据会议精神,重庆民盟组织盟员进行学习讨论,认为

中国知识分子具有革命性和动摇性,应自觉摆脱资产阶级世界观的束缚,特别是对崇美、恐美、亲美思想,资产阶级民主、自由观念,极端个人主义进行自我批判,以树立全心全意为人民服务的无产阶级世界观。

12 月上旬,西南文教委员会召开委员会扩大会议,西南地区教育部门负责人和各学校校长 200 余人参会,会议布置了教师进行自我教育、自我改造任务。民盟重庆市支部及时在盟内传达了西南文教会议精神,进行动员。楚图南特派员对文教界盟员提出三点要求:(一)明确马列主义、毛泽东思想是我们国家的指导思想;(二)正确、大胆运用批评与自我批评武器,开展自由争论和相互批评;(三)理论联系实际。

1952 年 2 月 3 日,在中共重庆市委宣传部、重庆市人民政府教育局和共青团重庆市工作委员会主持下,重庆市中小学及工农业余学校教师,及共青团、学生会负责人 2000 余人在沙坪坝南开中学等学校,集中参加思想改造学习运动。重庆市盟员参加沙坪坝集中学习的同志共 124 人,市支部临工委特派机关干部多人参加工作。2 月 8 日,重庆市教师思想改造寒假学习会民盟区分部正式成立,配合学习会主持单位开展工作,108 名盟员参加学习,其中有二分之一的积极分子。4 月 20 日,楚图南在民盟重庆市临工委全体盟员学习会上作了题为《加强思想改造的学习,更有效地推动和开展民盟的工作》的报告。

知识分子思想改造运动主要通过批评与自我批评方式进行。学习会结束后,盟员纷纷向盟组织汇报学习心得,有的书面发言陆续在《重庆盟讯》[1]上刊出。

1952 年 6 月,支部临时工作委员会还动员全市盟员对人民民主统一战线的性质、任务以及民盟在统一战线中的地位和作用展开讨论,并请中共西南局统战部秘书长林蒙作专题报告。同年 11 月,民盟西南总支部召开第二次全委扩大会议,民盟中央特派中常委周新民来渝指导,中共中央西南局统战部程子健副部长在会上作了有关统一战线政策的报告。最后,会议通过了向毛主席、中共中央、民盟中央的致敬电。

二、在文化教育建设中发挥作用

1952 年底,毛泽东提出过渡时期总路线的建议,1953 年正式公布,1954 年为中共七届四中全会批准,并载入《中华人民共和国宪法》。这一时期,民盟根据形势的发展,开始考虑以参加文化教育建设为中心的工作重心转移。

1953 年 3 月 1 日至 14 日,民盟主要地方组织文教工作汇报会议在北京举行,民盟重庆市分部委派代表出席会议。会议认为,民盟盟员大多数是文教界的知识分子,以参加国家文教建设作为民盟的工作重点,既是国家建设发展的需要,又符合民盟自身的条件,有利于发挥民盟的作用和影响。

5 月 27 日至 6 月 8 日,中国民主同盟一届七中全会(扩大)会议在北京举行。根据文教工作汇报会议提供的情况、经验和

① 1950 年 6 月 15 日,民盟重庆市支部临时工作委员会主编的刊物《重庆盟讯》创刊。

建议，会议在充分讨论当前国家的形势和任务之后，确定了“以参加国家文化教育建设作为盟的中心工作”，实现了民盟的工作重心在新形势下的转移。

根据形势发展要求，重庆民盟在参加重庆文化教育建设工作中，以高等教育为重点，主要做了三件事：一是发动盟员积极参加教师队伍思想改造，起好模范带头作用；二是在高等院校的院系调整中，发动各大学盟员起带头和保证作用，服从组织调动，克服困难，积极工作；三是在教学改革中，派出盟务干部进行调查研究，与大学的盟员教师一道，结合学校教改工作，开展教学经验座谈会和学术报告会，克服旧的教学思想和对学习苏联经验的抵触情绪，团结广大教师，做好教改工作。

1954 年 7 月，民盟总部文教委员会制定了《试点工作计划要求》，下发 19 个地方支部、分部进行教改工作试点。试点内容包括：（一）如何健全学校基层民盟组织；（二）怎样发挥民盟在学校中的党和行政的助手作用；（三）怎样在中共的领导下，帮助思想障碍较大或工作困难较多的盟员或群众提高思想，改进工作。

作为 19 个试点单位之一，重庆市分部按照总部的要求，面向文教，面向基层，按照政治指导业务、业务体现政治的原则，结合业务进行思想政治教育，推动成员在院系调整、教学改革、向科学文化进军、培养青年教师和积极进行学术研究，调动广大盟员和所联系知识分子的积极性等方面开展工作，取得了成绩和经验，为发展重庆市文教科技事业贡献了力量，历年都有相当一批盟员被评为优秀教师、先进工作者。

重庆民盟在文化教育建设中发挥重要作用，是以组织成员中文教界知识分子占优势为基础而在实践中自然形成的。1950年代中前期,重庆民盟代表性人士中除了部分在文教部门任职外,还有很多在学校和文化机构中担任实职:

李嘉仲为重庆师范专科学校校长,冯汉骥为西南博物院副院长,冯润庭为西南人民艺术剧院副院长,马耕渔为重庆市博物馆馆长,杨作平为重庆市图书馆代馆长,肖锡荃为四川省人艺话剧团团长,金锡如为重庆大学教务长,林诚毅为重庆大学总务长,方敬为西南师范学院教务长,叶诚一为西南师范学院总务长,李源澄为西南师范学院副教务长,蒋书楠为西南农学院教务长,叶谦吉为西南农学院总务长,刘明钊为西南农学院副教务长,李有行为四川美术学院教务长,李海文为重庆土木建筑学院(重庆建筑工程学院前身)院长,任曼逸为重庆土木建筑学院总务长,龚灿光为重庆师范专科学校教务主任、副校长。

另有16位同志担任了高校系主任,包括重庆大学采矿系主任姜修尚,重庆土木建筑学院建筑系主任叶仲玑、土木系主任吴惠弼、图书馆主任李景梅,西南师范学院教育系主任普施泽、历史系主任郭豫才、地理系主任赵庭鉴、外语系主任赵维藩、音乐系主任许可经、美术系主任张宗禹、体育科主任李季芳,西南农学院蚕桑系主任王道容、植保系主任李隆术、园艺系主任李驹、农经系主任蒋杰,西南政法学院图书馆主任朱驭欧。

此外,重庆盟员中还有中学正副校长11人、正副教导(总务)主任28人;小学正副校长9人。重庆文教界代表性盟员充分发挥自身优势和特色,为推动重庆市文教事业发展发挥了重要作用。

三、开展知识分子问题调查

随着恢复国民经济和各项建设的逐步开展，社会主义各种建设中的人才匮乏问题显得更加突出，充分地发挥知识分子在各条战线各个领域中的作用日显迫切。但是，中国共产党内部却存在着不尊重知识、不尊重人才的“左”的宗派主义倾向，妨碍了知识分子政策的深入贯彻。

为了纠正实际工作中对待知识分子的“左”的错误，调动广大知识分子的积极性，加强和改进共产党对科学文化和知识分子工作的领导，1955 年 11 月，中共中央决定召开一次全面解决知识分子问题的大型会议，并成立中共中央研究知识分子问题小组，以北京、上海、天津、重庆等大城市为重点，全面调查知识分子情况。同月 22 日，民盟总部举行主席、副主席集体办公会议，决定对知识分子状况进行一次调查，通过串联、访问、开座谈会等调查方法，了解知识分子特别是高级知识分子的情况，以供分析研究，向政协和中共中央提出建议。

12 月 2 日，民盟总部向各级地方组织发出通知，要求“立即向各地高级知识分子，进行访问或组织座谈，了解知识分子在生活、工作、学习等方面的情况、存在的问题和征询具体的解决办法”，通知所列调查提纲包括：一、对于知识分子的估计；二、知识分子的团结问题；三、关于学术研究工作上的问题；四、知识分子的信任、安排、使用和生活待遇问题以及“其他当地知识分子中的突出问题”。总部领导同志和正在各地视察的担任全国人大代表、政协委员的民盟盟员，都亲自参加串联、访问和调查。

民盟重庆市分部委员会接此通知后，通过组织个别访谈、召开座谈会等方式调查，最后形成调查报告上报民盟总部。重庆民盟的调查报告如实反映了当时重庆知识界带有普遍性的思想问题和生活、工作中的实际困难，对解决知识分子问题起到了参考作用。

1956 年 1 月 14 日，中共中央召开关于知识分子问题会议。周恩来代表中共中央作《关于知识分子问题的报告》，提出知识分子“已经是工人阶级的一部分”的科学论断，“科学是关系我们的国防、经济和文化各方面的有决定性的因素”的思想以及知识分子继续“进行自我改造”的要求，发出“向现代科学进军”的号召。1 月 30 日，在政协第二届全国委员会第二次全体会议上，周恩来主席在《政治报告》中着重谈到知识分子问题，他提出：第一，应该改善对知识分子的使用和安排，使他们能够发挥对于国家有益的专长；第二，应该对知识分子给以应有的信任和支持，使他们能够积极地放手地工作；第三，应该给知识分子以必要的工作条件和适当的待遇，使他们能够集中主要精力于自己的业务。2 月 24 日，中共中央政治局会议通过了《中共中央关于知识分子问题的指示》。

2 月 17 日至 3 月 1 日，重庆民盟组织部分盟员参加中共市委召开的重庆市知识分子代表会议。其后，又召开座谈会，讨论关于共产党对知识分子团结、教育、改造政策以及如何在“向现代科学进军”中发挥作用。年底，民盟中央副主席罗隆基以全国人大代表身份来重庆了解知识分子问题，在西南师范学院等地召开民盟座谈会，征求盟员及知识分子对相关问题的意见。

知识分子问题会议的召开，极大地鼓舞了全市广大盟员，激发了他们的政治热情，调动了他们的工作积极性。这一时期，民盟中央常委、著名社会学家费孝通在西南开展为期数月的调查研究，于1957年初到达重庆，与部分盟员座谈。3月24日，费孝通发表《知识分子的早春天气》，谈到此行中感受到知识分子的变化，认为知识分子所受到的鼓舞是“难于言喻”的，“知识分子在新社会里的地位是肯定了，心跟着落了窠，安了”，但他们对“百家争鸣”的方针仍然心存顾虑。

第四节　在反右派斗争和“文化大革命”中经受考验

一、贯彻“长期共存、互相监督”方针，帮助中共整风

1956年以后，社会主义改造和社会主义建设快速发展，国际、国内矛盾也更加纷繁复杂。国内社会阶级关系发生急剧变革，社会经济和政治生活呈现某些紧张；国际上，苏共举行第二十次代表大会，全盘否定斯大林，随后又爆发了波兰、匈牙利事件[①]，给国际共产主义运动带来巨大冲击。

---

① 1956年6月28日，波兰人民共和国爆发针对波兰统一工人党政府的大规模罢工事件，波兰政府的镇压行动导致了至少74人死亡，800人受伤。10月，又发生前苏联领导集团干预波兰内政的事件。同年10月23日至11月4日，匈牙利发生由群众和平游行而引发的武装暴动，在前苏联的两次军事干预下，事件被平息，共造成约2700匈牙利人死亡。

为了积极应对挑战，调和国内外各种矛盾，1956年4月，毛泽东在中共中央政治局扩大会议上作《论十大关系》的报告，提出了调动一切积极因素为社会主义建设事业服务的基本方针。9月，中国共产党第八次全国代表大会重申了中共和民主党派“长期共存、互相监督”以及“百花齐放、百家争鸣”的方针。1957年2月，毛泽东在最高国务会议上阐述了正确处理人民内部矛盾的问题，4月27日，中共中央发出《关于整风运动的指示》，决定在全党开展一次以正确处理人民内部矛盾为主题，以反对官僚主义、宗派主义和主观主义为内容的整风运动，号召广大群众和爱国人士帮助中共整风。4月30日，毛泽东亲自在天安门城楼上邀请各民主党派负责人和无党派人士开座谈会，发动大家给共产党提意见。从5月8日至6月3日，中共中央统战部先后召开了各民主党派负责人和无党派民主人士座谈会13次，广泛征求意见和批评。

中共提出的“长期共存，互相监督”和“百花齐放，百家争鸣”的方针，中共“八大”[①]的正确路线和开展整风运动的诚恳态度，受到了各民主党派的拥护。民盟中央积极行动，创办《争鸣》月刊，成立4个专业工作组分别召开座谈会，满怀对共产党真诚拥护的感情，以认真负责的态度，对中共和国家的大政方针提出了

① 1956年9月15日至27日在北京举行。大会通过了第二个五年计划的建议和新党章。规定了中国共产党和全国人民当前的主要任务是：集中力量发展社会生产力，实现国家工业化，逐步满足人民日益增长的物质和文化需要。强调要坚持民主集中制和集体领导制度，加强党和群众的联系。这次大会为新阶段的社会主义事业的发展和党的建设指明了方向。

许多建设性意见和建议,后整理成为《关于有关我国科学体制问题的几点意见》和《我们对于高等学校领导制度的建议(草案初稿)》。同时,民盟中央下发通知,要求各地盟组织就“长期共存,互相监督”和“百花齐放,百家争鸣”方针进行讨论,帮助中共整风。广大盟员为这两大政策所鼓舞,大大激发了参政议政的热情,畅开了言路。

当时,中共重庆市委、市委统战部和市政协,遵照上级指示,广泛动员民主党派成员和无党派人士帮助中共整风。1956 年 6 月 26 日,中共市委邀请各民主党派负责人和民主人士约 170 余人举行座谈会,请大家本着“知无不言,言无不尽”的精神,对党与非党的关系和统一战线部门与各方面的关系问题,提出批评和意见。

民盟重庆市分部委员会向全市盟员发出《民盟重庆市分部委员会号召全市盟员帮助中共整风的通知》,并召开座谈会听取帮助中共整风的意见和建议,盟员所在院校、单位的整风运动也热烈有序地开展起来。重庆广大盟员,按照中共、民盟组织的要求,自觉地在运动中接受教育,热忱地向中共提意见和建议,积极参加所在单位的大鸣大放,结合自己的工作实际,在知识分子问题、教育问题、农业问题以及其他方面敞开心扉,提了不少后来证明是正确的、有价值的意见和建议。比如,为响应帮助中共整风的号召,1957 年 4 月 16 日,冯克熙在市政协大会上,作了题为《知识分子的问题在哪里》的发言,主要内容包括:(一)思想语言没有得到充分表达;(二)形成这种情况三方面要负责;(三)知识和作用没有得到充分发挥;(四)友情缺乏,生活枯燥;(五)毕其言，舒其才，顺其性，安其心；(六)热爱党，信任党，要求更好地帮助；(七)要想解决问题还须双管齐下。冯克熙的这次发言获得全场多次掌声，5 月 23 日，《重庆日报》全文刊登，后又被《人民日报》全文转载。

二、在反右派斗争中遭受挫折

在帮助中共整风的过程中，广大群众、党外人士和广大党员积极响应中共中央的号召，对中共和政府的工作以及党员干部的作风提出了许多有益的批评、建议，但部分言论与中共的领导地位和社会主义制度产生了矛盾。1957 年 5 月 15 日，毛泽东撰写了《事情正在起变化》一文，要求认清阶级斗争形势，注意右派的进攻。6 月 8 日，中共中央发出《关于组织力量准备反击右派分子进攻的指示》，同日，《人民日报》也发表了《这是为什么?》的社论。从此，反右派斗争开始，并被严重地扩大化。

在这场反右派斗争中，民主党派是“重点单位”，民盟更是首当其冲。7 月 1 日，《人民日报》发表毛泽东亲自撰写的社论《〈文汇报〉的资产阶级方向应当批判》，指出：“民盟在百家争鸣过程和整风过程中所起的作用特别恶劣。有组织、有计划、有纲领、有路线，都是自外于人民的，是反共反社会主义的。”“整个春季，中国天空上突然黑云乱翻，其源盖出于章罗同盟。”于是，全国到处挖“章罗同盟”的“分店”“军师”“谋士”“代理人”和骨干，打开了反右派斗争扩大化的缺口。曾任民盟重庆市支部负责人的何公敢、鲜英、潘大逵等人均被划为“右派分子”。鲜英之后，其子鲜继坚、女儿鲜继平也相继被划为“右派分子”，出现“一门三右”的情况。

中共中央在全国发动反右派斗争后，民盟内部也开展了整风运动。6月18日，民盟中央于作出了《关于全盟开展反右派斗争并开始盟内整风的决定》；6月25日，又通过了《关于盟内整风运动的补充指示》，成立民盟中央整风领导小组和民盟中央整风办公室，并先后组织开展了揭发批判“章罗同盟”、自我改造、交心运动。各地方组织也纷纷成立整风领导小组，组织开展整风运动。7月9日，民盟四川省委成立整风领导小组，随即重庆民盟整风领导小组也取代了经选举产生的民盟重庆市分部委员会的领导。

在反右派斗争中，由于受到当时的历史条件和盟内“左”的思潮影响，民盟重庆市分部整风领导小组对民盟基层和盟员的政治状况，缺乏准确的把握和具体的分析，许多问题没有分清是非，混淆了两类不同性质的矛盾，以致大批盟员蒙受不应该的盟纪处分，有的甚至被开除盟籍，其中许多是分部的领导和基层组织的负责人，是同中共长期合作、荣辱与共的朋友，更有不少是真诚坦率的诤友。

四川和重庆作为民盟的发祥地，在反右派斗争中受到的冲击极大。据相关“交代揭发”材料，四川盟内存在一个“无形组织”，其核心为潘大逵、胡克林、赵一明、舒军、李康、冯克熙等六人，成员中另有重庆盟员李源澄、杨复全等人。[①] 8月30日，《人民日报》在《四川的右派群丑》一文中，对著名“民主教授”、民盟

---

① 据《四川日报》，1957年7月29日。

四川省委主委潘大逵为首的“章罗联盟四川分店”进行批判揭露。受其影响，西南师范学院、重庆大学、西南农学院等院校民盟组织负责人被视为“章罗联盟四川分店”成员受到打击，一些文化部门、中等学校的盟组织负责人和代表性人士，也很少幸免。例如民盟西师支部主委李源澄，西农支部负责人叶谦吉、蒋书楠和刘佩瑛等都被划为“右派分子”，支部随之瓦解，不但统战工作受到严重挫伤，还给学院民主的学术空气造成不幸后果。此外，冯克熙《知识分子的问题在哪里》的发言成为其“歪曲、挑拨”党和知识分子的关系，“企图拉拢知识分子，争夺党对知识分子的领导权”的罪状。

据不完全统计，至当年 10 月底，重庆盟员被错划的“右派分子”有以舒军、李康为首的“右派集团”成员，“反革命分子”杨复全，以及金锡如、鲁承宗等一大批盟员专家等 164 人，占全市盟员总数的 19.2%，其中市委委员、候补委员 12 人，占全部市委委员、候补委员的 52.1%，市委机关 6 人，大专学校基层 53 人，中小学基层 76 人，其他基层 29 人。[①] 已对 142 人进行处理，其中，开除 82 人，留盟察看 46 人，撤销职务 7 人，严重警告 5 人，免予处分 2 人，另有 22 人尚待处理。

反右派斗争扩大化对民主党派和多党合作带来严重消极影响，将经过社会主义改造后的民主党派认定为“资产阶级性质的

---

① 据 1958 年 10 月 27 日民盟重庆市市委员会副主任委员、市整风领导小组办公室主任李嘉仲所作《中国民主同盟重庆市整风领导小组暨第一届委员会向重庆市第五次盟员代表大会的工作报告》。

政党”，在实际工作中以阶级斗争和思想改造为纲，民主党派成为被改造的对象；民主党派的政治和社会地位被严重削弱，政治声誉和社会影响被严重损害，组织发展长期处于停滞状态，知识分子和非中共人士对共产党的信任和合作遭到严重削弱；国家的政治民主生活遭到严重损害，出现了万马齐喑的不正常状况。

三、在服务和改造中探索前进

1957年第一个五年计划完成后，中国的社会主义经历了一条曲折的发展道路，中共中央领导围绕如何领导社会主义建设的问题，存在着正确与错误的曲折斗争与反复。中国民主同盟和全国人民一道，经历了由于中共工作指导方针失误所造成的三年严重困难时期，和中国共产党风雨同舟，克服困难，在中国的社会主义事业曲折探索中继续前进。重庆市民盟组织继续积极参加社会主义建设和进行社会主义改造，做了不少工作。

这一时期，民盟内部“左”的思潮，继续有所反映。特别是对盟员和所联系的知识分子政治上的进步性估计不足，认可了极“左”路线对民盟性质所作的不正确的认定，因而表现在工作上片面强调改造，看缺点多，看成绩少，批评多，鼓励少，特别是在教育革命、教学改革和批判所谓“大反复”过程中，错误地批判了一些盟员，给民盟基层组织和成员造成了一定压力，挫伤了积极性。

1958年2月，民盟重庆市整风领导小组继续开始以破资本主义立场、立社会主义立场的斗争为中心的整风运动。市级领导和各大专学校基层干部在市委集中进行了30天的整风，在这个基础上，各大专学校基层在所在单位进行整风。4 月底，组织中学、中专、小学、机关及单联盟员 260 人集中到市委整风交心 4 天。8 月 26 日至 28 日，民盟四川省委整风领导小组扩大会议在成都召开，重庆组织盟员代表听取报告。10 月 4 日至 7 日，民盟中央主席沈钧儒来渝视察，民盟市分部负责人汇报了反右派、整风、交心、订改造规划等情况。5 日，在沧白堂举行重庆市部分盟员大会，沈钧儒及民盟中央常委胡愈之均作了讲话。

1958 年底到 1960 年上半年，民盟市委和基层贯彻“以政治为统帅，以工作岗位为基地，以劳动实践为基础”的方针，推动盟员深入群众，深入实际，积极服务，在服务中加强改造。从市委到基层积极响应大炼钢铁、大搞科研、大办工厂，技术革命、文化革命、教育革命和贯彻“教育为无产阶级政治服务，教育与生产劳动相结合”的方针，参加教学改革等各项群众运动，通过抓规划、抓献礼、抓鼓舞干劲、抓经验交流，开展了各种座谈会、组织听报告、参观访问等活动。1960 年初，民盟市委还召开市和区先进工作者的盟员和全市基层干部会议，总结组织工作和个人服务改造的经验，并参加了云、贵、川三省经验交流会，接着又分区集中在盟内进行了传达，进一步推动了成员的服务和改造。

1959 年到 1961 年，国民经济发生连续三年的严重困难，苏共和中共的分歧和斗争日益发展，美国和印度掀起反华大合唱，国内外形势十分严峻。中国共产党在对国民经济实行“调整、巩固、充实、提高”方针，克服严重经济困难的同时，主动调整政策，贯彻“驰”的方针和措施，改善同民主党派、无党派民主人士的合作共事关系，明确民主党派工作服务与改造相结合的政策。

1960年7月，民盟三届二中全会(扩大)会议后，民盟市委积极参加“服务和改造”、社会主义教育运动，开展爱国主义、国际主义和社会主义的思想教育。在学习教育的过程中，市委和基层组织运用“神仙会”的方法，坚持贯彻“三自”(自己提出问题、自己分析问题、自己解决问题)、“三不”(不抓辫子、不扣帽子、不打棍子)方针，对消除盟员“三怕”(怕批判、怕斗争、怕犯错误)思想起到了一定作用，解决了在新形势下出现的一些认识问题，增强了走社会主义道路的信心。与此同时，民盟市委在基层和成员中就盟的作用以及贯彻“长期共存、互相监督”的方针等问题进行了调查研究，总结经验，汲取教训，改进工作。1962年1月，重庆民盟召开第六次盟员代表大会时，自始至终贯彻了“神仙会”的精神。1964年7月和9月，民盟市委负责人和代表性人士参加了中共市委统战部组织的全市各民主党派、工商联负责人和无党派代表人士“三个主义”教育。

民盟市委通过“抓思想、抓学习、抓干劲”，激发了广大盟员的工作积极性，他们克服重重困难，勤勤恳恳，投身社会主义建设。在学校工作的盟员普遍都提高了教学质量，改进了教学方法，积累了不少经验。在培养青年教师、编写讲义和教学大纲、保护和传承祖国文化遗产以及在响应中共提出的“保高三”、“四固定”、“五保证”的号召等方面，作出了比较突出的成绩。在1958年秋全民大闹技术革命运动中，据全市31个基层(占全市基层3/5)343个盟员(占全市盟员约1/2)统计，完成科学研究156项，教学大纲105份，教材67种，教学经验71篇，教具仪器261件，文艺创作3228件，献策13273条。据不完全统计，仅

1959年至1961年三年里，全市668位盟员中，被评为各级先进工作者、社会主义建设积极分子、“五好”教师的有108人，占全市盟员总数的16%以上。

同时，民盟市委继续关注和呼吁世界和平。1959年9月12日，市民盟负责人参加会议和发表文章，对帝国主义和印度反动派加以严厉申斥，表示坚决拥护我国政府对中印边界问题和边境局势所采取的严正立场、态度和方针，各基层组织成员对这一问题也进行了讨论。美国侵略古巴，干涉刚果、老挝，破坏四国首脑会议等事件发生后，民盟市委和各基层除参加中共统一布置的各项活动以外，还召开座谈会，斥责美国的战争阴谋和侵略政策。此外，市委和基层组织动员盟员积极投入支援日本、南朝鲜人民反帝的斗争，支援亚洲、非洲、拉丁美洲各国人民反对殖民主义和争取民族解放的斗争。1964年1月5日，市民盟负责人与重庆市各民主党派负责人及无党派人士一道，强烈抗议和严厉谴责美帝国主义屠杀巴拿马人民的血腥罪行，坚决支持巴拿马人民反美正义斗争。

四、“文化大革命”爆发，被迫停止活动

民盟三届二中全会（扩大）会议后，民盟各级组织在工作中普遍采取“神仙会”的方式深入讨论问题，稳定了知识分子队伍，调动了盟员参与社会主义建设的积极性。但是，1963年民盟三届三中全会后，在“以阶级斗争为纲”理论的指导下，“神仙会”的方式已经失去原有的精神，在深入开展“三个主义”教育运动以及农村社会主义教育运动中，调子越唱越高，并将不同性质的问

题都认为是阶级斗争。

1965年初，江青、张春桥策划批判民盟中央副主席吴晗创作的新编历史剧《海瑞罢官》开始，揭开了“文化大革命”的序幕。在毛泽东的支持下，对《海瑞罢官》的批判迅速形成高潮。1966年1月，民盟中央开始开展对《海瑞罢官》的批判。5月16日，中共中央政治局扩大会议在北京通过了毛泽东主持起草的指导“文化大革命”的纲领性文件《中国共产党中央委员会通知》，并重新设立中共中央文化革命小组。“文化大革命”正式开始。

“文化大革命”的爆发，使民盟在政治上、组织上再次遭到一场浩劫。在形势压力下，民盟中央成立“文革办公室”，对吴晗作出停职决定，召开“斗争吴晗大会”，对吴晗进行揭发、批判，并号召各级民盟组织积极参加“文化大革命”。

1966年8月25日，民盟中央以办公厅名义，张贴公告，自即日起停止办公。随即，民盟中央机关被“查封”，不少领导人和机关干部以及很多民盟成员被揪斗、批判、隔离审查，甚至关押、刑讯逼供，有的被迫害致死，造成了令人痛心的后果。

在这场浩劫中，重庆民盟组织被诬为“牛鬼蛇神黑窝”，有的基层被宣布为“反动党团”，勒令成员宣布退盟。全市大批盟员被列为“专政对象”，以“地主”“特务”“反革命”“反动学术权威”等莫须有的罪名，倍受迫害，家属子女亦遭株连。有的盟员被关“牛棚”，有的盟员被迫害致死，重庆有10位盟员是在非正常情况下死亡的。民盟的诞生地特园也被严重损毁[①]。

反右派斗争扩大化后，民盟组织元气大伤；“文化大革命”爆发后起更是组织瘫痪，名存实亡。但广大盟员，尤其是一些受到迫害的盟员，虽被下放进行劳动改造，仍心怀祖国，并未丧失对前途的信心。不少老领导、老教授、老专家、老学者，在强制改造期间，还冒着危险，克服难以想象的困难，不放弃自己的专业研究，偷偷地搞科学实验或著书立说，表现了崇高的爱国主义精神。例如雷亨顺在反右派斗争和“文化大革命”中屡受摧残，但他在管制中利用有限的条件，研究美国航天解密资料，用原始办法研制出关键指标数据达到世界先进水平的热管器件。

---

① 在“破四旧”运动中，著名民主人士鲜英被中共市委内定为重点抄家对象之首，由市公安局和重庆大学赤卫军组成抄家队进驻，在“民主之家”特园内挖地进行全面查抄。特园内曾接待过毛泽东、周恩来、董必武、王若飞等中共领袖的大客厅中的珍贵历史文物《签名轴》（上有到过特园的国、共两党领导人的纪念性签名）从此失去下落。1967 年下半年，武斗队在撤离时焚烧传单资料引发火灾，特园达观楼被大火化为一片废墟，郭沫若题写的横匾同时被毁。

第四章

建设适应新形势发展的参政党地方组织

（1976年10月至1997年3月）

中国共产党十一届三中全会全面系统地纠正了“文化大革命”“左”的错误，开创了社会主义事业的新局面，开辟了改革开放的新时代。在推进中国特色社会主义事业的历史进程中，中国共产党坚持“长期共存、互相监督、肝胆相照、荣辱与共”的方针，不断完善中国共产党领导的多党合作和政治协商制度，多党合作步入制度化、规范化和程序化轨道。进入新的历史时期以来，民盟重庆市委根据新形势发展需要，按照建设高素质参政党地方组织要求，不断巩固多党合作共同思想政治基础，认真履行参政议政、民主监督职能，团结带领全市盟员参与现代化建设，为推动两个文明建设作出了应有的贡献。

第一节　恢复活动，全面推进组织建设

一、恢复组织活动，协助中共落实政策

1976 年 10 月 6 日，中共中央果断采取措施，彻底粉碎了“四人帮”反党集团，结束了十年内乱，中国开始进入以社会主义现代化建设为中心任务的新的历史时期。

1977年10月18日，中共中央统战部向各民主党派传达了中共中央关于各民主党派、工商联恢复活动的指示，肯定了民主党派的历史功绩和积极作用，号召各民主党派把工作活跃起来。民盟随即酝酿成立了中央临时领导小组。1978年8月，民盟中央临时领导小组决定设立临时工作委员会。根据民盟中央临时领导小组讨论通过的《关于开展调查研究，召开区域性盟务座谈会的计划》，从1978年10月到1979年3月，民盟中央临时领导小组，先后在上海、广州、天津召开了华东6省1市，中南和西南5省区，华北、东北、西北11省市区盟务座谈会，交换情况和意见，总结经验教训，研究了民盟基层工作的恢复及如何在新形势下把民盟工作的着重点转移到"四化"①建设上来。

拨乱反正之初，重庆民盟对基层组织状况作了调查，为恢复组织作了准备。1978年4月，民盟重庆市委临时领导小组成立，开始恢复组织工作，逐步开展盟务活动。年底，民盟市委机关恢复正常工作，机关共有干部职工近20人。

恢复组织活动之初，由于反右派斗争、"文化大革命"，尤其是林彪、"四人帮"破坏统一战线和知识分子政策造成的影响，部分盟员余气未消、余悸尚存，干部不愿干，成员不愿来，成为当时恢复组织活动的突出问题。临时领导小组首先在高等院校基层中调查研究，以揭批林彪、"四人帮"为中心，对盟员采取个别走

---

① "四化"，即工业现代化、农业现代化、国防现代化、科学技术现代化。最早由周恩来总理于1965年1月在第三届全国人大第一次会议上所作的《政府工作报告》中公开提出。1978年，民盟中央向全盟发出了"面向社会、服务四化"的号召。

访、召开座谈会等形式，进行统战再教育工作。大家联系实际回顾解放以来盟的活动和个人入盟后的亲身经历，基本分清了路线是非和思想是非，提高了对统一战线的认识，余悸渐消，对组织的关系逐渐亲密起来，一支盟的干部和骨干盟员队伍逐渐建立和巩固，为恢复重庆民盟各级组织活动发挥了主导作用。

1978 年底，民盟重庆大学支部临时领导小组成立，是全国民盟基层恢复组织活动最早的基层组织之一。此后，随着揭批林彪、“四人帮”的深入，中共的各项政策的贯彻执行，大好形势加快推动了民盟组织活动的恢复。在中共各级组织的亲切关怀和大力支持下，民盟重庆市委临时领导小组分期分批地开展组织恢复工作。至 1979 年 9 月底，全市民盟基层组织已经全部恢复了活动，573 位盟员除分散在较远县区的 12 人由民盟市委直接联系外，都分别按单位、系统或地区编入了 19 个支部和 26 个直属小组。各基层盟组织在中共各级组织的领导下，正常地开展组织活动，发挥了盟组织的应有作用。

为了协助中共组织开展落实政策工作，按照中共中央组织部《关于落实党的知识分子政策的几点意见》精神和民盟中央相关工作部署，重庆民盟开展了“落实政策”情况和“错划右派复查改正”情况调查。1978 年上半年，民盟市委就高等院校 50 位盟员反映的文化大革命中遗留的问题，写出调查报告，向中共组织汇报。另外，安排专人负责来信来访，共接待来信来访盟员 172 人次，对他们反映的在“文化大革命”中受审查未作结论或已作结论尚有不实之词，抄家、子女受影响以及其他如使用安排、工作条件等方面的问题，根据了解的情况如实向中共组织反映。

在接待来信来访中，及时处理或转送了要求复查“文化大革命”和反右派斗争中的冤假错案和其他问题的申诉、报告、函件206件。这些工作，对中共落实政策起了协助作用。至1979年底，“文化大革命”中的遗留问题基本得到落实解决，迫害致死的予以昭雪，开了追悼会；被划为右派分子的盟员中，除14人尚在继续复查中外，确认属于错划的人都予以改正，撤销了对他们的盟纪处分决定。当时尚在复查的14人，后来也陆续得到纠正。

为了响应中共中央的号召，落实民盟中央工作重心转移的要求，1977年和1978年两年中，民盟市委和基层盟组织都把为四个现代化服务作为组织活动的一项经常性内容，积极开展工作。广大盟员积极投身社会主义建设，将身心倾注在教学、科研上，积极努力地工作，不断取得新的成就。仅1977年和1978年两年中，全市有57名盟员分别被评为省、市、区和单位的先进个人和出席省、市、区各级科学大会的代表，其中，有2名盟员被四川省命名为特级教师，2名盟员被评为重庆市模范教师，2名盟员被评为重庆市劳动模范，7名盟员光荣地加入了中国共产党。民盟市委在调查了解盟员的基础上，在基层、地区和市里多次召开不同规模的经验交流座谈会。1979年，在巴县小泉召开了为期半个月的盟员暑期经验交流会。在这些会上，70多名盟员就他们在教学、科研和培养中、青年教师等方面的工作交流了各自的体会和经验。此外，还组织了语文、数学、英语、物理、化学和带研究生等“专业对口”的交流活动，对推动盟员向“四化”进军起了促进作用。

二、第七次盟员代表大会和第四届委员会

1979年10月11日至22日，民盟第四次全国代表大会在北京召开，标志着民盟进入一个新的发展阶段，民盟的工作明确地以中共十一届三中全会路线为指导，各项工作开始出现新的局面。11月，民盟四川省委、民盟重庆市委先后组织传达会议精神，重庆民盟组织建设也逐步进入规范化轨道。

1980年2月26日至29日，民盟四川省重庆市第七次代表大会在重庆宾馆召开。这是自1962年1月重庆民盟“六大”召开以来，18年后召开的第一次盟员代表大会。这时全市有盟员573人，45个支部（小组），共选出代表163人，特邀代表5人。在168位代表中，有全国人大代表1人，全国政协委员1人；四川省人大代表2人，四川省政协委员10人（其中常委3人）；重庆市人大代表5人，重庆市政协委员26人（其中常委1人）；重庆市区县人大代表8人、政协委员10人（其中常委1人）。会议认真学习了邓小平同志关于目前形势和任务的报告，审议并通过了民盟重庆市第三届委员会工作报告，交流了为“四化”服务的经验，选举产生了民盟重庆市第四届委员会。金锡如为主任委员，李嘉仲、司徒亮、耿振华、陈彝荪为副主任委员，司徒亮、冯克熙、刘之郕、刘佩瑛、李嘉仲、陈彝荪、陈以震、杨槐、金锡如、耿振华、鲁承宗等11人为常委，陈彝荪为秘书长（兼），马建策、方敬、邓少琴、王志俊、司徒亮、冯克熙、冯泽生、叶谦吉、刘之郕、刘佩瑛、刘贵寿、杜贵文、李嘉仲、陈彝荪、陈以震、肖建初、杨槐、金锡如、金震雷、胡先梅、胡廷瑞、赵季芳、姚宝红、耿振华、唐恂季、徐炳暘、鲁承宗、

雷亨顺、董贞熙、蒋书楠、魏宇平等31人为委员，刘克兰、陈家耀、周裕综、胡若水等4人为候补委员，会议还决定民盟市委设办公室、组织部、宣传部等机构，设文教科技委员会、联络工作委员会、文史资料工作委员会。

1982年3月，民盟重庆市第四届委员会第六次(扩大)会议补选蒋书楠为常务委员、副主任委员，姚江屏、杨复全为委员；决定陈以震兼任副秘书长。1983年3月，民盟重庆市第四届委员会第八次会议增选冯克熙为副主任委员、杨槐为副秘书长，接受陈彝荪因健康原因辞去兼任秘书长职务的请求，由杨槐代理秘书长。本次会议还通过将文教科技委员会调整为文教工作委员会和科技工作委员会，新成立妇女工作委员会，并对联络工作委员会和文史资料工作委员会的机构进行了充实和调整。

民盟重庆市第七次代表大会以后的四年多时间里，中国正处于中共十一届三中全会以来的伟大转折时期。中共在指导思想上完成了拨乱反正的历史任务，中共和国家的工作重点转移到社会主义现代化建设的轨道上来，走上了建设有中国特色社会主义的道路。民盟市委努力实现工作重点的转移，围绕“四化”建设这一中心，推动广大盟员做好岗位工作，组织盟员面向社会，扩散智力，不断开辟为“四化”服务的新途径，从而使民盟在政治上、工作上日趋活跃，在组织上有了较大的发展。

中共十一届三中全会作出了关于认真落实各项政策、妥善解决历史遗留问题的重要决策，各级党委采取有力措施，做了大量工作。1981年5月，民盟中央副主席费孝通来渝视察盟务工作，了解“调查落实知识分子政策”工作情况。1982年4月，根据上级统一部署,民盟市委把协助中共落实知识分子政策列为中心任务,成立了知识分子工作研究小组,对知识分子落实政策情况进行深入细致的调查研究。在中共各级组织和有关部门的关怀、支持下,经过几年的努力,重庆盟员在反右派斗争中被错划为右派分子的都已得到纠正。在“文化大革命”中被确定的冤、假、错案先后平反昭雪。有些历史老案也逐步得到解决。不少盟员在安排使用、工作条件、生活条件和合作共事关系方面存在的问题,也不同程度地有所解决和改善。

在中共十一届三中全会后的大好形势鼓舞下,通过加强思想政治工作和认真落实政策,广大盟员的爱国主义热情和社会主义积极性日渐高涨,献身祖国建设事业的自觉性大为提高,无论是在各自的工作岗位上,还是在民盟所组织的面向社会、扩散智力的活动中都做出了自己的贡献。特别是一些蒙冤受屈多年的盟员在平反、纠正之后,更加热爱中国共产党、热爱社会主义,更加精神振奋地工作。西南农学院蒋书楠教授从 64 岁至 80 岁 16 年间,承担主研国家级科研项目 8 项,领衔完成的我国天牛科研究成果具备了国际先进水平;西南农学院刘佩瑛教授为了完成回国初衷,奋起追回被迫丧失了的 20 年,夜以继日、高强度地开展工作,在现代蔬菜栽培学尤其是中国魔芋技术和开发方面作出了突出成绩,连任三届国务院学位委员会学科评议组成员后,才以 76 岁高龄退出;西南政法学院张警教授在落实政策恢复工作以后,从 1980 年起,连续 4 年被评为重庆市先进工作者;西南师范学院 60 年教龄的老教授盛叙功,问题解决以后心情舒畅,工作出色,81 岁高龄还评上了重庆市先进工作者。至 1984 年 4

月底，全市盟员加入中国共产党的31人；出席省、市、区、县科学大会24人，其中获奖4人；重庆市劳动模范2人；获四川省特级教师称号的3人；重庆市先进工作者共18人次，被授予市级各系统及区、县级或单位优秀教师、先进教师、先进工作者、三八红旗手和积极分子等光荣称号的73人。

为了适应形势发展的需要，民盟市委认真贯彻积极发展的方针，坚持“在工作中发展、发展为了工作”的原则，在1977年以后的四年里，共吸收新盟员490人，全市盟员人数增加到1083人，基层组织由恢复时的45个发展到64个。在组织发展工作中，注意吸收中年知识分子入盟，新盟员平均年龄为49岁；同时还注意各民主党派的历史分工，在文教界发展新盟员463人，占新盟员总数的94.5%；科技及其他界别27人，占5.5%。新入盟的盟员，政治素质较好，业务较强，为重庆盟组织增添了活力。从1980年起，民盟市委曾分三批集中举行新盟员学习会，学习内容包括中国共产党的统一战线理论、政策，盟的历史与性质、任务和作用，共有352位新盟员先后参加了学习，收到了较好的效果，体现了“边发展边巩固、发展与巩固相结合”的精神。

随着社会主义民主制度的不断健全，爱国统一战线的日益壮大，重庆民盟越来越多的盟员参加了市、区、县各级政府和人民政协的工作。截至1983年底，全市盟员中，担任全国人大代表1人，省人大代表4人，省政协委员19人（其中常委4人）；担任市人大代表29人（其中常委会副主任1人），副市长1人，市政协委员50人（其中副主席1人、常委7人）；担任区、县人民代表的有33人，区县政协委员73人，被选为副区长、副县长3人，区县人大常委会副主任 4 人,区县政协副主席 6 人。他们都以高度的主人翁责任感和饱满的政治热情在人大、政协会议上就党和政府的各个方面工作,积极地提出意见和建议。

基层组织是盟的基础,民盟市委恢复组织活动以后,重视基层组织的建设,认真地进行了恢复健全基层组织活动的工作。各基层先后进行了民主选举,把一批有影响、热心盟务工作的骨干分子选进领导班子,组织工作日趋活跃。民盟市委专职干部分区与基层联系,了解和反映情况,协助解决问题,积极推动基层开展活动。同时采取集中学习、以会代训的方式加强对基层干部的培训工作。暑期学习会都注意吸收基层干部参加,组织他们学习有关文件和讨论研究基层组织工作。民盟市委常委会、委员会,必要时也适当扩大规模,吸收基层干部参加。除了召开大型的基层组织工作经验交流会外,民盟市委还分区召开基层工作片会,听取基层工作情况汇报,掌握基层动态,探讨共同关心的问题。以上举措促进了基层工作的顺利开展,绝大多数基层能主动地围绕“四化”这个中心开展工作,坚持每月至少一次的组织生活。部分基层活动内容丰富,很有特色,探索建立起一套比较健全的工作制度。

随着组织发展和行政区划调整,重庆民盟组织人数增多、基层分布面拓宽。为了便于接受中共组织的领导和加强民盟市委对基层组织的领导,从 1980 年 10 月起,民盟市委先后建立一批地区性的工作委员会,作为民盟市委的派出机构,包括 1980 年 10 月建立的北碚区工委、1980 年 11 月建立的市中区工委、1981 年 5 月建立的沙坪坝区工委、1983 年 7 月建立的江北区工委以及1983年11月建立的南岸区工委。1983年4月，经国务院批准，永川地区划入重庆市。原民盟四川省江津支部、永川小组以及荣昌、璧山、铜梁、合川、潼南等县的个别联系盟员，从民盟四川省委划归民盟重庆市委。各区县工委围绕“四化”建设积极地、创造性地开展组织活动，在参加区县重大问题的协商、讨论，提出意见和建议，协助中共落实政策，全面关心成员，加强对成员的思想政治工作，发展组织，活跃基层，推动基层面向社会，扩散智力等方面，都做了不少工作，取得较好的成绩。

为了适应盟务工作开展的需要，民盟市委注意逐步充实干部力量，加强专职盟务干部培训工作。在中共市委统战部帮助下，开设了青年干部学习班，通过实际工作锻炼和学习培训，提高了干部的统战政策水平和业务工作能力。

三、第八次盟员代表大会和第五届委员会

1983年12月14日至25日，民盟第五次全国代表大会在北京举行。会议确定了今后民盟的任务和方针是，在总结全盟实践经验的基础上，进一步贯彻中共十二大精神，开创民盟工作的新局面，为实现以经济建设为中心的80年代三大任务，做出新的更大的贡献。实现以经济建设为中心的工作重心转移，民盟工作进入新的历史时期。

1984年5月3日至6日，民盟四川省重庆市第八次代表大会在兵器工业部重庆供销管理处招待所召开，全市1083名盟员选出的228位代表出席会议。会议审议了民盟重庆市第四届委员会工作报告，选举产生了民盟重庆市第五届委员会。金锡如

为主任委员，冯克熙、司徒亮、蒋书楠、雷亨顺、杨槐为副主任委员，叶谦吉、司徒亮、冯克熙、刘又辛、刘之郕、刘佩瑛、何景华、陈以震、陈家耀、杨槐、金锡如、姚江屏、徐文彬、鲁承宗、蒋书楠、蒋国庆、雷亨顺等 17 人为常委，杨槐为秘书长（兼），王世垣、韦宗玄、叶谦吉、司徒亮、冯克熙、刘又辛、刘之郕、刘玉华、刘克兰、刘佩瑛、伍任、李寅、李林静、李实育、何景华、陈艾、陈以震、陈家耀、肖建初、余卓群、邱鸿鑫、杨槐、金锡如、周裕综、胡先梅、赵季芳、姚江屏、唐恂季、徐文彬、徐炳暘、夏庭光、曹学信、鲁承宗、董贞熙、蒋书楠、蒋国庆、雷亨顺、魏宇平等 38 人为委员，刘崇道、李文信、沈自强、杨光灿、胡若水、谢国仪、曹贤禄、蒋顺时、韩光琼等 9 人为候补委员。大会推举耿振华、陈彝荪、马建策、邓少琴、王志俊、张真民、杨复全、廖德富等 8 人为顾问。五届委员会还成立了文教、科技、普教、联络、妇女、文史资料等 6 个工作委员会。民盟市委机关机构在原办公室、组织部、宣传部“两部一室”的基础上，于 1984 年增设社会服务部，即“三部一室”。

民盟重庆市五届委员会成立以后，遵循“长期共存，互相监督，肝胆相照，荣辱与共”的方针，根据中共中央〔1986〕19 号文件、中央统战部〔1987〕37 号文件精神，认真贯彻民盟第五次全国代表大会、民盟组织宣传工作会议精神，不断加强组织建设，取得了一定的成绩和经验。在组织发展工作中，坚持“三个为主”原则，注意质量，严格把关，吸收政治上拥护中共十一届三中全会路线，坚持四项基本原则，业务上有成就或者有发展前途，工作认真负责，作风正派，群众关系好的中年知识分子入盟。新盟员素质较好，年龄降低，逐步趋向年轻化。新盟员中担任各级人大代表、政协委员及获得各种光荣称号的为数不少，在高等院校和科研单位职称评定中，不少盟员晋升正、副教授、研究员等高级职称。

至1987年11月底，全市共有盟员1714人。盟员中，有全国人大代表1人，全国政协委员1人；省人大代表5人（其中常委1人），省政协委员18人（其中常委4人）；市人大代表28人（其中常委会副主任1人），副市长1人，市政协委员46人（其中副主席1人，常委6人）；区县人大代表38人（其中常委会副主任8人，常委8人），区县政协委员147人（其中副主席8人，常委32人）。各级人大代表、政协委员共284人，约占盟员总数的17%。这些盟员，都能以高度的主人翁责任感和饱满的政治热情，参与人大、政协的工作和活动，参政议政，献计献策，发挥积极作用。与此同时，广大盟员立足岗位建功立业，涌现出大量先进典型。1985年9月，民盟盟员、西南农学院教授叶谦吉赴京出席全国各民主党派、工商联为“四化”服务先进集体、先进个人表彰大会。1986年，四川省各民主党派、工商联为“四化”服务先进集体和先进个人代表表彰大会在成都举行，重庆民盟有民盟西南农学院支部等3个先进集体和丁家学等16名先进个人受到表彰。据不完全统计，1984年5月至1987年12月，全市盟员获得单位以上劳动模范、先进工作者、三八红旗手、优秀教师等荣誉称号及受表彰、奖励的共429人次。

与此同时，基层组织建设也同步推进。全市除江津县建立了民盟县委员会外，还有市中区、沙坪坝区、北碚区、江北区、南岸区、九龙坡区、永川县等7个区县工作委员会，合川县、綦江县、巴县、江北县、西师、西农、重大、建院等基层总支、支部、直属小组98个,新盟员占盟员总数的68%。盟员平均年龄降低,政治热情增高,工作日趋活跃,朝气蓬勃、团结进取的生动局面逐渐在盟内形成。根据盟章规定,基层组织经过1985年和1987年两次换届改选,大批新盟员进入领导班子,成为工作骨干。调整后的基层班子平均年龄降低,政治热情较高,组织活力有所增强。组织活动形式向横向联系发展,内容往纵深探索前进。从1985年推广重庆大学支部发动盟员讨论教学改革的经验开始,民盟市委积极推动基层与基层、地区与地区之间开展多种形式的横向联系,起到了互通信息、交流经验、互相启发、互相促进的作用。五年中,由民盟市委发起组织和各地区、各支部对口组织的横向联系20多次,参与活动的工委、直属基层组织30多个,参加活动的盟内外人员约650人次。研究的问题具有广泛性和专业性特点,如培养研究生、教学改革等;也有探讨盟务工作的,如高等院校的组织发展工作等。这些活动围绕改革开放相关问题,议全局,谈本行,有政治,有业务,内容充实,形式生动,盟员乐于参加,对盟外人员也有吸引力,体现了民盟工作的新气象。

民盟市委继续反映情况,提出意见,协助中共和政府解决盟员落实政策的遗留问题。着重配合有关单位开展了建国前盟员核实参加革命工作时间和享受离休待遇的工作,不少老盟员多年关心的问题得到解决。建国前入盟的盟员75人,除部分解放前参加中国共产党,从事革命活动,按有关文件办理离休外,其余的均按中共中央〔1985〕1号文件享受了离休待遇及更改了参加革命工作时间。在离退休的500多盟员中,还能工作而又愿意继续为两个文明建设贡献力量的，民盟市委和各区县工委、基层支部都注意采用适当的形式将他们组织起来，让他们的知识和才能得到充分发挥。对一部分年事已高或身体条件较差的，民盟市委和各区县工委也注意每年在适当的时候用送慰问信、召开座谈会等方式，向他们表示问候，并关心和协助解决一些实际问题。

四、第九次盟员代表大会和第六届委员会

1987年10月25日至11月1日，中国共产党第十三次全国代表大会在北京召开。大会系统阐述了社会主义初级阶段理论，提出要沿着中国特色的社会主义道路，继续深化改革。在加快和深化改革的大好形势下，根据民盟中央和民盟四川省委的统一部署，12月22日至25日，民盟四川省重庆市第九次代表大会在重庆兵工招待所召开。

全市1714名盟员推选出254名代表出席本次大会。会议学习了中共十三大精神，听取并审议了民盟重庆市第五届委员会工作报告，选举产生了民盟重庆市第六届委员会。冯克熙为主任委员，蒋书楠、雷亨顺、杨槐、陈以震、何景华、郑泽根为副主任委员，王志忠、冯克熙、刘佩瑛、何景华、陈以震、陈家耀、李寅、李林静、余卓群、汤喜廷、杨槐、郑泽根、姚江屏、徐文彬、曹学信、蒋书楠、蒋国庆、韩文妙、雷亨顺、戴大奎等20人为常委，杨槐为秘书长（兼），王世垣、王志忠、韦宗玄、龙震、冯克熙、邓树仁、伍任、刘玉华、刘定荣、刘佩瑛、刘崇道、朱征峰、陈艾、陈以震、陈家耀、李寅、李文信、李代高、李林静、沈豪、时德、余卓群、何景华、邱鸿

鑫、汤喜廷、杨槐、郑泽根、姚江屏、欧阳道、胡腾章、徐文彬、徐中瀛、徐洪火、夏庭光、曹学信、曹贤禄、韩文妙、蒋书楠、蒋作明、蒋国庆、蒋顺时、蒋聚桂、董贞熙、谢国仪、彭德汉、雷亨顺、戴大奎等47人为委员,方晓先、李又新、李毅力、周仁才、殷名清、徐炳暘、龚懿、黄继先、廖健诚、蔡淑萍等10人为候补委员。大会推举金锡如为名誉主任委员,司徒亮、陈彝荪、方敬、刘又辛、刘之郧、叶谦吉、沈自强、杨复全、龚灿光、鲁承宗等10人为顾问。民盟重庆市委六届委员会设有教育、科技、文化艺术、法制、联络、妇女、文史及老龄盟员等8个工作委员会。

民盟重庆市第六届委员会任职的四年里,全国人民在中共十三大路线指引下,特别是在以江泽民同志为核心的中共中央领导下,团结一心,艰苦奋斗,克服重重困难,不断开拓前进,为建设有中国特色的社会主义而努力奋斗,国民经济持续稳定发展,人民生活水平不断提高。1989年12月,中共中央发布《中共中央关于坚持和完善中国共产党领导的多党合作和政治协商制度的意见》(简称中共中央〔1989〕14号文件),1990年6月,全国统战工作会议召开,中国共产党领导的多党合作和政治协商制度作为我国的基本政治制度,不断得到完善和发展。

为了落实相关精神,民盟市委制定了《关于当前巩固健全组织的意见》,放慢了发展的速度,注意强调有计划、有选择地把坚持四项基本原则、学有专长、作风正派、在社会主义建设中作出成绩、能联系群众、有一定影响和代表性的中青年知识分子吸收入盟。入盟时严格履行手续,听取所在单位中共组织的意见,努力做到成熟一个发展一个,发展一批巩固一批。全市发展盟员

504 人,其中有高级职称的 112 人,有中级职称的 256 人,中高级职称的占新发展盟员总数的 73%。新发展的盟员中,年龄在 50 岁以下的 379 人,绝大多数是单位的中青年业务骨干,有的还担任了人大代表和政协委员。在中共市委的关怀和帮助下,一批盟员参加了各级人大、政府和政协的工作。全市盟员中有全国人大代表 1 人,全国政协委员 1 人;四川省大代表 4 人(其中常委 2 人),四川省政协委员 12 人(其中常委 1 人);重庆市人大代表 26 人(其中常委会副主任 1 人,常委 1 人),重庆市政协委员 40 人(其中副主席 1 人,常委 7 人);区、县人大代表 44 人(其中常委会副主任 3 人,常委 4 人),区、县政协委员 177 人(其中副主席 9 人,常委 33 人)。在政府任职的,有市级部门副局长 1 人,副区长、副县长及区长助理共 4 人,区县副局级以上干部 12 人,还有 8 位盟员受聘为市人大有关委员会顾问和市政府参事,有 15 位盟员受聘为市或区、县的监察员、检察员、审计员、教育督导员。这些盟员在盟组织的支持和鼓励下,认真履行自己的职责,在参与政府和有关部门的工作中发挥了积极作用。1988 年 5 月 1 日,吴云鹏被重庆市人民政府评为特等劳动模范,刘佩瑛、汤国栋、冯克燕被评为劳动模范。9 月,吴云鹏被评为全国先进工作者,并赴京出席了全国劳动模范、先进工作者表彰大会。1989 年 10 月,四川省农业劳动模范表彰大会在成都举行,西南农业大学蒋书楠教授作为全市 10 名劳模之一出席了大会。1991 年 12 月 5 日四川省各民主党派、工商联为四化服务先进集体、先进个人表彰大会在成都隆重召开,民盟重庆大学总支等 3 个先进集体、吴云鹏等 16 名先进个人受到表彰。四年中,盟员获得劳动模范、优秀教师、先进工作者、三八红旗手等光荣称号及受单位以上表彰、奖励者共有1013人次，其中属国家级的68人，属省级的82人，属市级的有108人。

四年中，民盟市委专兼职领导干部明确分工，加强对基层工作指导；机关专职干部按各自分工联系基层，为基层服务。多数基层组织工作活跃，发挥作用较好，如被推选为四川省各民主党派、工商联为四化服务先进集体的西南农业大学总支、重庆大学总支和民盟江津县委，以及各区县评选的先进支部、先进基层组织，各项工作都亮点纷呈。为了加强盟的基层组织建设，根据盟章规定，民盟市委帮助和推动全市基层从1989年起陆续完成了基层组织的换届改选工作，大批年轻盟员进入领导班子，成为基层组织的骨干。部分区县及院校组织在条件成熟的前提下还完成了换届升格工作。四年中，先后成立了民盟九龙坡区委、巴县工委、重庆建工学院总支、重庆交通学院总支、西南师范大学总支、西南农业大学总支、重庆医科大学总支、重庆师范学院总支、民盟重庆市委文化总支，为基层组织工作适应形势发展，开拓了盟务工作新局面。

民盟市委配合中共市委统战部选派和调集盟的基层干部到重庆社会主义学院学习，其中，参加民主党派干部培训班15期共130人。1991年暑期，民盟市委举办了为期5天的全市干部培训会。从1990年起还定期组织专职盟务干部培训会，共组织了3次。通过培训，基层盟务干部和专职盟务干部的政治思想素质和盟务工作能力有所提高，推动了基层工作的健康发展。为了适应民主党派参政议政工作的需要，根据《民盟中央关于当前工作的几点意见》，民盟市委结合重庆民盟实际，制定了《民盟重庆市委关于在盟员中选拔和储备人才的意见》，并积极配合中共就各级人大、政协换届和担任政府工作的人选做好推荐工作。

五、第十次盟员代表大会和第七届委员会

在全国各族人民为巩固和发展社会主义经济而奋发努力的形势下，根据民盟中央和民盟四川省委的统一部署，1992 年 1 月 7 日至 10 日，民盟四川省重庆市第十次代表大会在空军后勤部重庆蓝箭宾馆召开。

全市 2140 位盟员推选出 219 名代表出席会议。会议听取并审议了民盟重庆市第六届委员会工作报告，选举产生了民盟重庆市七届委员会。冯克熙任主任委员，雷亨顺、杨槐、吴云鹏、何景华、郑泽根、王志忠、戴大奎为副主任委员，王志忠、田大文、冯克熙、刘玉华、陈世正、吴云鹏、何景华、汤喜廷、杨槐、郑泽根、欧阳道、殷名清、徐时涛、徐洪火、曹学信、韩文妙、蒋国庆、蒋育维、雷亨顺、戴大奎等 20 人为常委，徐时涛为秘书长，丁家学、王志忠、方晓先、龙震、田大文、冯克熙、冯静华、刘玉华、刘明华、刘定荣、陈艾、陈世正、陈受田、沈豪、时德、李文信、李德安、吴云鹏、吴德本、何景华、宋宏远、汤承琥、汤喜廷、杨槐、杨伯文、郑泽根、欧阳道、钟安、柯柏龄、胡腾章、殷名清、凌宗魁、徐时涛、徐洪火、夏庭光、龚懿、曹学信、韩文妙、蒋作明、蒋国庆、蒋育维、蒋顺时、蒋聚桂、谢国仪、雷亨顺、熊笃、裴祖荣、戴大奎等 48 人为委员，李又新、梁国鲁、黄继先、蔡淑萍、李祖东、杨月蓉、朱小容、刘灵等 8 人为候补委员。大会推举金锡如为名誉主委，蒋书楠、司徒亮为

名誉副主委，陈以震、陈彝荪、方敬、刘又辛、刘之郷、叶谦吉、沈自强、李寅、李林静、余卓群、陈家耀、张真民、杨复全、姚江屏、徐文彬、曹贤禄、鲁承宗、魏宇平等18人为顾问。

1993年1月，民盟重庆市第七届委员会第二次全体会议决定，同意徐时涛因健康原因不再担任第七届委员会秘书长，保留委员职务。为了健全领导班子，进一步加强机关建设，根据1995年12月市盟七届十六次常委会议提议，经1996年1月市盟七届五次全委会选举通过，民盟市委副主委何景华兼任秘书长。1996年12月，民盟七届二十次常委会议和七届六次全委会议决定，将民盟市委8名候补委员转为正式委员，并增补陈万志、程燎原为民盟市委委员，补选刘明华、陈万志、龚懿、程燎原为民盟市委常委，增选蒋育维为民盟市委副主委。

本届委员会成立了学习、教育、经济、科技、文化、法制、联络、妇女、文史、老龄等10个工作委员会。为了适应统一战线发展的要求和民盟组织自身建设的需要，1996年3月又新成立了青年工作委员会。

民盟重庆市第七届委员会成立后的五年中，国家政治稳定、民族团结、社会进步，改革开放取得了举世瞩目的成就。中国共产党领导的多党合作和政治协商制度进一步加强和完善，政协全国委员会《关于政治协商、民主监督、参政议政的决定》为统一战线各项工作的规范化、制度化建设开创了新的局面，民主党派组织也得到较快发展。

民盟市委认真贯彻执行民盟中央关于组织发展的有关规定，有计划地吸收一批政治素质好、知识水平高、有代表性、有影响的中青年入盟,共发展新盟员852人,平均年龄39岁。截至1997年1月15日,全市共有盟员2990人,区县(市)地区组织14个,基层组织157个。民盟市委十分注意基层组织生活的实效性,召开高校组织工作座谈会,积极推进区县(市)盟务工作研讨活动。各区县(市)、院校的盟组织加强了院校、地区间的横向联系,增进了基层组织间的交往和交流,拓展了组织活动的范围和内容,增强了盟组织的活力和凝聚力。

五年中,民盟市委坚持中共基本路线,履行协商监督、参政议政职能,积极维护安定团结的政治局面。有460人(次)参加了各级人大、政府、政协和其他部门的工作。他们在盟组织的支持和鼓励下,以对中国共产党和国家高度负责的精神,尽职尽责,发挥了积极的作用。1992年5月26日,重庆市各民主党派、工商联为四化服务先进集体、先进个人表彰大会在中共市委礼堂召开,民盟市委有8个先进集体,35名先进个人受到大会表彰。

1996年9月,经四川省人民政府报国务院批准,万县地区、涪陵地区、黔江地区划归重庆市代管。相应,原民盟四川省万县市委、涪陵市委划归民盟重庆市委代管。

第二节　为坚持和完善多党合作制度夯实思想政治基础

一、开展形势学习教育

民盟恢复活动之初,“左”的余毒尚未肃清,民盟的工作困难很多。面对困难和挑战，民盟坚持中国共产党的领导，肩负起新时期的历史使命。民盟“四大”、“五大”后，进一步明确了新时期民盟的性质和任务。1984 年 6 月和 1986 年 7 月，民盟中央两次召开全国组织宣传工作会议，研究民盟的组织建设与思想建设问题，盟的思想建设逐步步入规范化、制度化轨道。

民盟重庆市委临时领导小组成立后，在参加政治协商、调查了解盟员和所联系的知识分子的情况和要求，提出意见和建议，推动民盟组织和成员揭批林彪、“四人帮”，学习马列主义、毛泽东思想，学习中共十一大和十一届三中全会重要文件及全国人大、全国政协会议精神，协助中共落实政策和改正错划“右派”工作，以及结合业务进行思想政治教育，推动盟员为“四化”服务等方面，做了许多工作，发挥了应有的作用。冯克熙等民盟市委领导还通过讲话、撰文，帮助广大盟员认清形势，清除“左”的余毒。在阴霾刚刚过去的 1978 年，因《知识分子的问题在哪里》的发言而在反右派斗争中罹祸的冯克熙，以卓越的胆识撰写了《现代中国与中国的现代化》一文，反思惨痛教训，呼唤思想解放，勾画现代化蓝图。其后，他又发表了《知识分子问题的时代回答》《改革是体制的内在需要》《正确认清形势才能坚定信心》《改革大潮前的思考》《为改革服务，为稳定效力，为团结尽心》等讲话和文章，在盟内外产生了广泛的影响。

重庆民盟第七次代表大会后，各方面学习逐渐形成制度。1986 年，民盟市委成立了统战理论研究组；1992 年，又设立了学习委员会。

这一时期，在学习内容方面，由单一的“思想改造”转向联系实际、内容丰富的政治学习。除继续加强邓小平理论、统战理论方针和盟史盟章学习外，民盟市委还围绕经济建设中心，不断拓展学习内容，通过开展法制、经济建设、科学技术、国内国际形势等方面的学习，帮助广大盟员了解新情况，学习新知识，开阔眼界，增长才干，把握形势，建功立业。1982 年新宪法颁布后，全市各级盟组织和盟员大力宣传、贯彻，除领导在报刊上发表文章外，还举行相关的报告会和座谈会，重大、建院、西师、重师等大专院校及各区工委、中小学盟组织也都先后开展了学习、宣传新宪法的活动。

在学习形式方面，更趋多样化和更显生动活泼，民盟市委全委会、常委会、各类工作会议和干部培训会上，形势教育都是必须的内容。费孝通、钱伟长、陶大镛、千家驹等民盟中央领导来渝期间，就“四化”建设中共同关心的重大问题，为盟员作专题报告。金锡如、冯克熙、蒋书楠、雷亨顺等民盟领导每次出席全国人大、政协或者出国访问归来，民盟市委都要举行专题报告会。

为了让新入盟的同志对中共的统一战线方针政策，对盟的性质、地位、任务，以及对民盟的光荣历史和优良传统有深入学习的机会，1980 年暑假，民盟市委举办了新盟员学习会。新盟员们以很高的热情投入学习，通过听取中共市委统战部和民盟市委主要领导的报告，开展热烈的讨论，对统一战线和民盟有了较为清晰的认识，收到了良好的效果。自此，民盟市委坚持每年暑期举办新盟员学习会，使新盟员能够在较短时间内提高思想认识水平，成为合格的参政党成员。为了加强后备干部队伍建设，1986 年，民盟市委举行首次中青年盟员报告会。其后，坚持定期举办以中青年盟员为对象的学习活动。为了鼓励盟员教育工作者为科教兴国作贡献,每年教师节组织座谈会。

为了加强交流学习,民盟市委组织干部去民盟云南、贵州省委,民盟成都、西昌、昆明、贵阳市委,凉山大学、云南大学、云南工学院、贵州大学等四个高校民盟组织进行交流学习;到四川宜宾等地召开专职干部培训会,开展盟务交流;冯克熙主委还率队参加在贵阳举行的民盟云南、贵州、四川、重庆三省四方盟务工作研讨会,并作了《民盟应当在改革中前进》的发言。为了激励广大盟员学习模范,争当先进,民盟市委还多次组织盟员事迹报告会,鲁承宗、吴云鹏、刘佩瑛等先后作专题报告。

二、经受政治风波考验,开展思想动态调查

1980 年代中后期,社会上掀起一股资产阶级自由化思潮。受其影响,1989 年 4 月至 6 月,北京一些高校的青年学生针对现实社会中存在的问题开展各种形式的活动,形成学潮。其后,学潮逐渐演变成更大范围、更加严重的政治风波。

政治风波发生前,民盟市委开展盟员和知识分子情况调查,向有关部门反映情况。1987 年 2 月,民盟市委在对当时盟员普遍关心的反对资产阶级自由化问题调查了解的基础上,形成《部分盟员对当前形势的看法和反映》,报民盟上级组织和中共市委统战部等单位。同年 8 月,根据费孝通主席提议,民盟中央决定对知识分子进行一次社会抽样调查。为贯彻民盟中央这一工作精神,民盟市委在重医、重庆六中、重庆三十九中、重庆曾家岩小学开展问卷抽样调查,并邀请部分盟员开展座谈,集中探讨了一

些问题和意见，形成《关于“知识分子情况和意见抽样调查”工作的汇报》，上报民盟中央等单位。

政治风波发生期间，面对意识形态领域的激烈斗争，民盟市委旗帜鲜明、立场坚定，为维护安定团结的大局起到了积极的作用。在此期间，重庆民盟坚持对中共的领导和坚持社会主义方向坚定不移，对维护安定团结的政治局面坚定不移，对坚持改革开放的方针坚定不移，做到日常工作不停，服务基层不断，自身建设不松，同时引导全市盟员要敏于观察、勤于思考、慎于言行，要顾全大局、坚守岗位、加强团结、维护安定。

中共中央〔1989〕14号文件发布后，民盟中央要求全盟认真学习、宣传和贯彻文件精神和有关决定。民盟市委结合新形势新要求，从实际出发，采取有效措施，切实地、有针对性地加强思想工作，号召全市盟员以学习中共中央〔1989〕14号文件和建设有中国特色社会主义理论为主要内容，加强爱国主义、社会主义和国情教育，引导盟员珍惜来之不易的社会主义安定团结的环境，坚定重庆盟员对中国共产党和社会主义的信念。民盟市委还通过组织社会实践和参观访问等活动，让广大盟员真切感受到改革开放和祖国现代化建设的宏伟成就；在沙坪坝区、北碚区和市中区分片举行《中共中央关于坚持和完善中国共产党领导的多党合作和政治协商制度的意见》学习座谈会，并将收集整理的贯彻落实意见的建议向有关方面作了反映。

1994年5月，根据民盟中央组织宣传工作会议精神，民盟市委在全市盟员中采取点面结合的调研方式，开展组织情况和盟员思想状况调研，形成《关于民盟重庆基层组织状况和盟员思想动态的调查报告》，报送上级盟组织及有关部门。为了更好地发挥民盟在精神文明建设中的作用，1997 年 2 月，民盟市委举行座谈会，专题研讨精神文明建设的内涵，提出民盟加强理论研究，科学、理性地参与精神文明建设的思路。

三、整理盟史，举行纪念活动

重庆是民盟的发祥地，民盟市委一贯重视民盟历史研究工作。1984 年 11 月，民盟市委成立文史资料工作委员会，开展了大量扎实的工作。

在文史委员会收集、整理、研究大量材料，特别是姚江屏、沈自强等委员逐日逐月翻查《民主报》《新华日报》的基础上，民盟市委先后编写了《民盟重庆地区大事记（解放前部分）》《民主报史》《重庆民盟志》《民盟重庆英烈谱》等数十万字的文史资料；核实整理了牺牲在重庆的 27 名盟员烈士的资料，并在重庆民盟机关刊物上作专版介绍；部分盟史稿件在《中央盟讯》《党史资料》《文史资料》上发表。

1985 年 10 月 12 日，民盟中央文史委员会派人来渝听取重庆盟员对《民盟四十年》及有关盟史工作意见。冯克熙、沈自强、张茂延、姚江屏、陈以震、胡甫珊、张真民等参加过民主革命工作的老同志针对“中间路线”、“民盟被迫解放”等问题，提出了不少修改意见和建议。大家一致认为，盟史编修要消除“左”的影响，要从当时的时代背景去评价，要使盟史真正成为光荣历史的记载。民盟市委的相关意见得到民盟中央、中共中央文献研究室的采纳,修正了对民盟性质和历史的一些错误论断。[①]

1986年9月,受民盟中央委托,民盟市委举行修订《中国民主同盟简史(解放前部分)征求意见稿》座谈会,与会的30多位老同志和专家学者对《简史》发表了很多中肯的意见。1987年5月,民盟市委召开盟史座谈会,民盟中央相关领导、民盟四川省委和全国各地盟组织解放前在渝战斗过的负责人参加会议,对民盟市委编写的《民盟重庆地区大事记(解放前部分)》进行补充。

为了发挥盟史在思想教育中的重要作用,民盟市委隆重举行了纪念中国民主同盟成立40周年茶会,民盟中央已故主席张澜诞辰110周年纪念会,中国民主同盟成立45周年暨李公朴、闻一多殉难40周年纪念会,纪念陶行知诞辰100周年报告会等一系列纪念活动。

1991年,重庆民盟各级组织结合纪念民盟成立50周年,举办多种形式的纪念活动。4月16日举行纪念中国民主同盟成立50周年新闻发布会,18日举行"一一·二七"盟员烈士纪念碑落

---

① 中共中央文献研究室编《文献与研究》1987年第五期发表《关于1947年民盟总部被迫解散问题》,对1960年9月出版的《毛泽东选集》第四卷《关于情况的通报》一文中关于"处于国共两党之间的中间地位的某些民主人士,在国民党的突然的攻势之下,使自己处于被动地位,最后终于在1948年1月采用我党的口号,声明反蒋反美,联共联苏"所作注释作了修改。

成仪式[①],19 日在中共重庆市委礼堂举行中国民主同盟成立 50 周年纪念大会。1995 年 12 月,民盟市委在重庆市政协隆重举行民盟重庆市组织建立 50 周年纪念会,重庆市四大班子和民盟四川省委领导及盟员代表共 200 余人参加了纪念会。主委冯克熙在讲话中回顾了民盟市组织 50 年的光辉历史,号召全市盟员以民主精神和民主意识为思想准则,以爱国爱民、公诚正直为组织风范,以与中共长期共存、亲密合作为政治前提,为社会主义现代化建设作出更多的贡献。为配合纪念活动,民盟市委编印了史料文集《民盟在重庆》,发放广大盟员学习。

通过举行纪念活动,宣传了中共的统一战线政策,宣传了民盟的历史、性质、任务和作用,进一步增强了盟员对民盟组织的向心力,扩大了民盟在群众中的影响。

四、恢复主办民盟市委机关刊物

民盟作为一个政党,应该有自己的宣传工具、宣传阵地,这是加强思想建设必不可少的一环。1980 年 1 月,《中央盟讯》复刊;1985 年 4 月,民盟中央主办的国内外公开发行刊物《群言》创刊。进入新的历史时期后,重庆民盟机关刊物《重庆盟讯》也得以复刊,并根据工作需要,进行了多次改版。

《重庆盟讯》创刊于 1950 年 6 月 15 日,由民盟重庆市支部临

---

① 始建于红岩广场,1991 年 2 月 23 日破土动工,1991 年 4 月落成。民盟中央名誉主席楚图南为纪念碑题词。因红岩广场拓建,纪念碑曾被拆除。后经重新设计,由红岩广场移入歌乐山烈士陵园。2001 年 6 月 30 日,民盟市委在歌乐山烈士陵园举行重立“一一·二七”盟员烈士纪念碑揭碑仪式。

时工作委员会主编，作为工作通讯性质的内部刊物，在盟内起着组织与盟员个人之间上传下达的联络作用。1952 年 10 月以后，随着建制调整，先后由重庆市支部委员会、重庆市分部委员会、重庆市委员会接办，至“文化大革命”初期被迫停刊。十年动乱期间，《重庆盟讯》相关资料被销毁或散失，现已无从觅得。

1979 年 11 月，《重庆盟讯》复刊，为油印不定期出版物，民盟重庆市委临时领导小组组长金锡如欣然题词：“九月秋风过，东篱菊正黄。萋萋本园地，四季不断香。更喜冬梅艳，俏枝傲寒霜。园丁齐戮力，何愁草不芳。”自复刊到 1983 年下半年改版，《重庆盟讯》共编印了 34 期，在报道盟务活动，组织盟员学习和为“四化”服务方面，发挥了应有的作用。为顺应形势的发展，刊物从第 35 期起，改为铅印 16 开，每季度出一期。改版后的《重庆盟讯》共编印了 79 期，根据工作需要开设了“改革与工作”“群言堂”“人物专访”“基层盟务”“盟史回忆”等专栏，所选内容丰富多彩，形式生动活泼，可读性大大增强。

1992 年 4 月 23 日，讯改报，更名为《民盟报》，为月报。1995 年 2 月 28 日，《民盟报》正式更名为《重庆民盟报》。截至重庆直辖民盟市委第一届委员会成立前，《民盟报》和《重庆民盟报》共出版 59 期。

为了办好机关报，民盟市委成立了编委会，主委冯克熙担任主编。《重庆民盟报》调整优化了栏目设置，除了继续开设“群言”“盟务交流”“人物专访”等专栏外，增加了综合文摘、文艺副刊专版。此外，为关注改革开放前沿动态，还设置了“南方热线”栏目；为展示基层组织工作，还为市中区、沙坪坝区等地盟组织开辟专版;为反映盟员风采和心声,还开辟了“女盟员”“新盟员”“教师心声”专版。为了扩大影响,与民盟四川省属工委以及攀枝花、万县等17个地区的盟组织建立联办联网关系,同时向市内各区(市)县、院校中共组织及政协系统赠阅,与全国各省、市(含部分中等城市)盟组织交流,不少文章被《四川盟讯》及外省盟讯转载,重庆市外盟员的来稿也占一定的比例。攀枝花市盟还为协助重庆民盟办好《民盟报》进行专题研究。

《重庆民盟报》诞生于改革、开放的大气候中,秉持民盟的传统,反映民盟的使命,体现了政治性、综合性、资料性、可读性等特点,在民盟市委领导、盟内外专家、专职盟务干部和广大盟员的共同关心和努力下,及时传递信息,真实反馈舆情,起到了联系盟组织和盟员的纽带作用,在宣传重庆民盟工作、展现重庆盟员风采等方面作出了应有的贡献。

第三节 为经济发展和社会进步“出主意、想办法”[1]

一、把握参政基本点,履行职能步入规范化轨道

在改革开放、以经济建设为中心搞好“四化”的新的历史时

---

① 1992年4月,在民盟中常会上,费孝通主席在讲话中提出,所谓参政议政,不是乱说话,也不是说空话,而是要求我们围绕经济建设这一中心,为经济发展和社会进步提出积极的建设性的意见和建议,也就是说,要求我们为经济建设“出主意、想办法”。

期，民盟不断探索更好地与中国共产党合作，更好地发挥民主党派作用的新途径，更加重视发挥参政议政和民主监督职能。

恢复活动之初，中共各级组织发扬民主协商的优良传统，召开相关会议，广泛听取意见，并邀请民主党派代表性人士列席党代会等重要会议。民盟市委领导多次参与中共市委召开的各种座谈会，就重庆政治、经济、文化等方面的许多重大问题，进行了协商。金锡如、冯克熙、雷亨顺等重庆盟员中的人大代表和政协委员围绕经济体制改革、经济社会发展规划等重大问题开展调研，提出意见建议。

1989 年底，中共中央颁布 14 号文件，总结了建国以来特别是中共十一届三中全会以来我国多党合作的成果经验和行之有效的做法，并加以充实、完善，使之制度化、规范化。该文件明确了民主党派的地位、性质和作用；强调了“长期共存、互相监督、肝胆相照、荣辱与共”是中国共产党同各民主党派合作的基本方针；阐明了民主党派参政的基本点是参加国家政权，参与国家大政方针和国家领导人选的协商，参与国家事务的管理，参与国家方针、政策、法律、法规的制定执行（简称“一参加三参与”）；发挥监督作用的总原则是在四项基本原则的基础上，发扬民主，广开言路，鼓励和支持民主党派与无党派人士对党和国家的方针政策、各项工作提出意见、批评、建议，做到知无不言，言无不尽，并且勇于坚持正确的意见。

民盟“六大”以后，费孝通提出的努力为经济建设“出主意、想办法，做实事、做好事”的号召，成为民盟的工作方针。民盟市委积极响应民盟中央的号召，按照相关意见要求，充分利用“一参加三参与”渠道积极参政议政，围绕中共市委、市政府中心工作提出意见建议，形成了一套比较完整的参政议政工作运行机制，参政议政工作逐步迈入规范化的轨道。

为了做好参政议政工作，民盟市委将参政议政作为发展组织、增强盟的凝聚力、推动盟务工作的纲领，制定了《关于做好盟员人大代表、政协委员议案、提案工作的若干意见》，重要的参政议政工作和调研活动都是在主委会决策后组织实施的，向市政协提交的集体提案、大会发言都必须经过主委会讨论、常委会审议通过。

1996 年 4 月，民盟市委召开参政议政座谈会，冯克熙作了《贵在高瞻，重在求实》的讲话，强调参政议政是民主党派的政治职责，也是党派成员的历史使命；民盟加强参政议政的客观依据在于民主必须弘扬，法制必须健全，民意必须尊重，民心必须凝聚；应当好好调查研究，让建言献策有基础，有针对性，言之有据，言之成理，不以感性代理性，不以偏狭概全面。同时，他还告诫盟员，参政议政是政治行为，也是文化行为，它有原则、立场的准绳，也有人格、人品的要求。

这一时期，民盟市委参政议政的主要做法包括：（一）积极参加中共市委举行的民主协商会、双月座谈会、暑期谈心会、情况通报会、政策研讨会、民主党派负责人座谈会等会议，就发展经济、稳定大局、重要人事安排和全市政治生活中的重大问题发表意见，提出意见建议。（二）围绕经济社会发展规划等重大问题开展调查研究，形成调查报告、政策建议等，报送和提交有关领导和部门参考。（三）利用人大、政协平台，通过大会发言、提案等形式，反映问题，提出意见建议，行使监督权利。（四）分别参加中共市委、市人大、市政协有关专题视察和检查工作，提出意见和建议。（五）发挥盟员专家学者作用，依托本职科研工作和通过科研立项开展调研活动，利用人大代表、政协委员及特邀人员的身份，发挥参政议政、民主监督作用。

这一时期，民盟市委的参政议政工作体现了以下特点：（一）注意参政议政、民主监督和社会服务三结合，做到寓监督于参政中，在服务中建言。比如，在反映问题的同时，提出工作建议；开展了大量以咨询服务为内容的社会服务工作，在办学实践中发现问题，提出解决问题的方案等。（二）注意发挥自身优势，始终将教育改革发展、民主法治建设等作为重点。（三）积极开展与兄弟盟组织的合作，不断总结参政议政工作经验，探索完善参政议政工作机制，提出了研究型参政思路。

二、问计建言教育事业发展

民盟是主要由从事文化教育及科技工作的高中级知识分子组成的参政党，教育的改革和发展一直是重庆民盟参政议政关注的重点。1980 年代以来，民盟市委多次开展教育问题调研，提出意见建议，在提升教育在经济社会发展中的地位，完善教育改革发展机制，改善教师工作环境等方面起到了促进作用。

1980 年上半年，民盟中央响应中共中央献计献策的号召，发动各地方组织开展关于教育计划、教育体制问题的调查研究。按照民盟中央要求，民盟市委派出两个工作组，分别以重庆建工学院、西南师范学院为重点进行调查。重大、西农、重师等高等院校盟支部和二中、三中、二十九中、四十一中、市一师等20个中学基层也组织盟员座谈，提出意见和建议，先后报送材料45件。在此基础上，民盟市委整理印发了《教育计划和教育体制问题调查研究简报》10期。同时，民盟市委还与市政协、民进市委联合召开座谈会，编印简报2期。通过调查研究，民盟市委写出了《我们对于改革高等教育体制的建议》和《对当前中等教育的一些意见和建议》上报民盟中央和民盟四川省委，受到肯定和重视。其中对中等教育的意见和建议编入了民盟中央的《教育问题参考资料》专集。

1982年春，民盟中央发动地方组织就改革城市中等教育问题进行调查研究，并指定民盟市委为开展调查工作的5个重点省、市组织之一。民盟市委组成了“中学教育调查研究小组”，先后召开各种类型的座谈会，编印《城市中学调查研究工作简报》8期，提出必须认真贯彻德、智、体全面发展的教育方针，呼吁纠正片面追求升学率的倾向。这些建议受到市、区教育行政部门领导的重视。同时，民盟市委还派出学习考察小组去武汉、南京、上海、苏州等地，学习研究如何办好城市中等学校，并结合重庆市实际情况写出了《关于如何办好城市中学的建议》和《关于重庆市中等教育结构改革及职工教育情况的调查汇报》两篇报告，报送民盟中央和民盟四川省委参考。

1985年，《中共中央关于教育体制改革的决定》公布；1986年，《义务教育法》颁布。相关决定和法规对中国教育改革发展影响深远，全市各级盟组织和广大盟员对此高度关注。在民盟市委领导下，普教委员会和北碚区、江北区、南岸区、江津县、市中区等区县民盟组织及部分学校基层组织多次组织调查，就本地区、本单位教育工作的成绩和问题进行分析研究，提出了积极建议，供当地政府和单位党组织参考。

1987 年 9 月，民盟市委邀请部分盟员就当前中小学教师职称评定工作举行座谈会，形成如实反映知识分子对改善工作、生活待遇合理要求的工作简讯《当前部分中小学教师职称评定工作的反映》，上报民盟中央、民盟四川省委等有关部门。相关意见被吸纳到民盟中央提交给中共中央的《关于当前知识分子情况的报告》和《关于当前职称评审工作的调查报告》中。

1988 年 5 月，围绕高等院校组织社会有偿服务和中小学发展勤工俭学、以“创收”来补偿学校经费不足这两个问题，民盟市委在北碚区、沙坪坝区和市委机关先后举行了四次分片座谈会，形成工作简讯《关于对高校开展社会有偿服务和中、小学发展勤工俭学以补充办学经费不足的反映和建议》，上报民盟中央及有关部门。同年 12 月，遵循《民盟中央普教改革研讨会纪要》和《民盟四川省普教改革研讨会 1988 年工作安排意见》，民盟市委拟定了《民盟重庆市委关于 1988 年普教改革研讨有关意见》下发所属基层，就普教改革情况展开专题调查研究，形成了《民盟重庆市委教育工作委员会关于教育问题调查报告》《关于初中教育改革问题的综合调查报告》，于次年 1 月上报民盟中央。

1990 年代初，市场经济大潮冲击着教育部门，巩固加强教育和教师的社会地位成为当务之急。针对相关问题，重庆民盟各级组织、盟员广泛调研，积极反映，得到党和政府以及全社会的重视和关注，相关问题得到逐步解决。民盟市委先后提交了《教育经费与教育立法》《切实加强高等教育,珍惜和充分利用高校巨大的科技力量》等意见建议。刘明华、郑泽根等委员在四川省政协七届二次会议提交的《高校青年教师流失与人才断层危机》的发言,列举了高校青年教师流失的主要原因在于经济收入偏低、晋升困难、工作条件欠佳,建议党委和政府严格执行《教师法》《中国教育改革和发展纲要》,加大政府投入,解决相关问题。民盟市委在重庆市政协十届二次会议提交的大会发言《努力创造条件,加速重庆市教育事业的发展》,呼吁确保教育投入,提高教师待遇,控制教师流失,采取确实措施,控制中小学生流失。

1994 年,民盟市委围绕《中国教育改革发展纲要》及《教师法》在重庆市的实施情况开展调研,形成《对重庆市当前教育几个问题的调查与建议》,提供给中共市委、市政府参考。1995 年,民盟市委向市政协提交的四件大会发言中,关于教育的有《创办职业技术大学,发展高等职业教育》《树立教师崇高形象》《采取措施实现"普九"》等三件。1996 年,民盟市委在市政协十届四次会议上作了大会发言《积极推进地方与高校的合作共建,促进重庆的社会进步和经济发展》。与此同时,綦江、南岸等地民盟组织开展了中小学教师心态、中学教师流失情况调查,并形成了调查报告。

三、关注民主法治和精神文明建设

以经济建设为中心的现代化建设,必须重视法制的保障作用,必须两个文明一起抓。民盟市委高度关注民主法治、反腐倡廉和精神文明建设等问题,通过各种渠道提出意见和建议。

重庆民盟第七次代表大会提出，要推动盟员积极投入全国人大五届二次会议制定的七个法律的学习热潮，帮助盟员正确行使管理国家事务的民主权利，自觉地遵守国家宪法、维护社会主义法制。1982 年新宪法草案和政协章程草案下达后，民盟市委发动广大盟员进行讨论，通过各种方式反映意见，着重就知识分子的地位、作用，人民政协和民主党派的性质、任务等问题提出建议。4 月，冯克熙专门就改进人大工作提出建议书《把人大工作提到和宪法要求相应的水平上》。

随着社会主义现代化建设和改革开放的推进，社会生活发生深刻变化，宪法的一些规定与社会生活的变化存在着明显的不适应。1988 年和 1993 年，全国人民代表大会以宪法修正案的方式对宪法的序言和部分条文进行局部的修改和补充。民盟市委高度关注宪法修改、地方立法等问题，着力推进民主法治建设。1989 年，冯克熙发表文章《论人大的监督和民主法制的建设》，强调健全人大监督职能在社会主义民主法制建设中具有突出意义。1996 年，在全国政协会议上，他又作了《在社会主义民主法制轨道上运转》的发言。同年，程燎原委员在市政协会上作了《尽快确立我市法制发展战略，大力推进依法治市工作》的大会发言。

社会主义计划经济向商品经济和市场经济转变过程中，腐败也不断滋生和蔓延，对中国共产党和国家造成了严重的危害。为了防止腐败侵蚀民盟组织，也为了帮助中共反对腐败，民盟市委采取座谈研讨、大会发言等形式给予关注和建言。1993 年 10 月，民盟市委召开反腐斗争及廉政建设座谈会。冯克熙在会上指出，腐败不仅指贪污贿赂，道德败坏、行为不端都是腐败。他要求盟员要按照中共的部署，既要积极，又要冷静，协助、配合、参与，在反腐斗争中发挥应有的作用。在市政协会议上，民盟市委所作发言《加强干部道德建设是弘扬红岩精神的关键》，认为要把弘扬红岩精神落到实处，干部道德建设是关键，并就干部道德建设提出五点建议。

随着改革开放和社会主义现代化建设的全面展开，中共中央及时提出建设社会主义精神文明的任务。1986 年 9 月，中共十二届六中全会审议通过了《中共中央关于社会主义精神文明建设指导方针的决议》。1996 年 10 月，中共十四届六中全会审议通过了《中共中央关于加强社会主义精神文明建设若干重要问题的决议》。民盟市委围绕相关问题开展调研，向有关部门提交了《关于思想道德和文化建设的若干意见和建议》。在市政协常委会上，冯克熙作了发言《精神文明建设贵在务实》，强调精神文明建设要德治法治并重，关键在领导、在干部，重在行动，贵在实效，要依靠群众，强调“红岩精神”是重庆特色，统战、政协是重庆优势，要特别珍惜，积极弘扬。此外，熊笃、夏庭光等在市政协相关会议上关于加强精神文明建设等方面的发言，也引起强烈反响。

四、发挥盟员专家作用，开展合作交流

民盟市委参政议政工作十分重视发挥人大代表、政协委员、专家学者的作用。自 1978 年作到 1997 年，重庆盟员中担任全国、四川省、重庆市政协委员和人大代表分别有 13 人次、74 人

次、338 人次。他们依托人大和政协平台和渠道,认真调查研究,坦诚直言,反映群众意愿和要求,积极参与对国家和地方事务的协商和监督,涌现出了雷亨顺等研究型参政典型,产生了广泛的影响。

第七届、八届全国人大代表、重庆大学教授雷亨顺是研究型参政议政的倡导者和实践者。在担任四川省能源发展规划评审委员会主任委员期间,他主动承担能源开发资金取向研究重点课题,经过多次赴雅安芦山县开展试点工作,提出的能源、资源、商品一体化发展战略在实践中取得了重大成功,有效推动了地方经济发展。在担任重庆大学可持续发展研究院专家委员会主任期间,通过在三峡库区十年不懈的调研,掌握了大量翔实的第一手资料,先后提出了"开发大西南的'巴'字战略","世界级工程、世界级难题"等发展战略建议,并成为他建言三峡工程及库区建设、长江经济带发展、重庆社会经济可持续发展的基础。在全国七届人大五次会议期间,他对即将通过的关于修建三峡工程的决议有不同意见,遂与重庆代表联名提交紧急议案,要求修改决议。经大会向中共中央、国务院领导汇报,有关负责同志邀请重庆代表讨论修改决议意见。最后,大会通过的决议加上了"对于已经发现的问题,要继续研究妥善解决"的内容。1992 年 9 月,中央领导和专家来渝就三峡工程交换意见,雷亨顺在座谈会上如实反映存在的问题,中央领导同志在总结中提出了解决问题的意见。1993 年,在第三次长江经济开发暨发挥民盟作用研讨会上,他所提交的论文《四川三峡经济区的组织形式与运作》,从五个不同角度对三峡经济区的组织形式进行了分析研究，提出了一套合理而有效的组织形式及其运作机制。由雷亨顺执笔的建言材料《保护长江，建设长江上游生态经济区》和《保护长江上游生态环境》，分别作为全国政协书面发言和集体提案，促成了国家一系列重大生态建设和环境保护政策措施的尽快出台，民盟中央为此致函民盟市委和雷亨顺表示感谢。1996年，雷亨顺还以“可持续发展移民”的建议，确立了三峡库区人民是移民利益主体的观点，突破移民为政府行为的理论禁区。在全国人大表决重庆直辖决议前夕，在接受《中国日报》《光明日报》记者采访时，雷亨顺直抒己见：“重庆直辖既有现实意义，更有历史意义，搞好了不仅对中国，对世界也有贡献。”

为了提高参政议政实效，民盟市委加强与市政协、高校及部门的合作。重庆直辖前，雷亨顺、陈万志、刘玉华等作为重庆市政协专家组的重要成员，就重庆新市情、新机遇、新任务、新问题进行了为时数月的调研，联合形成《新重庆发展战略系列研究成果》，受到中共市委、市政府及国家有关部门专家的高度重视和充分肯定。民盟市委还注意加强与市政府有关委、局的对口联系工作，比如在市政协全委会召开之前，邀请市教委负责同志通报重庆市教育发展的有关情况，以便民盟知情出力。

为了加强交流，扩大影响，民盟市委联合民盟上海、武汉市委和武汉社科院联合发起“长江经济开发暨发挥民盟作用研讨会”，研讨会就长江沿岸民盟组织如何在开发、建设长江经济带中发挥积极作用进行研讨，同时就三峡工程的建设和长江流域的经济发展进行学术交流。1990 年 5 月，民盟市委组织召开担任各区、县人大、政协领导及政府部门领导职务的盟员座谈会，交流参政议政工作经验。1995 年 5 月,为了解情况,总结经验,提高参政议政水平,民盟市委对部分从政盟员开展专题访谈。1996 年 4 月,民盟市委举行参政议政工作座谈会,交流参政议政工作经验,探索新形势下参政议政工作的新途径和新机制。5 月,刘玉华在西南片区盟务研讨会上作了参政议政工作交流。1996 年 9 月 26 日,民盟市委编印的参政议政内部资料《调研简讯》创刊,后易名为《渝盟调研》。

第四节 为四个现代化建设“做实事、做好事”①

一、兴教办学

开展办学工作是民盟“面向社会、服务四化”,参与教育领域改革和发展的重要社会实践活动,也是民盟开展较早、范围较广、影响较大、成效较好的一项社会服务工作。

1981 年 5 月,民盟市委派出考察组赴武汉、南京、杭州、上海等地调查学习办好城市中学的情况和经验。同年 11 月 29 日至 12 月 1 日,民盟市委举行为“四化”服务经验交流会。在此基础上,民盟市委充分调动广大盟员的积极性,积极为教育事业发展

---

① 1989 年 11 月 8 日,费孝通主席出席在徐州召开的民盟区域规划和咨询工作经验交流会。他在会上所作的讲话中,首次提出民盟的工作是要为经济建设多做实事、多做好事的主张。

贡献力量,发起创办了凉山大学,开办了重庆储才业余文化技术学校、四川函授大学重庆分校和中国现当代文学研究生课程进修班,并为创办山城大学作出不懈努力。

1983年5月,为了响应中共中央、国务院"民主党派智力支边"的号召,民盟重庆建工学院支部副主委鲁承宗教授率队到凉山州西昌市参加学术活动。活动中,中共凉山州委书记施嘉明表示希望他们能为凉山州办一所大学。鲁承宗等经慎重研究,表示愿意创办凉山大学。后经民盟市委同意,由鲁承宗、龚灿光等组成创办凉山大学专题调查论证小组,专程赴西昌考察及洽商创办凉山大学事宜。经过考察论证,鲁承宗撰写了《凉山大学发起人约请书》《关于成立凉山大学的初步方案》和《成立凉山大学筹备处的请示报告》,正式申办凉山大学。申请先后得到中共凉山州党委、中共四川省委的同意和支持。1984年1月,凉山大学筹备处正式成立,鲁承宗任主任,龚灿光、张剑波任副主任。鲁承宗等创办凉山大学的行为得到民盟中央、民盟四川省委以及社会各界的支持和响应,费孝通、楚图南、钱伟长、彭迪先、潘大逵等85位知名人士应约担任发起人。① 1984年7月23日,全国第一所国家承认的民办公助性质的高校——凉山大学正式成立并开学。中共四川省委副书记冯元蔚,民盟中央副主席、四川省人大常委会副主任彭迪先,四川省政协副主席、民盟四川省委主委潘大逵等领导出席开学典礼,民盟重庆市委主委金锡如主持了开学典礼。凉山大学成立后,重庆盟员中的专家学者继续

① 其后,费孝通、彭迪先、潘大逵、施嘉明、曹钟梁还担任了名誉董事长。

发挥重要作用,鲁承宗任凉山大学的第一、第二任校长,周光埙、欧阳道分别担任第四、第五任校长。凉山大学创造了一套科学严谨的校长负责制、教师聘用制、职工合同制、学生淘汰制、毕业生不包分配等制度,成为我国高校改革的先声。新型的办学体制和成效,引起了党、盟各级领导和社会的关注。胡乔木赞誉“凉山大学是中国新教育的一面旗帜”,新华社、人民日报社、中央电视台及民盟刊物等媒体都热情赞扬,国务院两度授予凉山大学“全国民族团结进步先进集体”和“全国民族团结进步模范单位”称号,国家教委、国家民委授予凉山大学“全国民族教育事业先进单位”,中央统战部、国家民委授予凉山大学“全国智力支边扶贫先进集体”等荣誉称号。①

为贯彻中共中央、国务院关于“加强职工教育工作”和“大力发展业余教育”的决定,响应民盟中央“面向社会、扩散智力、开创新局面”的号召,民盟市委在举办各类文化补习班的基础上,于 1983 年 7 月 12 日正式成立重庆储才业余文化技术学校,由民盟市委主委金锡如任名誉校长,民盟市委教育工委主任龚灿光任校长,盟员颜学礼任常务副校长主持学校工作,教师主要由离退休盟员教师担任。该校的办学方针是针对实际,结合需要,拾遗补缺,量力而行,讲求实效。总校设在市中区,在南岸、江北、沙坪坝、九龙坡等区设分校。当时开办有初中语文、数学班,高

---

① 1992 年以后,凉山大学行政划归凉山州政府。2003 年 5 月,凉山大学与西昌农业高等专科学校、西昌师范高等专科学校、凉山教育学院合并组建西昌学院。

中文、理科补习班，科技英语班、法律专业班等，计划招生700名。随着办学的发展，相继又开办了招工招干培训班、美术专业班、高教自考法律班、汉语言文学班、少儿英语班、电子技术班、音乐培训班。各类补习班经招干考试就业有200人，大都以优异成绩考入银行、税务、海关、公安、检察院、法院等单位。为凉山自治州举办的工民建筑专业班的学员，学习一年后经考试合格，全部转入凉山大学就读二年级，毕业后均分配了工作，并有3人留校作为教师。储才业余文化技术学校（总校）从1983年到1987年间每期招生10个班以上。1987年后，随着社会上文化补习任务逐渐完成，办学条件限制等形势变化，学生人数逐年下降，学校转向集中精力办高考补习班，连续七届有700人参加高考，共有350多人考入全国60多所高等院校，连年平均上线率达50%以上，深受学生信赖，博得社会赞誉。随着大专院校的迅速扩招，储才学校于1992年完成了拾遗补缺的办学使命。

四川函授大学于1984年12月创办，1986年5月经原四川省教育领导小组决定交由民盟四川省委主管，是社会助学性质的高等函授学校。四川函大重庆分校于1985年春开办，1986年11月25日交由民盟重庆市委接管。同年12月底，民盟市委成立民盟四川函大重庆分校（以下简称重庆分校）领导小组，正式管理该校。重庆分校以函授为主，同时开设面授辅导班，学员学习并通过四川省高等教育自学考试及格，获取相应毕业文凭。学校按专业课程的安排，聘任相应高校的中、高级教师授课。1988年6月，重庆分校第一届（85级）992名学员毕业。学校开设之初，主要有企业管理专业、会计专业、统计专业、党政专业和英语专业，其后发展到15个专业，历年函授学员达到11538人，面授学员5162人，毕(结)业学员1980人。公办大专院校大力扩招以后，重庆分校的生源迅速枯竭，又因教学和办公用房都靠租赁，房租不断上涨和办学收入的骤减，使重庆分校耗尽前期办学节余，于1998年底停止招生。

1992年10月，应中共四川省华蓥市委、市政府、市政协的邀请，民盟市委组成专家考察团，赴该市就开展“盟华合作”进行为期四天的实地考察。考察中，专家团成员、重庆建筑大学教授鲁承宗提出在该市创办山城大学的设想，得到华蓥市党政领导的积极响应与支持。1993年1月，民盟市委和华蓥市人民政府正式签定《关于创办山城大学的协议》。随即，民盟市委成立山城大学筹备处，由鲁承宗任筹备处办公室主任。在民盟市委的鼓励下，重庆2000多盟员对筹办山城大学表现出极高的热情，仅一个多月时间就集资逾百万元给予支持。筹备处全体同志兢兢业业、日夜奔忙，克勤克俭、精打细算，在当地党政的大力支持下，改建维修校舍，置办所需用具。全国政协副主席、民盟中央副主席钱伟长为学校题写了校名，学校还成立了董事会。经过近一年的艰苦努力，山城大学的筹备工作达到四川省各拟申报民办高校单位中条件最成熟的一所。但是，由于1994年全国只限额批准5所民办高校，山城大学遗憾地与办学批文失之交臂，只得停办。善后小组将置办的家具什物等处理变现，还清债务，经正式审计后，尚余26万元人民币。鲁承宗与原山城大学筹备处的同志一致认为，为了发展教育事业，将全市盟员集资办学余下的这笔钱悉数捐赠民盟重庆市委，建议设立教育奖励基金，用以奖励在教育、教学、科研或管理工作中做出突出贡献的重庆教育界盟员。

1996年9月,民盟市委与西南师大中文系联合举办的中国现当代文学研究生课程进修班,在民盟市委副主委刘明华教授主持下开班上课。该班是民盟市委从1983年办学以来,合办的最高学历的教学班。参加该班授课的全是西南师大硕士研究生指导教师,经过师生两年的共同努力,全体学员都领到了西南师范大学研究生结业证书。

这一时期,涪陵、九龙坡、沙坪坝、南岸、江北、北碚、永川、合川等地民盟组织都独办或联办了不少的长期或短期的文化技术学校或文化补习班,培养了各种人才,普遍受到家长和社会的欢迎。据不完全统计,民盟市委及各基层组织所办的各类学校共32所,在校学生14139人,毕(结)业学生9000余人;举办各种讲座64次,听课5900余人(次)。

二、科技兴农服务

为充分发挥智力优势,助推农业现代化建设,民盟市委积极开展科技兴农服务,发起农业科技顾问组,持续推进了盟遂合作、盟官合作、綦江扶贫和盟远合作等项目。

1978年8月,中共十一届三中全会后,民盟市委临时领导小组开会研究恢复组织活动等工作。到会的蒋书楠、叶谦吉、胡克林等发起组织科技种田顾问组,为振兴农业做实事。后由重庆市政协牵头,组成了以民主党派成员为主的北碚区金刚公社农业现代化试点顾问组。顾问组制订了北碚区金刚公社的三年规划，开展多种经营，新辟茶园近500亩，开展了栽桑养蚕和水库养鱼生产活动，举办广柑栽培技术、大田作物与蔬菜培训班，结合季节讲授科学种田技术等活动。刘佩瑛、林冠伯还与生产队订合同，推广冬瓜高产技术，将亩产从2000斤提高到5000斤。民盟西南农学院支部还帮助引进桑树、小麦、油菜、玉米良种，派遣学生实习队为公社进行农业经济调查和参加大田作物栽培。在中共市委统战部和有关部门的支持下，顾问组又到巴县青木关公社搞农业规划，传授果树栽培技术；到璧山、射洪、南江、彭水、黔江、大足等县，培训先进的生产技术；到渠县、岳池等县培训农村干部600多人。顾问组还参加了民盟省委组织到甘孜少数民族地区的支农活动，送去先进的科学知识和实用技术，解决了当地生产的一些疑难问题。1983年8月，刘佩瑛教授应贵州省委统战部邀请，到贵阳市作“蔬菜周年均衡供应的科学技术原理和技术实践”、“大白菜霜霉病和黑斑病的发生规律和综合防治”等讲学和技术咨询，从理论上和操作技术上提出解决的途径。作为我国魔芋科学技术和产业的开拓者和奠基人，刘佩瑛教授还在通江、南江、平昌、屏山、綦江等县推广魔芋优化栽培12000亩，并承担了国家科委、农业部和四川省科委《魔芋综合开发利用的研究》，以及西南农学院在万源县开展的《魔芋资源的系列开发利用》等课题，成功实现了在亩产千斤粮的同时魔芋收入超千元。她带领的团队还研制生产了雪魔芋、魔芋挂面、魔芋悬浮橘肉果汁等20多种食品、饮料新产品，畅销省内外，出口日本、新西兰，获全国首届食品博览会铜奖。到1990年，万源县魔芋年产1750万公斤，总产值800万元以上，成为该县的支柱产业，该县靠发展魔芋生产三年越过温饱线。1983 年 8 月,我国生态农业的早期倡导者叶谦吉教授应邀为永川县政协、科委、科协和民盟永川支部联合举办的“科技知识讲座”作“生态农业”的专题报告,听众达千余人,受到广泛的欢迎和好评。同年,叶谦吉教授等人为大足县南北山制定了生态农业试验方案,针对该地区生态严重失调的情况,确定了调整系统结构,广植草木、果树以改善生态环境和提高系统运转功能等生态农业目标。经过三年努力,退耕还林 1000 亩,成片改造林 1320 亩,植树 326 万株,营造护河林带 1800 米,“四旁”植树 312 万株,引进大量优良动植物资源,人均粮食增加 114 斤,肉类增加 7 斤,收入增加 63 元。1989 年后,已有 400 多眼枯井涌出清泉。叶谦吉还发起建立了中国最早的生态农业研究组织——重庆生态农业学会,通过多年的研究和实践,进一步提出了“微型农业”和“微型生态农业”的理论,受到国内外专家的高度重视。

民盟市委的科技兴农活动带动了区县民盟组织因地制宜地开展活动。民盟江津县委与四面山镇政府签订了《建立蔬菜基地》协议,引进蔬菜、西瓜良种,开展技术培训,仅两年就产菜 6.5 万公斤,结束了四面山不产蔬菜、西瓜的历史,促进了当地农业和旅游事业的发展。

1986 年,为探索川中丘陵区经济发展的路子,民盟四川省委受四川省科委委托,承担遂宁市中区技术开发综合试点项目,简称“盟遂合作”。民盟市委派叶谦吉、刘佩瑛等 7 位盟员参加该项工作,分别承担蚕桑、水果、粮食、蔬菜、食品、生态农业与农村审计等 7 个项目。他们承担的课题超额完成了各项规定指标:粮食产量超5.49%，水果产量超17.95%，蚕茧产值超13.98%。刘佩瑛教授负责的蔬菜项目，引入国内外先进的35个优良品种和电热温床育苗系统等先进设施，有效地解决了全年均衡供应蔬菜的难题。叶谦吉教授负责的生态农业试点的112个示范户的粮食产量和现金收入，分别比全镇平均数高出16.7%与200%。项目实施期间，专家们为遂宁市的经济发展提出了大量的建议和意见，还开展了系列讲学、培训活动，培养了一批农村科技人才，引进了数十个农作物良种及先进技术，转让近20项技术成果，建立三个农科示范基地，确立了生态农业、蔬菜、农村社会审计、低酚棉等科技开发项目，参与了市中区技术综合开发试点，完成了遂宁市经济发展战略课题。盟遂合作有力地促进了遂宁市农村经济发展，初步探索了丘陵地区农村经济发展的路子，丰富了党领导的多党合作和政治协商制度的内容，闯出了知识分子与工农相结合的新路子。在民盟四川省委对该项工作中做出突出成绩的盟员给予的表彰和奖励中，重庆盟员叶谦吉、刘文斗获一等奖，秦煊南、周明哲获二等奖。

1991年5月，民盟合川县支部约请官渡区党政负责同志到民盟西南农大总支，共同商讨依靠科技对官渡区农业进行综合技术开发问题，得到中共西南农大党委和民盟西南农大总支的支持。民盟市委副主委蒋书楠教授带领专家教授到合川实地考察，并与官渡区、合川县农业局和民盟合川县支部多次座谈论证，1992年，“盟官合作”项目纳入重庆市科委的科技项目管理和实施。项目承担单位为民盟合川县支部，协作单位是官渡区公所、合川县农业局、民盟西南农大总支，由民盟西农总支和合川县农业局的专家农技人员组成粮食、果树、蚕桑三个课题组，民盟市委社服部负责协调、联络和服务。项目共引进粮、果、蚕良种 18 个，推广新技术 17 项，新药、新肥 3 种，举办培训班 52 期 6 万人次，科技咨询 29 场约 5 千人次，举办广播讲座 48 次、科技成果展 8 场（次），出黑板报 48 期，印发资料 1.8 万份（册）。课题组经过三年的系统指导和培训，为官渡地区留下一套先进实用的农业生产技术，培养了一支懂技术、留得住的农民技术队伍，带动该区科技兴农稳步开展。通过项目实施，共增产粮食 558 万公斤，净增蚕茧 261 吨，高头换接良种果树 10 余万株，直接增加收入 518 万元，官渡区粮食产量在合川市（项目实施期间县改为市）排位从 13 位上升到第 3 位。该项目顺利通过重庆市科委项目验收，被合川市政府评为科技进步一等奖，技术方案在合川全市推广。“盟官合作”实现了党盟合作，共同振兴经济的政治目的，为民主党派参与经济建设和参政议政提供了经验。

1990 年，在中共重庆市委统战部的组织下，民盟西农总支主委蒋顺时带领专家组赴綦江县少数民族较多的赶水区岔滩乡和适中乡开展科技扶贫工作，由民盟专家具体负责蚕桑、生猪等项目。专家组采取以点带面的工作方针，即通过第一年示范，第二年推广，第三年辐射，提高当地科学种田和养殖的技能，帮助农户，特别是少数民族同胞学会 1 至 2 项实用技术，依靠科技逐步脱贫致富。三年中，共办培训班 11 期，人员达 1200 多人次（其中少数民族 584 人次），取得了明显的效果。养蚕方面，突破了当地不养夏蚕的陈规，实现了一年养四次蚕。示范户平均每张种产茧超过 28 公斤，产值 255 元，较全乡平均水平高出 70% 以上。

第二、第三年在全乡推广辐射后,全乡养蚕收入分别超过 22 万元和 25 万元,连续两年被綦江县评为养蚕先进乡。生猪养殖方面,1990 年两个乡只有 7 户苗族同胞参加示范培训,仅 2 户基本符合要求,1991 年实行技术承包制,共承包 595 头,每头平均日增重约 600 克。1992 年相关技术在赶水区全面推开,饲养量近 1.5 万头,年底出栏超过 9000 头,饲养天数为 109 至 120 天,体重达 90 到 93.5 公斤,平均日增重 675 克,每头盈利 45 元,共创产值 221 万元,增加纯收入 41 万元,创税 13 万元。专家组还为赶水区筹办一个民族饲料加工厂,为该区畜牧业发展打下了物质基础。綦江县政府和中共重庆市委统战部、市民族事务委员会对綦江扶贫工作的成绩和意义,给予了高度的评价。

1995 年 5 月 22 日,陈世正、刘开容等盟员专家在中共重庆市委统战部领导的带领下,对荣昌县远觉镇进行实地考察,并协商通过实施科学养猪、科学种果等项目来开展市委统战部和民盟市委对远觉镇进行科技扶贫,简称“盟远合作”。经两年多的合作,民盟专家共开展科技培训 12 次,授课专家 60 余人次,受培农村干部群众 3500 余人次,赠送资料 1000 份,科技图书 500 本,科技录像带一盒。培训推广了仔猪早期补饲、常见病综合防治、配合饲料、生饲干喂、直线育肥、种草养猪、瘦肉型猪生产配套技术。民盟牧医学院支部还按远觉镇的发展要求,将完成年产 1200 吨浓缩饲料加工厂的生产设计方案无偿提交给远觉镇。在扶贫项目组的帮助下,全镇人均收入由 1994 年的 400 多元提高到 1997 年的 800 元,基本上实现脱贫。合作期间,民盟市委还配合开展了“巾帼扶贫捐资助学活动”,帮助远觉镇 12 名品学兼优的贫困儿童完成学业。

三、咨询服务

开展咨询服务是民盟市委社会服务的另一项重要工作。在1992年到1996年的五年时间里,民盟市委充分利用人才和智力优势,为华蓥市、江津碑槽乡和渝北白岩乡提供咨询服务和编制发展规划。

1992年10月,应华蓥市政府邀请,民盟市委组织专家团到华蓥市进行考察,与华蓥市政府签订了经济、科教合作协议。盟员朱顺知教授积极联系,会同10位意大利洞穴专家对华蓥市的洞穴进行了系统的科学考察,从洞穴里发掘出剑齿象等多种古生物化石,揭示了华蓥市溶洞的科学价值和旅游开发前景。经过考察,民盟专家团建议华蓥市要发挥铁路车站多、人文和自然景观独特等旅游优势,调整产业结构,得到了华蓥市的采纳。雷亨顺教授还到华蓥市为党政负责人作了“抓住机遇第二次创业”的报告,就如何把华蓥市建成广安地区的经济重镇等问题,提出了极有见地的意见建议,得到华蓥市的采纳。

1993年4月,民盟市委接受江津市碑槽乡政府的委托,组织以雷亨顺教授为首的专家组对该乡溶洞景区近8平方公里的旅游资源环境进行了实地考察,发现了史前动物化石、海象化石、新石器时代石斧及古陶瓷等遗迹。专家组经过认真研究,并征求当地有关部门意见,于8月中旬完成2.4万字的《碑槽山风景区旅游经济发展专题报告》和景区专题片《幽山神韵——记江津碑槽山溶洞群》。该专题片获得1994年四川国际熊猫电视艺术节提名。民盟专家组制定了以“立足旅游、开发资源、全面规划、发展经济”的总体开发战略和几十个景点开发项目规划，受到当地党政的重视和好评。

1996年9月，应渝北区白岩乡请求，民盟市委组成以雷亨顺教授为组长的专家组，历时3个月，完成了《重庆市渝北区白岩乡旅游经济重点战略实施规划报告》，还提供了《天险洞考察报告》《白岩九寨与清代中叶川陕鄂白莲教大起义》《凤阙门·宋代民居白云寺规划构想》《天险洞导游图》《天险洞导游解说词》《溶洞电源线路及灯光布置设计图》等专题报告及附件，为白岩乡发展旅游事业奠定了坚实的基础。

四、“三下乡”等活动

除了兴教办学、科技服务外，民盟市委还多次组织了支教和义诊等“三下乡”活动。

1985年1月，为解决拥有3000职工的内迁厂——华川机械厂的子弟校亟待解决教学质量问题，民盟市委组织高中课程教学咨询组，专门解决学生怎么学、教师怎么教的问题。经过4个月的上课、咨询，该校在高考中取得优异成绩。7月，应渠县民盟组织的请求，民盟市委组织西南政法学院和重庆市29中的法律、外语教师到四川函大渠县辅导点上辅导课，渠县组织全县有关课程教师听课，反响强烈。1986年7月，应贵州省赤水县教育局邀请，重庆民盟讲师团25人分三批到赤水县，举办中学物理、化学、数学、语文、外语教师培训班。培训历时45天，县城全体有关科任教师参加听课。

1986 年重庆受灾严重，民盟、民革市委与重钢公司联合，组织文艺界的盟员举行救灾义演。1987 年盟市委组织川剧支部成员为残疾人福利基金会募集资金，进行义演。

1988 年 11 月，民盟市委部分机关干部和重庆市河运校教师 16 人，到涪陵举办船舶航运技术培训班。培训分轮机专业和驾驶专业，为期 3 个多月。经过培训，涪陵地区全体航运技术干部 300 多人，全部达到国家规定的上岗条件。

1995 年，按民盟四川省委通知要求，民盟市委在各基层组织动员盟员本着自愿原则，捐资 1.36 万元，用于修建康定塔公（藏族）希望小学。

1985 年 5 月，民盟市委组织 17 名医药专家组成的医疗队，到江津师专、64 研究所、128 研究所开展医疗咨询活动。经过三天连续紧张的工作，为 885 名中老年知识分子进行了咨询、诊病和化验，解决了他们看病难的问题。

此外，民盟西南师大总支在民盟市委和西南师范大学党政大力支持下，成立了“重庆民盟儿童青少年发展服务中心”，面向社会进行青少年儿童生存保护和发展的宣传、咨询服务工作；万县、渝中、北碚、沙坪坝、合川、江津等地民盟组织也分别开展送书、节日义诊、医疗下乡、科技下乡、文化下乡等活动，受到称赞。

第五章

以设立直辖市为契机
开创重庆民盟工作新局面

（1997 年 3 月至 2012 年 12 月）

1997年是重庆历史实现标志性转折的一年。3月14日，第八届全国人大五次会议审议通过了设立重庆直辖市的议案。重庆直辖市的设立，给重庆民盟带来新的发展机遇。4月，民盟重庆市第一次代表大会选举产生直辖后第一届委员会。从此，民盟市委在中共市委和民盟中央的直接领导下，继承民盟“关注民生、奔走国是”的优良传统，不断坚定走中国特色社会主义政治发展道路的信念，全面加强自身建设，积极履行参政党职能，团结带领广大盟员“双岗”建功，为助推地方经济社会又好又快发展而不懈努力。

第一节　全面提升组织建设科学化水平

一、成立民盟重庆市委员会，顺利实现组织交接

重庆直辖后，由于行政区域的重新划分，民盟四川省委所辖万州、涪陵等地民盟组织划归民盟重庆市委，重庆民盟部分地方组织相继更名，地方组织不断发展壮大。重庆民盟先后召开了四次代表大会，选举产生了民盟重庆市第一至第四届委员会。

经民盟中央批复，同意由原四川省重庆市第七届委员会负责重庆市直辖后民盟重庆市第一次代表大会的筹备工作。

1997 年 4 月 2 日至 4 日，民盟重庆市第一次代表大会在渝州宾馆举行。这次大会是重庆直辖后，各民主党派中率先召开的第一次代表大会。会议受到民盟中央和中共市委的高度重视，民盟中央主席丁石孙专程来渝指导工作，中共市委书记张德邻等重庆市四大班子领导，各民主党派、工商联、有关部门、人民团体的负责同志，民盟北京市委、天津市委、四川省委、河南省委、云南省委领导应邀出席大会。民盟广东省委等 21 个省、市、自治区委员会发来贺电。

出席本次代表大会的代表共 243 名，他们分别来自教育、文化、科技、医卫等工作第一线和全市 156 个基层组织，代表全市 163 个基层组织 2990 位盟员。民盟市委副主委雷亨顺主持大会开幕式，主委冯克熙致开幕辞。大会审议了民盟重庆市第七届委员会工作报告，总结了过去五年重庆民盟在思想、组织、制度建设及参政议政、社会服务等方面取得的成绩和经验，并根据新重庆的发展要求，结合重庆民盟自身特点，确定了民盟市委今后五年的工作任务。

按照盟章规定和民盟中央有关换届工作的意见，大会选举产生了民盟重庆市第一届委员会。冯克熙为主任委员，郑泽根、何景华、王志忠、蒋育维、陈万志、刘玉华、刘明华为副主任委员，王志忠、王佳眉、田大文、白世泽、冯克熙、刘玉华、刘明华、汤喜廷、何景华、陈万志、陈受田、陈荣生、郑泽根、钟安、殷名清、徐洪火、龚懿、梁国鲁、蒋国庆、蒋育维、程燎原、熊笃等 22 人为常务委员，龚懿为秘书长，王钊、王久源、王志忠、王佳眉、尹全义、方晓先、龙琼、田大文、白世泽、冯克熙、冯敏慧、刘力、刘灵、刘玉华、刘幼樵、刘学谦、刘明华、许增紘、汤承琥、汤喜廷、何其、何景华、时德、张大莉、张培先、陈万志、陈受田、陈昌国、陈荣生、吴刚、吴德本、汪东云、李祖东、李捷秋、李毅力、李德安、杜惠平、杨世辉、杨伯文、郑泽根、钟安、柯柏龄、胡腾章、殷名清、凌宗魁、徐洪火、徐梦立、黄刚、黄国才、黄继先、龚懿、龚成遂、梁国鲁、曾凡坤、曾照芳、蒋国庆、蒋育维、谢建忠、韩建敏、程燎原、熊笃、裴祖荣、蔡淑萍、薛新力等64人为委员。

大会推举金锡如为名誉主任委员，蒋书楠、雷亨顺、司徒亮、杨槐、吴云鹏、戴大奎、刘佩瑛为名誉副主任委员，叶谦吉、李文信、李林静、刘培生、陈世正、陈家耀、余卓群、欧阳道、吴惠弼、张真民、杨复全、徐文彬、曹学信、曹贤禄、鲁承宗、韩文妙等16位同志为顾问。大会选举江河、李德安、杨月蓉、宋宏远、何景华、钟义兴、龚懿、蒋国庆为出席民盟中央第八次全国代表大会代表。

根据工作需要，民盟重庆市第一届委员会成立了学习委员会等8个工作委员会。1998年3月31日，根据《中共重庆市委办公厅关于印发中国民主同盟重庆市委机关机构设置和人员编制方案的通知》（渝委办〔1998〕104号）精神，民盟重庆市委机关设办公室、组织处、宣传处、社会服务处和调研室。

1999年1月，民盟市委一届三次全委（扩大）会议补选尹全义、吴德本为民盟市委常委，刘六国、杨才明、陈浩川、殷幼平、郭君稳为民盟市委委员。2000年3月，民盟重庆市一届四次全委会议增补吴刚、程燎原为民盟市委副主委，蔡淑萍为民盟市委常委，肖丽娟为民盟市委委员。经主委冯克熙提名，任命蔡淑萍为民盟市委秘书长。

2002年3月25日至28日，民盟重庆市第二次代表大会在渝州宾馆举行，243名代表肩负全市3432名盟员的重托出席会议。民盟中央主席丁石孙，副主席吴正德，中共重庆市委、市人大、市政府、市政协的领导和有关方面来宾到会祝贺。大会学习了邓小平理论、江泽民同志“七一”重要讲话和“三个代表”重要思想，学习了中共十五届六中全会精神和全国、全市统战工作会议精神；听取并审议了民盟重庆市第一届委员会工作报告；通过了大会决议；向不再担任民盟市委主委、常委、委员的冯克熙等同志宣读了致敬信。

民盟重庆市第二次代表大会选举产生了民盟重庆市第二届委员会。陈万志为主任委员，吴刚、蒋育维、刘明华、王钊、韩建敏、陈昌国为副主任委员，王钊、王佳眉、文波、方晓先、刘六国、刘明华、杨才明、杨世辉、杨明、杨明成、吴刚、吴德本、何其、张明举、陈万志、陈昌国、陈荣生、陈浩川、郭君稳、黄淳、梁国鲁、韩建敏、蒋育维、熊笃、颜哲等25人为常务委员，何其为秘书长，马骁、王钊、王佳眉、王真、文波、方晓先、邓世军、邓衍超、龙琼、朱汉春、刘六国、刘引、刘忠、刘幼樵、刘邦耀、刘明华、杜惠平、杨才明、杨世辉、杨明、杨明成、李怡、李秋、肖国强、吴刚、吴江林、吴建华、吴德本、何其、余力、张华义、张明举、陈万志、陈昌国、陈荣生、陈浩川、周婷、荆瑜、钟成华、徐龙君、徐阳、殷幼平、郭君稳、高志强、黄荣华、黄顺康、黄淳、黄燕苹、阎传义、梁国鲁、韩建敏、彭家惠、蒋育维、曾凡坤、曾照芳、谢吾同、谢建忠、蔡淑萍、谭蓓、熊笃、颜哲、薛新力等62人为委员。

大会推举冯克熙为名誉主任委员，蒋书楠、雷亨顺、郑泽根、何景华、杨槐、戴大奎、刘佩瑛为名誉副主任委员。

大会还选举王钊、王志忠、王佳眉、方晓先、刘玉华、刘明华、李秋、吴刚、何景华、陈万志、陈荣生、黄荣华、韩建敏、蒋育维、雷亨顺、雷春浓、蔡淑萍等17人为出席民盟中央第九次全国代表大会代表。

根据工作需要，民盟重庆市第二届委员会成立了学习、教育、文化、科技经济、法制、妇女、青年、老龄文史联络8个工作委员会。

2002年12月，在民盟第九次全国代表大会上，民盟市委名誉主委冯克熙被推举为民盟中央名誉副主席。因工作需要，2005年，民盟重庆市第二届委员以科技经济委员会为基础成立经济工作委员会和科技工作委员会。2006年3月，民盟市委二届五次全委会议补选邓世军、李秋、钟成华为民盟重庆市第二届委员会常务委员；补选刘文贤、杨欣、张运、陈国平、徐素环、鲁磊为民盟重庆市第二届委员会委员。

2007年4月7日至9日，民盟重庆市第三次代表大会在渝州宾馆举行，肩负全市4451名盟员使命的248位盟员代表出席会议。民盟中央副主席李重庵出席会议并代表民盟中央致贺词。重庆市四大班子领导，市级有关部门、各民主党派、工商联的负责同志应邀出席开幕式。

会议学习了中共十六届六中全会、中共重庆市二届十次全委会、胡锦涛同志在参加全国人大十届五次会议重庆代表团审议时的重要讲话及全国、全市统战工作会议精神，听取并审议了民盟重庆市第二届委员会工作报告，选举产生了民盟重庆市第三届委员会和出席民盟第十次全国代表大会代表，通过了大会决议，向不再担任民盟市委委员的同志宣读了致敬信。

会议选举产生了民盟重庆市第三届委员会。陈万志为主任委员，吴刚、刘明华、王钊、韩建敏、陈昌国、杜惠平为副主任委员，王钊、邓世军、刘六国、刘文贤、刘明华、杜惠平、李秋、杨欣、杨才明、吴刚、何其、陈万志、陈昌国、陈国平、陈浩川、荆瑜、钟成华、徐素环、高志强、郭君稳、黄淳、黄燕苹、梁国鲁、韩建敏、鲁磊等25人为常务委员，刘文贤为秘书长，马骁、王钊、王真、王宗萍、文波、邓明、邓世军、甘健茸、叶雨、冯大刚、司马文霞、朱汉春、刘川、刘引、刘忠、刘六国、刘文贤、刘幼樵、刘邦耀、刘明华、杜惠平、李怡、李秋、李静、杨欣、杨虹、杨才明、杨明成、肖国强、吴刚、吴建华、何其、余力、张运、张亚兴、陈忻、陈万志、陈昌国、陈国平、陈浩川、周利、周婷、赵芾、赵明、荆瑜、钟成华、胥文春、徐阳、徐龙君、徐素环、殷幼平、高小强、高志强、郭君稳、黄淳、黄荣华、黄燕苹、阎传义、梁国鲁、彭家惠、韩建敏、鲁磊、曾凡坤、谢应光、谭渝生、操良平等66人为委员。

大会选举王钊、王佳眉、刘明华、李秋、杨欣、杨才明、何其、陈昌国、陈国平、陈荣生、陈浩川、钟成华、郭君稳、黄淳、黄燕苹、蒋育维、韩建敏等17人为出席民盟中央第十次全国代表大会代表。民盟中央提名陈万志、吴刚、郑泽根3人为出席民盟中央第十次全国代表大会代表。

民盟重庆市三届委员会成立了参政议政、高教、普教、文化、科技、经济、法制、妇女、老龄联络及青年等10个工作委员会。

2010年11月20日，民盟重庆市第三届委员会第五次全体（扩大）会议同意陈万志辞去民盟重庆市第三届委员会主任委员、常务委员和委员职务，同意郭君稳辞去民盟重庆市第三届委员会常务委员和委员职务；选举吴刚为民盟重庆市第三届委员会主任委员，补选李秋为民盟重庆市第三届委员会副主任委员，补选叶雨为民盟重庆市第三届委员会常务委员，补选刘晓林、李洪、张志辽、陈和平、夏小敏、郭毅军、唐德翔、龚云贵为民盟重庆市第三届委员会委员；免去冯大刚民盟重庆市第三届委员会委员职务。会议确认成立民盟重庆市委监督委员会，韩建敏担任主任，刘文贤担任副主任，甘健茸、杨欣、杨才明、肖国强、高小强、黄淳、鲁磊担任委员。

2011年2月19日，民盟重庆市第三届委员会第十八次常委（扩大）会议增设了民盟市委金融委员会、医药卫生委员会和社情民意委员会3个专门委员会。会议还对部分专委会进行更名，参政议政委员会更名为提案委员会，老龄联络委员会更名为盟员联谊委员会。

2012年4月6日至8日，中国民主同盟重庆市第四次代表大会在东方花苑饭店隆重召开，代表全市5444位盟员的256位代表出席了大会。民盟中央常务副主席张宝文出席会议并代表民盟中央致词，民盟四川省委主委赵振铣代表兄弟省盟组织致贺词。重庆市四大班子领导，市级有关部门、各民主党派及工商联负责同志应邀出席开幕式。

会议学习了胡锦涛同志2012年在党外人士迎春座谈会上的

重要讲话精神，听取并审议了民盟重庆市第三届委员会工作报告，审议通过了民盟重庆市第四次代表大会决议。

大会选举产生民盟重庆市第四届委员会委员。吴刚为主任委员，韩建敏、杜惠平、李秋、陈国平、黄燕苹、刘文贤为副主任委员，邓世军、叶雨、竹隰生、刘六国、刘文贤、阎传义、杜惠平、李秋、李远杰、杨欣、杨才明、吴刚、何其、张亚兴、陈国平、赵芾、荆瑜、夏小敏、徐素环、高志强、郭毅军、黄燕苹、韩建敏、鲁磊等 24 人为常务委员，刘文贤兼任秘书长，王林、王涛、王海宝、韦明齐、邓世军、甘健茸、叶雨、付文升、竹隰生、刘建、刘六国、刘文贤、刘加胜、刘汉蓉、刘恩梅、刘晓林、阎传义、杜惠平、李洪、李秋、李静、李远杰、李顺林、李晓华、李黔川、杨欣、杨虹、杨才明、肖国强、吴刚、吴建华、何其、张运、张亚兴、张志辽、陈忻、陈和平、陈国平、陈泽军、周利、郑明春、屈景河、封洪华、赵芾、赵会明、荆瑜、胡军、胡岚岚、胡宾凯、段茂兵、胥文春、莫智红、夏小敏、顾小萍、徐岚、徐素环、殷和素、高志强、郭毅军、唐德翔、黄文、黄勇、黄荣华、黄燕苹、符云清、董晓云、蒋文新、韩建敏、鲁磊、曾凡坤、漆勇、谭凯鸣、潘雪梅等 73 人为委员。

大会还选举邓世军、叶雨、刘六国、刘文贤、阎传义、杜惠平、李洪、李秋、杨欣、杨才明、何其、陈国平、荆瑜、徐素环、高志强、黄淳、黄燕苹、韩建敏 18 人为出席民盟第十一次全国代表大会代表。

民盟重庆市第四届委员会成立了盟员联谊、社情民意、提案、基教、医药卫生、法制、经济、高教、文化、职教、科技及青年等 12 个工作委员会。每个专委会增设 1 位专职副主任，由民盟市委机关副处级及以上同志担任，具体负责联系各专委会工作。

二、加快发展区县及基层组织

自民盟重庆市第一届委员会成立以来，民盟市委积极改建地方和基层组织，不断扩大民盟队伍，民盟地方和基层组织从数量到规模都有了较大发展。

1997 年初，民盟市委所辖区县（市）组织 12 个，包括民盟万县市委、民盟涪陵市委、民盟渝中区委、民盟江北区委、民盟沙坪坝区委、民盟九龙坡区委、民盟南岸区委、民盟北碚区委、民盟巴南区委、民盟江津市委、民盟合川市委、民盟永川市委；市委直属基层组织 2 个，包括民盟重庆市文化总支部委员会、民盟重庆市委机关支部委员会；基层组织 140 个。

重庆直辖以来，配合行政区划调整，原民盟四川省万县市委、涪陵市委正式划归民盟重庆市委管理，民盟重庆地方组织和基层组织不断拓展。民盟重庆市一届委员会成立后，根据基层组织发展和工作需要，在 6 个区县新建（改建）地方组织和基层组织。1997 年 9 月，民盟重庆市渝北区委员会成立。1998 年，民盟綦江县委员会、民盟大渡口地区总支部委员成立。同年，原民盟万县市委员会更名为民盟万州区委员会，原民盟涪陵市委员会更名为民盟涪陵区委员会。1999 年，新成立民盟重庆市委直属支部委员会。2001 年，民盟重庆市大渡口区总支部委员会更名为民盟重庆市大渡口区工作委员会。

1997 年 9 月，民盟市委决定将高校民盟基层组织划归所在地方民盟组织。2001 年 8 月，民盟西南农业大学荣昌校区支部成立。2001 年 9 月,原民盟重庆大学总支与民盟重庆建筑大学总支合并组建了民盟重庆大学基层委员会,这是我市第一个民盟基层委员会组织。

截至 2002 年 2 月,全市区县(市)民盟地方组织增至 14 个,包括民盟万州区委、民盟涪陵区委、民盟渝中区委、民盟江北区委、民盟沙坪坝区委、民盟九龙坡区委、民盟南岸区委、民盟北碚区委、民盟渝北区委、民盟巴南区委、民盟江津市委、民盟合川市委、民盟永川市委、民盟綦江县委;直属基层组织增至 5 个,包括民盟大渡口区工作委员会、民盟市委直属支部委员会、民盟市委文化总支部委员会、西南农业大学荣昌校区支部和民盟市委机关支部;基层组织总数达到 163 个。

2001 年,民盟南岸区委员会、民盟綦江县委员会荣获“民盟中央先进集体”荣誉称号。

民盟重庆市二届委员会更加注重夯实组织基础,地方和基层组织继续发展。2005 年,民盟西南农业大学荣昌校区支部更名为民盟西南大学荣昌校区支部。2006 年 4 月,民盟西南农业大学总支委员会与民盟西南师范大学总支委员会合并组建了民盟西南大学基层委员会。12 月,民盟市委直属支部更名为民盟市委直属总支部委员会。2007 年,民盟重庆市江津市委员会、合川市委员会、永川市委员会分别更名为民盟重庆市江津区委员会、合川区委员会、永川区委员会。至 2007 年底,民盟重庆市委下属有 14 个区县委,包括民盟万州区委、民盟涪陵区委、民盟渝中区委、民盟江北区委、民盟沙坪坝区委、民盟九龙坡区委、民盟南岸区委、民盟北碚区委、民盟渝北区委、民盟巴南区委、民盟江津区委、民盟合川区委、民盟永川区委、民盟綦江县委;5个直属基层组织,包括民盟大渡口区工委、民盟市委直属总支部委员会、民盟市委文化总支部委员会、西南大学荣昌校区支部委员会和民盟市委机关支部委员会;基层组织总数达到173个。

第三届委员会成立以来,基层组织的新建(拓建)工作成绩显著,五年间,改建区级委员会2个,新建基层组织(含改建)27个。2010年,民盟大渡口区工作委员会更名为民盟大渡口区委员会;2012年初,民盟綦江县委员会更名为民盟綦江区委员会。2011年,民盟西南大学荣昌校区支部委员会更名为民盟重庆市荣昌总支部委员会,新建民盟南川区支部委员会。同时在垫江县、大足县、开县、璧山县等地有针对性地发展了一批具有代表性的成员,为当地今后的组织建设奠定了良好基础。

民盟市委继续加大在高校的组织建设力度,重庆市各高等院校基本实现民盟基层组织全覆盖,重庆大学、西南大学等教育部属高校中还建立了基层委员会。重庆市属高校中,已建西南政法大学总支、重庆医科大学总支、重庆师范大学总支、重庆邮电大学支部、重庆交通大学总支、重庆工商大学南岸校区支部、重庆工商大学江北校区总支、四川外语学院支部、四川美术学院支部、重庆理工大学支部、重庆三峡学院总支、重庆文理学院支部、长江师范学院总支、重庆科技大学渝中校区支部、重庆科技学院(南区)支部、重庆第二师范学院支部、重庆医药高等专科学校支部等;并积极在高等职业教育院校中拓展组织,先后在重庆工业职业技术学院、重庆城市职业管理学院、重庆房地产职业学院、重庆正大软件职业技术学院等院校建立(改建)支部以上基层组织。

2011年，民盟万州区委、民盟涪陵区委、民盟渝中区委、民盟江北区委、民盟九龙坡区委、民盟南岸区委、民盟北碚区委、民盟巴南区委、民盟江津区委、民盟合川区委、民盟永川区委、民盟綦江区委、民盟重庆大学委员会、民盟市委直属总支等14个地方和基层组织荣获“民盟中央先进集体”荣誉称号。

2012年4月换届后，民盟重庆市第四届委员会为进一步贯彻落实民盟中央提出的“人才兴盟、人才强盟”战略，民盟市委主要领导多次与中共市委统战部及各地党委统战部充分协商组织建设工作，推动重庆民盟组织建设工作实现新跨越。仅2012年就在三个区县新建（改建）民盟基层组织，新成立民盟开县支部委员会、民盟垫江县支部委员会，民盟南川区支部委员会更名为民盟南川区总支部委员会。同时，将民盟市委直属总支和文化总支整合更名为民盟重庆市委直属工作委员会。

截至2012年12月，民盟市委下设有15个区级委员会，包括民盟万州区委、民盟涪陵区委、民盟渝中区委、民盟大渡口区委、民盟江北区委、民盟沙坪坝区委、民盟九龙坡区委、民盟南岸区委、民盟北碚区委、民盟綦江区委、民盟渝北区委、民盟巴南区委、民盟江津区委、民盟合川区委、民盟永川区委；下属5个市委直属基层组织，包括民盟市委直属工作委员会、民盟荣昌总支部委员会、民盟南川区总支部委员会、民盟开县支部委员会、民盟垫江县支部委员会。经过新建、调整、合并，基层组织数量达到190个，包括1个直属工作委员会，2个基层委员会，11个基层总支部委员会，176个基层支部（小组）。

三、积极稳妥推进组织发展

民盟市委认真贯彻落实《中国民主同盟组织发展暂行条例》,注重把发展成员与后备干部队伍建设相结合,组织发展工作积极、稳步、有序推进,年发展率逐年稳步增长,组织发展质量进一步提高,盟员的年龄、知识、专业结构更趋合理。

1997 年 6 月,根据民盟中央《对〈关于民主党派组织发展若干问题座谈会纪要〉贯彻执行情况调查的通知》的部署,民盟市委下发《关于开展专题调研工作的意见》,就如何做好组织发展工作开展调研,形成《关于贯彻执行〈纪要〉有关问题的报告》报送民盟中央。1998 年 7 月,民盟中央组织部来渝考察、指导民盟市委组织发展和后备干部培养,民盟市委相继组织召开了民盟区县(市)委(工委)及直属基层负责同志座谈会、民盟高校组织负责人座谈会和非重点界别盟员座谈会。1999 年 4 月,根据民盟中央的相关文件精神,民盟市委制定了《民盟重庆市委关于发展盟员的暂行办法》,以文件形式进一步明确发展程序,规范组织发展工作。2001 年 4 月,民盟市委形成《关于民主党派发展非公有制经济代表人士情况的汇报》材料,报告有关方面。

五年里,民盟市委坚持以盟章和《各民主党派中央关于加强自身建设若干问题座谈会纪要》精神指导组织发展工作,严格落实《民盟重庆市委关于发展盟员的暂行办法》,注意突出重点,规范程序,确保发展质量。到 2001 年底,共发展新盟员 637 人,盟员人数达 3432 人。新发展盟员平均年龄 40.5 岁,高中级职称占 96.4%,其中有重庆市人大代表、政协委员 6 人,区县(市)人大代表、政协委员 25 人，博士生 10 人，硕士生 53 人。新盟员中非重点界别发展 75 人，占 12%。在 2001 年区县(市)组织换届中，1997 年以来发展的新盟员中有 1 人担任了区县(市)主委，10 人担任副主委，33 人担任了委员。

民盟重庆市第二届委员会工作的五年时间里，各方面对民主党派规范和有序发展提出了新的要求。民盟中央下发了《中国民主同盟组织发展暂行条例(修订)》，重庆市级民主党派协商形成了《重庆市民主党派组织发展工作细则》，民盟重庆市委认真贯彻执行相关规定，据此修定了《民盟重庆市委关于发展盟员的办法》，编制了组织发展五年发展规划和年度发展计划，保证组织发展工作重点突出，规范有序。

五年来，全市各级盟组织注意在有影响、有代表性的人士中物色和发展盟员，把发展工作和后备干部队伍建设有机结合起来统筹考虑。通过考察培养，全市共发展新盟员 938 人，盟员人数由换届前的 3447 人增加到 4234 人。其中，大学本科以上学历 2856 人、高级职称 2021 人、中级职称 1994 人，平均年龄 55.9 岁；教育、科技、文化界的盟员为 3434 人，占 81.1%，界别优势突出；非重点界别盟员人数为 800 人，占盟员总数的 18.9%，特别是经济、金融、法律等界别的盟员，由换届前的 5% 上升到 5.7%，盟员的知识结构和年龄结构进一步得到优化。

民盟重庆市第三届委员会以来，民盟市委继续实施"人才兴盟、人才强盟"战略，认真贯彻落实《中国民主同盟组织发展暂行条例》，于 2007 年制订《组织发展工作程序(试行)》，并按照民盟市委《2007—2011 年组织发展规划》提出的各项目标，制定年度组织发展计划,组织发展工作健康有序开展,盟员队伍结构不断优化。第三届委员会成立至2012年底共发展新盟员1732人,新盟员平均年龄38.9岁,大学以上学历占88.6%,中上层次人士占88.3%,中高级职称占73%,新发展代表性人士38人。组织发展保持了教育、科技、文化传统主界别优势,非重点界别盟员数量有较大发展,新发展新阶层界别盟员由2007年6.4%升至2012年14.4%,盟员中新阶层人士比例由2007年2.2%升至2012年4.6%,成为民盟组织发展新的增长点。

截至2012年底,全市盟员增至5908人。其中,中上层人士比例占95.4%,中高级职称占88.7%。界别分布情况:高等教育占28.4%,基础教育占38.7%,科学技术占3%,医药卫生占7.2%,文化艺术占4.3%,新闻出版占0.5%,公有经济占3.6%,新阶层人士占4.6%,司法机关占0.3%,政府机关占7.6%,民主党派机关占1.2%,人大、政协机关占0.6%,团体占0.1%。盟员平均年龄由2007年底的55.7岁降至2012年的54.3岁,在职盟员比例由2007年底的55.9%升至2012年的62.2%,盟员结构进一步优化。

四、不断加强干部队伍建设

领导班子是民盟组织的核心力量,加强干部队伍建设是实施“人才兴盟、人才强盟”战略的重要举措。民盟市委高度重视,通过完善制度、搭建平台、发挥作用等方式,不断加强干部选拔、培养和使用工作。

第一届委员会期间,认真选拔、培养、使用后备干部,先后补选市委副主委、常委、委员11人，重新任命了秘书长。一批有朝气的年轻人进入市盟领导班子，班子队伍更有锐气和活力。注重加强后备干部队伍建设工作规范化、制度化，制定了《关于加强后备干部队伍建设的意见》。积极加强与有关方面的协调和沟通，拓宽发现、培养、选拔、推荐后备干部的渠道。在全市区县（市）基层组织开展后备干部培养、选拔调研，为储备比较充足的后备干部，为2001年区县（市）盟组织换届和2002年盟市委换届打下了良好基础。5年中，盟市委先后推荐139人（次）参加中央统战部、中央社院、民盟中央和中共市委统战部、重庆社院组织的各种学习、培训。自1998年起，形成了每年一次暑期干部学习培训会制度，先后有236人（次）参加暑期中青年干部培训。

第一届委员会期间，重庆盟员中有全国人大代表1人，全国政协委员4人（其中常委1人），重庆市人大代表19人（其中常委会副主任1人、常委2人），重庆市政协委员49人（其中常委10人、专职副秘书长1人），区县（市）人大代表57人（其中常委会副主任5人、常委15人），区县（市）政协委员242人（其中副主席12人、常委42人）。担任政府及部门实职负责人24人，其中，市计生委副主任1人、市市政管理局副局长1人、市环保局副局长1人、市中医管理局副局长1人、副区长2人、区（市）长助理2人、区县（市）政府部门负责人16人。一批盟员还分别担任了市政府参事、市政府法律顾问、重庆市和区县（市）的特约监察员及特约检查员等职务。这些盟员政治责任感强，参政议政积极，在不同岗位上展示了民盟的政党形象和参政履职水平。

第二届委员会期间，随着中共中央两个5号文件的深入贯彻实施，民盟市委进一步加强了干部队伍建设，抓住各级人大、政府、政协换届的有利时机，积极协调区县（市）和高校统战部门，认真做好盟员的政治安排和实职安排，向有关部门推荐市级及以上的后备干部35人，推荐18人参加中央社院、重庆社院学习，有307人（次）参加民盟市委暑期干部培训。2004年4月，民盟部分区县（市）委主委、副主委共13人参加了民主党派区县（市）委主副委培训班。

五年里，重庆盟员中有全国人大代表3人，全国政协委员3人，市人大代表21人（其中常委3人），市政协委员56人（其中副主席1人、常委14人），区县人大代表45人（其中人大常委会副主任3人、常委12人），区县政协委员292人（其中政协副主席11人、常委52人）。有2名盟员任市级政府部门副职，4名盟员任副区长、副县长，15名盟员任区县政府部门副职。盟员中，受聘为市级有关部门“特约人员”13人、市政府参事室参事6人、市文史馆馆员10人、市科学技术奖励综合评审委员会委员3人。此外，盟员中有重庆市首批学术技术带头11人及后备人选15人。这些政治资源极大地拓展了民盟参政议政的空间，增强了民盟参政议政的能力。

第三届委员会以来，根据《民盟中央关于加强后备干部队伍建设的意见》精神要求，民盟市委更加注重后备干部学习培养。为推动后备干部队伍建设民主化、科学化、规范化、制度化，民盟市委制定了《关于加强后备干部队伍建设的实施细则》，积极探索构建新盟员培训、盟员常规教育、盟务干部学习三位一体的学习培训体系，坚持每年举行新盟员学习会、任实职干部盟员座谈会、盟务骨干培训会、盟务专干座谈会、联络员工作会。针对换届后部分领导干部不熟悉盟务工作的情况，民盟市委组织民盟市委、区县委、高校基层组织领导班子成员及中青年骨干盟员开展专题培训。为2008年市“两会”换届工作做人才准备，民盟市委完善市级党外代表人物后备人选库并做好推荐工作。

换届以来，民盟市委共培训新盟员1100余名、盟务干部300余名(次)，推荐26名中青年盟员赴中央社会主义学院培训学习，组织60余名盟员参加重庆社会主义学院培训学习，选派14位盟员骨干参加重庆市党外干部挂职锻炼，推荐多位盟员到巫溪、彭水、垫江、武隆、云阳等地政府部门担任实职干部。

为给重庆民盟的可持续发展提供人才支撑，民盟市委大力实施“3040”后备人才工程，区县主委后备干部以40岁左右为重点，副主委后备干部以30岁左右为重点。同时，建立120多位盟员的后备干部库，建立和完善后备干部动态选拔、培养、管理机制。经过努力，第四届委员会委员年龄结构实现了优化。委员中新提名35人，新提名比例由上届的28.8%上升至47.9%;24名常委中新提名7人，占29.2%，实现了“50年代领军、60年代为主、70年代甚至80年代为后备的干部队伍年龄结构”的换届目标。与此同时，着眼于2017年换届和各级人大代表、政协委员、实职干部推荐，统筹考虑后备干部的人才结构、年龄梯次、民盟特色，适时调整补充各级领导班子后备干部名单，为重庆民盟各项事业的发展提供有力的人才支撑。

民盟市委成立监督委员会，制定了《监督委员会工作办法(试行)》《监督委员会工作规则(试行)》《监督委员会办公室工作规则(试行)》《信访工作办法(试行)》《考核实施办法(试行)》等工作文件,不断探索建立民盟内部监督机制,逐步实现重庆民盟内部监督常态化、制度化。为增强盟员干部履职的使命感和责任感,民盟市委结合区县民盟组织换届,积极探索建立盟内领导干部"履职承诺制"。区县组织主委、副主委、委员作履职承诺,签订承诺书,接受全市盟员监督。经过探索,民盟市委换届时,全体委员候选人均作出履职承诺。"履职承诺制"这一新举措不仅得到各级统战部的肯定,更得到广大盟员的认同。

截至2012年底,全市盟员中有全国人大代表3人、全国政协委员3人(其中常委1人),有市人大代表24人(其中常委3人)、市政协委员57人(其中常委13人),有区县人大代表47人(其中副主任6人、常委13人),区县政协委员308人(其中副主席14人、常委69人),有44名盟员在市、区县政府或部门担任领导职务(其中副市长1人、厅局级实职2人、政府部门处级干部38人)。另有市级科研院所负责人1人,市政府参事5人,市文史馆员3人,市级特约人员15人,有高校副校长1人,二级学院正副院长32人、正副处长12人,中学正副校长21人。

五、有序推进机关建设

重庆直辖后,民盟市委高度重视机关建设,把机关建设作为一项基础性和保障性工作长抓不懈,着力从干部队伍、管理制度方面加强建设。

1998年,重庆市进行机构改革,核定民盟重庆市委机关编制。2002年和2012年,根据工作需要,市编制机构对民盟市委机关编制作了调整。2010 年 4 月 5 日迁至渝中区沧白路 71 号，办公条件得到较大改善。

民盟市委按照公务员管理要求，推行岗位责任制。每个干部职工各司其职，各尽其责，每年对工作进行总结述职，接受评议和考核。2002 年，民盟市委率先在市级各民主党派机关中开展处级干部轮岗交流和一般干部双向选择工作。2012 年，机关内部开展处级领导干部竞争上岗工作，坚持民主、公开、竞争、择优原则选拔使用干部，营造积极向上的良好工作氛围，激发机关干部的竞争活力和进取精神。同时，机关面向社会公开遴选公务员，不断充实机关干部队伍；面向民盟基层组织择优选调处级干部，充实机关中层干部队伍，改善机关干部队伍结构。为了提高机关干部的文化知识水平，民盟市委坚持定期组织机关干部学习时事政治和业务知识，加强对机关干部职工爱国主义、国情党情盟情教育，不断提升机关干部的政治把握能力、参政议政能力、组织协调能力、合作共事能力，增强机关干部的服务意识。

民盟市委高度重视规章制度在机关运行中的保障作用。直辖之初，随着工作环境、管理重心的变化，民盟市委及时提出“建制度、夯基础”的工作思路，着力加强机关制度建设。通过调研，民盟市委制定了制度建设规划，明确了完成时间，界定了审批权限，落实了责任人，先后制定了民盟市委领导班子议事规则、行政会议制度、机关职工学习制度、机关考勤管理办法、干部考核工作暂行规定、联系基层组织工作办法、参政议政工作、思想建设工作、宣传工作、社会服务工作等 10 余项制度。2007 年，根据经济社会发展变化以及参政党建设新要求，结合机关工作实际需要，民盟市委将当年确定为“制度建设年”，坚持立废并举原则，持续不断加强制度建设，先后制定、修订、完善了民盟市委机关处（室）工作职责、学习制度、会议制度、岗位责任制度、请示报告制度、请假销假制度、奖惩制度、人事制度、财务管理制度、行政事务管理制度、分工联系基层制度等14项制度。

2008年，民盟市委机关开展以“爱岗敬业、团结协作、搞好服务”为主题的“机关作风建设年”活动，强化机关各职能部门的工作职责和相互间的协作配合，增强机关处室之间、同事之间有效沟通和交流，充分发挥机关的团结协作精神，不断提高机关的管理水平、服务质量和工作效率，进一步增强机关干部的工作责任心和服务意识。2010年，以重庆市开展“创先争优”活动为契机，民盟市委创新活动载体，加强机关干部职工作风建设，着力把民盟市委机关打造为学习型、服务型、效能型、创新型、和谐型机关，切实提高机关服务水平。

2012年，民盟机关开展“规范化建设年”活动，从办事、办文、办会及档案管理四个方面的基础性工作着手，强化制度完善和制度执行，制定、完善和落实机关及各处室、各岗位工作流程，为做好民盟的各项工作奠定良好的基础。一年内，制定机关管理制度18项，盟务工作制度18项，规范了机关人、财、物管理，提高了办文、办会、办事效率。同时，配合机关规范化建设，积极开展“作风建设年”和“创先争优”活动，大力倡导爱岗敬业、团结协作、乐于奉献的精神，不断强化机关各职能部门的工作职责和协作配合，机关干部的责任意识和服务意识得以进一步增强，工作效率和服务水平进一步提升。

第二节　有序推进思想宣传和理论研究工作

一、继承和发扬优良传统，加强传统教育基地建设

直辖以来，民盟市委把发扬民盟优良传统作为思想建设的重要内容，在通过培训会、报告会、研讨会等形式加强传统教育的同时，不断凝练重庆民盟精神内核，大力推进传统教育基地和平台建设，教育和感召盟员把民盟先贤的政治思想、人格修养传承好。

民盟市委坚持定期举行各种学习会、培训会和研讨会，加强传统教育，用民盟的光荣历史、民盟先贤的危言危行、统一战线的优良传统来指导实际工作，影响和引领广大盟员。在此基础上，坚持与时俱进，注重历史与现实的有机结合，赋予传统以新的内涵，凝练出新时期重庆民盟的精神内核。在这一过程中，冯克熙、陈万志、吴刚等民盟市委主要领导发挥了核心作用。

历年新盟员学习会和干部培训会，除了邀请中共市委统战部的同志作统战知识讲座外，民盟市委主要领导都要亲自作辅导报告。有着在革命年代与中共风雨同舟的亲身体验，又经历过风雨如晦艰难岁月的冯克熙，对民盟历史和统战传统有着独到的思考。在学习培训会上，他先后作了《讲政治，爱组织，守人品》《政治上成熟，专业上超越，人品上拔高》等讲话，告诫盟员要站在爱国爱民、忧国忧民的高品位来谈政治。此外，他还先后发

表多篇关于民盟传统、统一战线、知识分子、中国现代化的文章和讲话，并汇集成《与时代同步》《路漫漫其修远》《见微集》等著述，在盟内外产生了很大影响。他的“站高些，看远些，想深些，学多些”“能言则言，不能言则不言，决不谄言；能为则为，不能为则不为，决不胡为”“良知不泯，正气不折，思当所思，言当所言，行当所行”等经典讲话，成为重庆盟员信守的准则。

1998 年，在周恩来同志诞辰 100 周年之际，冯克熙撰写了文章《以诚相召，以信相感，以宽相容》。2001 年，在中共建党 80 周年之际，他又发表了《以诚相召，以信相守，以情相感是统一战线的活力源泉》。2003 年，在暑期新盟员学习会上，已经离开主委岗位的冯克熙抱病作了《了解统战，了解组织，了解形势，了解任务是民主党派成员的政治素质》的辅导讲座，继续对统战工作的内涵作了深入浅出的阐述。在此基础上，他结合自己多年的思考，写成长文《以诚相召，以信相守，以情相感是统一战线的精神支柱》，从统战传统、民盟历史、参政形势和知识分子的社会责任四个方面高度概括出统战的精神和内涵。文章发表后，引起强烈反响，全国政协副主席、中央统战部部长刘延东以及重庆市党政主要领导分别致函或批示，张梅颖、吴正德等民盟中央领导也来信表达敬意，中共市委统战部下发通知，动员全市各民主党派组织学习。

民盟市委通过举行座谈会和研讨会、编纂出版文集等方式，深化广大盟员对冯克熙思想和精神的学习和传承。1999 年 3 月，民盟市委举行冯克熙同志著作讨论会，就冯克熙文集中关于知识分子、民主法治、爱国主义与忧患意识、改革开放及民主党派参政议政若干问题的论述进行研讨。2003 年 4 月，冯克熙文章《现代的中国和中国的现代化》的评论文集《让理性的阳光照亮现代化》出版。2004 年 3 月 17 日，民盟中央名誉副主席、民盟市委名誉主委冯克熙逝世。3 月 19 日和 20 日，民盟市委相继举行座谈会，与会盟员对冯克熙表示深切缅怀，民盟中央常务副主席张梅颖在发言中希望研究“冯克熙”现象，从对冯老精神品格的深入体察中受到更多的教育、激励和启发。2005 年 3 月，民盟市委举行“冯克熙与重庆民盟”研讨会，学习冯克熙作为知识分子的典型代表所具有的信念、良知、人品、修养、胸襟、胆识、节操和风骨。7 月，刘明华所著的《风雨兼程冯克熙》出版。2012 年 4 月，由民盟市委编辑的《冯克熙文选》公开出版。

在学习培训会上，陈万志多次以“做一个思想者”为题，致力于构建真实的公共话语体系，大力倡导盟员要做有思想主权的人，努力“求真、求深、求新、求实”，力求得到执政党和人民群众认可。吴刚发表文章《统一战线要讲政治、重传统、求创新》，阐述统战内涵和新时期要求。通过领导积极倡导、盟员广泛响应，重庆民盟逐渐形成适应新形势发展要求的价值追求。2007 年，“始终坚持‘两个认可’”写入民盟市委二届委员会工作报告；2012 年，“围绕做一个思想者强化思想建设”，“围绕‘两个认可’强化宗旨意识”，“围绕构建‘大学校、大舞台、大家庭’强化组织建设”，“围绕‘求真、求实、求新、求深’强化参政议政”写入民盟市委三届委员会工作报告。

作为民盟的发祥地，重庆留下了民盟组织和先贤活动的重要遗迹。早在上个世纪八九十年代，民盟市委就以提案、报告、函件等形式，向中共市委、市政府及相关部门呼吁，希望对在“文革”中被焚毁的民盟诞生地特园加以修复，对当时民盟总部所在地国府路300号加以保护。经各方努力，民盟诞生地特园内的“康庄”以及民盟总部所在地国府路300号被作为市级文物加以保护。国府路300号由于城市改造被拆除后，民盟市委又提出建议，希望在原址修建纪念碑或在新的建筑物上设立铭牌以昭示世人。

2004年，重庆被中共中央统战部确定为全国统战传统教育基地。2005年1月，全国统战传统教育基地举行挂牌仪式，民盟中央常务副主席张梅颖代表各民主党派作了讲话。挂牌仪式后，中共市委统战部与在重庆成立的民盟、民建、九三学社以及民革四个民主党派的市委商议，拟在各党派诞生地附近修建成立纪念碑，丰富统战传统教育基地内容。

经过实地勘察比较，民盟成立纪念碑址定在特园的一部分“康庄”楼下公交车站旁。为了精心设计好纪念碑，民盟市委向所属各区县(市)组织和直属基层以及民盟各省、自治区、直辖市委广泛征集中国民主同盟成立纪念碑设计方案，共收到设计方案17个。经过反复比较和研究，民盟市委主委会议决定以民盟四川美术学院支部设计的方案为基础进行修改，连同碑记报民盟中央并获批准。这个方案为：碑高4.1米，基座宽3.19米，寓意1941年3月19日民盟在这里成立；以芝麻白花岗岩为材质的碑体、“M”造型为“民盟”拼音第一个字母的缩写，碑体之间的竖牌上是“中国民主同盟成立纪念碑”几个魏碑体金色大字；墨玉石基座正面刻有民盟的成立以及“鲜宅”外景、“民主之家”匾额等图案。

2007年2月2日,中国民主同盟成立纪念碑揭碑仪式举行。民盟中央主席蒋树声,重庆市四大班子及统战部领导,民盟各省(区、市)组织代表、有关方面来宾,重庆盟员代表,相关媒体等共约150人出席仪式。揭碑仪式后,又针对碑记石材单薄、不厚重问题,将其更换为重达数吨的较方正的天然红色花岗石,并置换了原来的碑记。2010年2月,因“特园·中国民主党派历史陈列馆”扩建,对中国民主同盟成立纪念碑进行了临时拆除,并于当年底完成重建。重建后的纪念碑与紧邻新建的中国民主党派历史陈列馆协调一致,浑然一体,其政治性与艺术性受到参观者的高度肯定。

中国民主党派历史陈列馆是全国唯一全面反映中国共产党领导的多党合作和政治协商制度的综合性展览馆。2008年5月,由原“民主之家”特园内的“康庄”修复后建立的“特园·中国民主党派历史陈列馆”开馆。2009年2月,中共中央政治局常委、全国政协主席贾庆林在视察“特园·中国民主党派历史陈列馆”时,明确要求进一步完善陈列馆的功能,更好地发挥其作为全国各民主党派、工商联和无党派人士爱国教育基地的重要作用。中共市委、市政府迅速启动并完成了陈列馆扩建工程。2011年3月29日,中国民主党派历史陈列馆举行开馆仪式,民盟中央主席蒋树声代表各民主党派中央致辞。

扩建后的陈列馆馆藏资料丰富,展览厅由序厅、八个民主党派、工商联和无党派人士展厅及场景复原展厅共12个单元组成,通过文字图片资料、主题雕塑、场景复原以及多媒体等形式,充分展示了各民主党派、工商联和无党派人士同中国共产党团结合作,共同致力于中国革命、建设和改革事业的风雨历程。

在建设过程中,民盟市委向全市盟员发出倡议,向陈列馆捐献抗战文物,并分类提交给中共市委统战部,陈列馆民盟展厅的很大一部分文物为民盟市委提供。陈列馆落成后,为支持全国各地民盟组织来渝参观,民盟市委全力做好协调服务工作。

此外,为了更好地传承薪火,民盟市委还丰富传统教育形式和思想传承载体,开展纪念活动和口述历史整理等工作。

直辖以来,民盟市委多次举行民盟成立纪念大会和民盟先贤纪念活动。2001 年 4 月,民盟市委在中共市委小礼堂隆重举行庆祝中国民主同盟成立 60 周年纪念大会;2005 年 9 月,在市政协举行中国民主同盟重庆市地方组织成立 60 周年纪念大会;2006 年 3 月,举行纪念中国民主同盟成立 65 周年座谈会;7 月,举行纪念李公朴、闻一多烈士殉难 60 周年座谈会;2011 年 3 月,在渝州宾馆举行庆祝中国民主同盟成立 70 周年纪念大会。结合纪念活动,民盟市委编印了《重庆民盟六十周年》《在传承中前行》等画册,编辑出版了《重庆民盟》《八旬忆往》《穿云裂石之音》等书籍。此外,2005 年 3 月,《民主的求索者——张澜》首发式在重庆举行。民盟中央主席丁石孙,常务副主席张梅颖,副主席吴正德、李重庵,名誉副主席罗涵先、吴修平等领导参加活动或者题词。

2008 年,电视剧《民主之澜》摄制组来渝拍摄。民盟市委主办公楼被选为拍摄取景基地。为支持拍摄,民盟市委全部工作人员搬到隔壁居民区的小楼办公,派专人全程协助摄制组赴市内各景点拍摄,联系相关人员接受采访,同时发动200多名盟员参与拍摄,民盟市委机关20余名干部担任临时演员。2010年3月7日,《民主之澜》在央视八套黄金强档开播,得到了社会各界的一致认可,在全盟引起了巨大反响。2012年9月,电视人物传记片《史良》摄制组在渝拍摄外景。民盟市委以此为契机,派人与摄制组一道组成寻访团,寻找民盟先贤足迹,抢救挖掘珍贵史料。

2011年11月,民盟中央副主席李重庵来渝调研,专程登门看望老盟员杨复全、何蓉珍夫妇,在得知杨老曾经在特园工作,并亲历毛泽东"三顾特园"等重大历史事件后,要求重庆民盟系统开展口述历史工作,对目前健在的60年以上盟龄的老同志进行寻访,将他们亲历亲闻的民盟重大历史事件作为民盟史料妥善整理。民盟市委立即成立撰稿小组,有序推进口述历史搜集整理,并完成20余人的采访任务,部分稿件在报刊公开发表。

二、突出政治交接主线,推进主题活动

1997年10月召开的中国民主同盟第八次全国代表大会,选举产生了新一届中央领导机构。为了更好地肩负起领导全盟顺利跨入21世纪的历史使命,民盟中央确定了"突出一条主线,抓好两个重点"的工作思路,即突出政治交接主线,抓好自身建设和参政议政工作。政治交接的内容,就是把民盟和中国共产党在长期风雨同舟、荣辱与共、团结合作的实践中所形成和积累的

基本经验[1]继承下去,发扬光大。

直辖以来,重庆民盟按照民盟中央的要求,突出政治交接主线,抓好思想建设。1998年,民盟市委一届二次全委会将实现政治交接确定为重要任务,组织盟员撰写政治交接研讨文章。在中共市委组织的民主党派暑期谈心会上,冯克熙作了《政治交接要有民主支撑、制度规范》的发言。1999年,民盟市委一届三次全委会明确提出政治交接要有新思考,做到稳中求进,稳中有为。2002年,民盟重庆市第二次代表大会选举产生了民盟重庆市第二届委员会,一批年轻同志走上了民盟市委领导岗位。新一届委员会肩负起顺利实现新老交替、政治交接的重任,组织全市盟员认真学习邓小平理论和"三个代表"重要思想,学习中共统战理论,学习盟章、盟史;坚持每年举办传达全国"两会"精神报告会及各种专题报告会、座谈会、新盟员学习会、干部培训会;教育全市盟员继承和发扬民盟坚持中国共产党的领导,与党亲密合作、风雨同舟的光荣传统,正确把握政治方向、政治原则;牢固树立致力于社会主义事业的坚定信念;学习继承老一辈盟员

---

① 这些经验主要包括:(一)坚定不移地接受中国共产党的领导,紧密地团结在中共中央周围;(二)坚持以邓小平理论为指导,用这一理论武装全盟同志的思想,指导全盟的工作,坚定不移地走建设有中国特色社会主义道路;(三)坚持社会主义初级阶段基本路线不动摇,在国家政治生活中积极发挥参政党作用;围绕经济建设这个中心,努力为社会主义物质文明建设和精神文明建设"出主意、想办法,做实事、做好事";(四)高举爱国主义、社会主义旗帜,服从和服务于大局,团结一切可以团结的力量,化消极因素为积极因素,维护国家政治稳定和社会安定;(五)加强民盟自身建设,不断提高全盟的思想政治素质,增进盟内团结。

参政议政的宝贵政治经验，热爱民盟工作的无私奉献精神，以及清正廉洁的道德情操。

2007 年上半年，各民主党派启动开展以坚持走中国特色社会主义政治发展道路为主题的政治交接学习教育活动（简称“政治交接学教活动”）。3 月 27 日，民盟中央下发关于开展政治交接主题学习实践活动的意见。7 月 9 日，制定下发活动实施方案，进一步确定学习内容、实施步骤，提出活动要求。

2007 年 6 月，民盟市委召开三届四次主委会议，专题研究部署学教活动。会议决定成立政治交接学教活动领导小组。其后，民盟市委围绕政治交接这一主线，结合相关要求，以领导班子建设为龙头，以思想建设为重点，认真开展相关活动。活动中，民盟市委通过培训会、报告会、理论研讨会、考察学习和读书心得交流会等形式，推动学教活动深入人心；分阶段召开专门会议，检查全市各级组织活动开展情况，交流活动的做法和经验；民盟市委领导和机关处室负责人深入区县和基层组织，以辅导报告、与盟员座谈讨论、专题讲座等形式，就开展学教活动的重要意义、主要内容以及如何做好“交”与“接”等问题作具体指导；以多种形式收集、整理和反映基层对民盟市委及领导班子工作的意见建议，针对这些意见建议开展谈心活动。

2008 年 5 月，民盟十届三次中常会暨民盟政治交接主题学习教育活动经验交流会在重庆渝州宾馆举行，民盟中央主席蒋树声、第一副主席张梅颖、常务副主席张宝文等出席会议。本次以“政治交接主题学习教育活动”为主题的会议，在民盟发祥地重庆召开，寓意深远。会上，蒋树声作了《巩固民盟政治交接成果，加强省级领导班子建设，为充分履行参政党职能提供坚强组织保证》的讲话，民盟市委作了活动经验交流，部分盟员代表参加座谈会。会议期间，与会领导还参观了中国民主同盟成立纪念碑和中国民主党派历史陈列馆。7 月，民盟市委召开学教活动总结会，传达民盟十届三次中常会暨民盟政治交接主题学习教育活动经验交流会精神，总结学教活动情况，并明确要求全市各级民盟组织继续建立完善长效机制，有效巩固学教活动成果。

2009 年 6 月，根据中共市委统战部意见，全市统一战线开展了“真懂、真信、真走”中国政治发展模式主题活动（简称“三真”主题活动）。民盟市委对“三真”主题活动进行专题研究，成立活动领导小组，下发活动实施意见，指定学习书目和文章，并结合中国共产党领导的多党合作制度确立六十周年等活动，通过开展征文、学习参观、座谈、理论研讨等形式，推动“三真”主题活动的全面深入开展。

中共十七届四中全会提出“提高党的建设科学化水平”，参政党建设科学化也成为民主党派自身建设的重大课题。2010 年初，中共市委统战部在与民主党派充分协商的基础上，出台了《关于协助重庆市民主党派实施“参政党建设科学化工程”的意见》。根据相关会议纪要精神，民盟市委启动实施参政党建设科学化工程，出台实施意见，制定工作方案。在推进过程中，民盟市委紧紧抓住科学理论、科学方法、科学制度三个重点，以推进工程促进自身建设。

2009 年 12 月，全国统战部长会议对开展社会主义核心价值体系学习教育活动作出重大部署。2010 年 3 月，民盟市委下发了《关于开展社会主义核心价值体系学习教育活动的通知》，正式启动社会主义核心价值体系学习教育活动。活动中，民盟市委以社会主义核心价值体系学习为抓手，以社会主义核心价值体系内涵研究为重点，组织广大盟员学习民盟先贤立德正身的风范，传承“忧黎庶、济苍生”的光荣传统，引导广大盟员弘扬以爱国主义为核心的民族精神，更加坚定走中国特色社会主义政治发展道路的信心。全市各级民盟组织共举行了23场报告会，4场读书交流会；组织广大盟员收看、座谈《民主之澜》《黄炎培》，体悟民盟先贤的崇高精神，畅谈社会主义荣辱观；召开盟员领导干部廉政座谈会，强化盟员领导干部的责任意识和廉政意识；开展社会主义核心价值体系理论专项研究，资助7项课题研究，征集研究论文49篇。

2011年1月，胡锦涛总书记在党外人士迎春座谈会上指出，中国共产党成立以来，90年波澜壮阔的历史和实践充分证明，思想上同心同德、目标上同心同向、行动上同心同行，是中国共产党领导的多党合作和政治协商制度最鲜明的特质，是我们不断夺取革命、建设、改革事业胜利的有力保证。讲话发布后，统一战线迅速开启了“同心思想”学习实践活动。民盟市委带领广大盟员努力在思想上深刻理解“同心思想”，在行动上推进“同心工程”。通过各种学习会、培训会和研讨会，组织盟员围绕“同心”思想进行座谈讨论和大会交流。区县换届工作完成后，先后召开区县主委座谈会和区县主委、副主委培训会，进一步围绕开展“同心”思想教育、打造“同心”品牌开展培训，民盟中央秘书长高拴平、民盟市委主委吴刚在会上讲话，要求各区县盟组织以“同心”思想为引领，搞好政治交接，提高履职能力，打造工作亮点，夯实组织基础，真正“用心做事、用情感人、以理服人”，不断增强组织凝聚力。区县民盟组织代表分别就如何践行“同心”思想、搞好党盟关系和班子建设交流了经验。按照中共重庆市委统战部《关于印发“五大同心工程”实施方案的通知》精神，民盟市委结合自身实际，成立领导小组，制定工作方案，大力推进“同心·助推发展工程”“同心·服务民生工程”“同心·构建和谐工程”“同心·文化打造工程”和“同心·队伍建设工程”，重点开展了争取民盟中央助推重庆城乡统筹发展、问计“基本公共服务体系全面建设”，实施武隆、彭水帮扶等工作。

三、以参政党建设为重点，深化理论研究

民盟市委继承传统，发挥优势，把理论研究作为一种政治任务来抓紧抓实。除认真完成民盟中央、政协、中共市委统战部委托的理论研究任务外，还以加强自身建设、提高履职能力和水平为重点，自主开展多项理论课题研究。

2008 年，民盟市委完成民盟中央理论研究课题《政党关系和谐是发展社会主义民主政治的必然要求》，完成中共市委统战部民主党派工作理论政策研究课题《关于民主党派核心价值观的思考与研究》和《建立健全民主党派内部监督机制的调查研究》，并组织撰写民盟历史研究系列论文。其中，有 3 篇文章在中国民主党派历史研讨会上交流。

2009 年初，民盟市委开展盟员思想状况和基层盟组织思想宣传工作现状调查，以书面调查和网上调查相结合的方式，向

100 个基层盟组织、450 名盟员发放调查问卷，围绕盟员的思想现状、对基层盟组织思想宣传理论工作的认同程度，基层盟组织在思想建设、宣传工作和理论研究方面的自查情况等问题进行全面深入的调查，并形成《重庆民盟思想宣传工作现状调查报告》供民盟中央参阅。4 月，民盟中央副主席李重庵一行来渝调研思想建设与宣传工作。在为期三天的调研活动中，李重庵在陈万志等民盟市委领导的陪同下，听取了民盟市委和部分区县委思想宣传工作情况汇报，与部分盟员代表座谈交流思想，对重庆民盟的思想建设和宣传工作提出指导意见。结合调查和调研，民盟市委向民盟中央提交了新形势下搞好民盟思想宣传工作的对策和建议，其中关于重视和加强参政党理论研究、提高盟员的政治理论水平等建议，得到民盟中央领导的充分肯定，部分建议被采纳。

2010 年，民盟市委申报并完成民盟中央理论课题《新时期参政党履行民主监督职能研究》。该研究报告对我国监督体系作了综述，查找了参政党民主监督存在的“监督意识不强、监督规则错位、监督实效性差”等问题，提出了“加强对政府规则制定行为的监督、加强对政府抽象行政行为的监督、加强对政府信息公开行为的监督”等建议。此外，为了加强对所辖盟组织理论研究工作的指导，民盟市委还动员基层组织和盟员参与理论课题研究。7 个区县委向民盟市委申报 11 项理论课题，经评审，《增强民主党派政治参与有序性研究》等 7 项被确定为民盟市委资助课题和委托课题，并于年底顺利结题。

2011 年，民盟市委申报并完成民盟中央理论研究课题《民主党派新时期参政议政模式研究》,完成研究论文《民主党派新时期参政议政问题及对策研究》。该论文针对当前民主党派参政议政中存在的“参政议政内容政府事务多、参政议政选题随机性突出、参政议政党派间趋同严重”等问题,提出要“积极谋划市场运行的经济理性建设、着力参与政府权力的管制理性建设、坚持代表群体利益的沟通理性建设”等建议。此外,民盟市委依托“纪念民盟成立70周年”、“学习践行社会主义核心价值体系”等活动,开展理论研究征文活动,召开理论研讨会,编辑出版了《多党合作理论研究文集》。

为了强化理论研究工作,民盟市委不断加强理论研究队伍和制度建设,通过组建统战理论研究员和特约调研员队伍、完善研究规划和奖励办法,推动全市各级民盟组织开展统战理论研究。2008年7月,民盟市委出台《理论研究组织工作条例》。2010年,围绕“基础理论研究、履职工作研究、民盟历史研究”三个方向,制定了民盟市委《理论研究发展规划(2010—2013)》《理论研究课题管理暂行办法》和《优秀理论研究成果评选及奖励办法(试行)》,明确了理论研究的目标任务、实施步骤和激励机制。

四、强化阵地建设,加强对外宣传

民盟市委强化“大宣传”理念,利用《重庆民盟》报(刊)、民盟市委网站以及《重庆政协报》等盟内外媒体平台,宣传重庆民盟在参政履职等方面取得的成绩,展示盟员“双岗”建功的风采。

自开办以来,《重庆民盟报》一直受到各级领导的高度重视。冯克熙亲任主编,带头动笔,他的《政协有为,重庆有望》《癸酉感言》等精辟短章都是首先在《重庆民盟报》上发表；金锡如、陈万志、雷亨顺等民盟市委领导的很多文章都成为《重庆民盟报》的经典之作，得到广大盟员的一致好评。为了继续发挥《重庆民盟报》在思想宣传工作中的重要阵地作用，编委会对栏目的设置作了调整和创新，除了继续设置群言、盟务交流、人物专访等专栏外，还增加了综合文摘、文艺副刊专版。2000 年 8 月，《重庆民盟报》从第 179 期开始，更名为《重庆民盟》，仍为月报。2001 年 4 月，民盟中央副主席张梅颖、著名作家梁晓声为《重庆民盟》报题词，希望它“真正成为重庆市广大盟员提高政治思想水平、参政议政的园地”。

随着时代的发展，形势对民主党派自身建设提出更高的要求，民盟市委履行参政党职能的任务更重，《重庆民盟》四开小报已经难以支撑起重庆民盟的话语空间。2011 年起，《重庆民盟》由月报改为季刊，到 2012 年底，如期出版 8 期。

改刊后的《重庆民盟》设编委会和编辑部，编辑部与民盟市委宣传处合署。《重庆民盟》刊秉承《重庆民盟》报的传统，继续以“宣传统一战线的喉舌、展示重庆民盟的窗口、刊载建言献策的阵地、展现盟员风采的舞台、联系基层的纽带”为办刊宗旨，在突出政党性、政治性和思想性，传递信息和交流经验的同时，还增强了文化性、地域性和可读性，增加了盟史和文艺内容。为切实提高刊物质量，编委会结合“走转改”活动，通过“专题聚焦”、“参政议政”等栏目把握时代脉搏，贴近盟员生活，营造党派语境。积极争取各方支持，约到全国政协副主席、民盟中央第一副主席张梅颖关于文化建设的讲话，民盟中央秘书长高拴平谈盟务工作和参政议政的文章以及民盟中央参政议政部负责人张冠生关于教育改革的独特思考。这些文章经《重庆民盟》刊出后，产生了较大影响，兄弟民盟组织争相要求转载。此外，《重庆民盟》用心打造“盟史回眸”“巴渝遗韵”“文苑精粹”等栏目，在展示盟员文采风流的同时，也反映重庆的文化底蕴；诗配画子栏目更为特色“经营”，封面、版式装帧设计、图片、标题处理甚至纸张选用上也尽量体现民盟的书卷气。改刊后，《重庆民盟》在盟内外的美誉度和影响力不断提升。

中国民主同盟重庆市委员会网站始建于2004年。2007年9月，网站作第一次改版后正式运行。网站设有盟务要闻、参政议政、自身建设、服务社会等13个版块，以及政治交接学习教育活动等六个专栏。随着互联网技术的提升和盟务工作的拓展，网站的版面设置也显现出一定的局限性。针对网站点击率、阅读率不高，有的栏目信息量太少、针对性弱、互动性差、阅读者参与难等问题，民盟市委于2012年底再次对网站进行改版。改版后的网站，版面更加美化，栏目得到整合升级，还增加了视频广角、主委信箱、文化建设等栏目，并出台了专门的管理办法。民盟市委网站开设以来，发布各类文章（信息）累计3600余篇（条），有效地宣传、展示了重庆民盟。

做好对外宣传工作，对于增进社会对党派工作的了解、优化多党合作的舆论环境和推动盟务工作创新发展，都具有非常重要的意义。多年来，民盟市委以重要工作和创新工作为重点，充分利用盟内外各种宣传载体，不断发出民盟好声音，扩大了重庆民盟的社会影响，树立了重庆民盟的良好形象。为走出“体内循环”的宣传困局，民盟市委与重庆电视台，《人民政协报》《团结报》《重庆日报》《重庆政协报》《工人日报》《重庆法制报》，重庆华龙网、新华网等多家媒体建立良好的合作关系。为了更清楚地了解媒体需求，民盟市委除对各大媒体的宣传方针、读者对象等作深入分析基础外，还邀请《团结报》《重庆政协报》主编、编辑为盟务专职干部做专题辅导。近年来，民盟市委每年在民盟中央网站、《人民政协报》《团结报》《重庆政协报》等媒体刊发文章100余篇，稳步提升了重庆民盟的影响力。

第三节　切实履行参政议政和民主监督职能

一、发挥整体优势，完善参政履职机制

参政议政是参政党的第一要务和立足之本，民主监督是时代赋予参政党的重要职责。重庆直辖后，民盟市委顺应形势发展变化，坚持把参政议政与民主监督有机结合起来，在参政议政中体现民主监督，在民主监督中提升参政议政实效。

这一时期，《中共中央关于进一步加强中国共产党领导的多党合作和政治协商制度建设的意见》《中共中央关于加强人民政协工作的意见》以及《中国的政党制度》白皮书先后颁布，在总结历史经验的基础上，对中国共产党领导的多党合作和政治协商的原则、内容、方式和程序等作了科学规范，对参政党建设具有纲领性的指导作用。中共市委根据相关要求，出台了实施意见，并探索完善了双月座谈会、暑期谈心会等协商制度，“党委出题、

党派调研、政府采纳、部门落实”等调研机制。

民盟市委认真学习贯彻中共中央、中共市委相关文件精神，积极参加中共市委、市政府、市政协组织的双月座谈会、暑期谈心会、重要情况通报会、重大问题协商会等，就重庆经济建设、民主政治、社会稳定、改革开放等重要问题，重庆市重要人事安排等重大事项决策提出意见建议，参与协商监督。坚持围绕中心、服务大局，量力而行、尽力而为，到位不越位、帮忙不添乱等基本原则，认真组织盟员参加各级人大、政协以及有关部门组织的视察调研、政协主席接待日、委员活动日、特约人员座谈会等活动，支持和鼓励盟员利用好各种平台和途径充分发挥作用，不断弘扬优良传统，彰显民盟特色。

直辖以后，民盟市委参政履职机制建设得到加强。1998 年 3 月，民盟市委机关增设参政议政职能部门——调研室。2004 年 4 月，民盟市委聘请了首批特约调研员。2007 年 7 月，民盟市委成立参政议政委员会。2011 年 3 月，在参政议政委员会基础上新成立提案委员会和社情民意委员会。随着队伍的充实和机构的完善，逐渐形成以专门委员会为依托、以专家为重点、以基层组织为基础，机关职能部门为组织协调，民盟市委领导把关的参政议政工作运行体系，不断促进民盟市委参政议政工作进一步制度化、规范化和科学化。

民盟市委十分重视课题调研的基础性作用，不断完善课题调研机制，努力做到参政建言言之有据，言之有物，言之有理。建立完善党派重点课题调研工作机制，积极组织各方面的盟员专家参与民盟市委牵头开展的党派重点课题研究，发挥好民盟组织智力密集、位置超脱的优势；不断完善申报及承担民盟中央委托或合作调研课题机制，不断扩大民盟市委在全盟的影响力；进一步完善民盟市委参与市政协、市委统战部组织的重大课题调研和专项重点课题调研工作机制，及时反映民盟界别的诉求和意见；探索建立课题委托调研工作机制，根据课题调研转化成果实行以奖代补，调动基层盟组织和盟员参与调研的积极性。直辖以来，民盟市委完成中共市委出题的党派重点课题调研10余项，申报并承担民盟中央委托或合作调研课题近10项，积极参与市政协和市委统战部组织的重大课题调研、专项重点课题等50余项；第三届委员会期间，通过资助和委托的方式，委托资助区县盟组织和专委会开展课题调研45个。通过这些课题调研，率先提出了建设“三峡库区生态经济区”“城乡统筹综合改革示范区”“两江新区”“外环经济带”等建议，产生了较大影响。

民盟市委不断探索完善参政议政材料集体审核把关制度，充分利用人大、政协等渠道参好政，履好职。以民盟市委名义提交的大会发言、集体提案、政策建议信、调研报告等参政议政材料，都要组织盟内领导和专家进行集体审核、修改、把关。直辖以来，民盟市委共提交大会发言、集体提案、政策建议信、调研报告等共计350余件，有近40件大会发言、政策建议信、调研报告得到市领导批示，有30余件集体提案被市领导牵头督办，或被市政协评为优秀提案。与此同时，民盟市委领导及广大盟员充分利用各种平台和渠道积极履职建言。冯克熙、陈万志、吴刚、雷亨顺、刘明华、郑泽根、梁国鲁、吴江林等盟员中的全国人大代表、全国政协委员共提出议案、建议，大会发言、提案共计820余件，产生了较好的社会反响。在市“两会”上，盟员人大代表和政协委员共提交议案、建议，大会发言、提案共计5000余件，为推动重庆社会经济全面发展发挥了积极作用。2002年以来，民盟市委和广大盟员还关注民生，多渠道收集和反映社情民意，共编报社情民意信息1804篇，被全国政协采用24篇、民盟中央采用250篇、市政协采用521篇，有2篇得到国家领导人批示、44篇得到市领导批示。

除了把参政议政作为新盟员培训、干部培训的基本内容外，民盟市委还定期举行参政议政专题培训，陈万志、吴刚、雷亨顺等民盟市委领导或专家坚持为盟员作参政议政专题报告或辅导讲座，积极倡导并践行研究型参政、开放型参政。陈万志大力倡导盟员参政议政要底气、心气、志气、勇气、争气“五气并举”，要为国为民参政议政，要真言直言参政议政；雷亨顺积极倡导并带头践行研究型参政，通过广泛深入的调查研究，让参政建言更有科学性、可行性和前瞻性；吴刚结合形势发展变化特别是信息化时代的要求，大力倡导盟员要践行开放型参政，努力培养互联网思维，树立开放、包容、合作、平等等理念，在弘扬传统中扩大开放，在扩大开放中弘扬传统。这些观点及理念，得到广大盟员的积极响应。

民盟市委先后制定《关于鼓励开展调研工作的试行办法》《民盟重庆市委参政议政工作奖励办法》《民盟重庆市委评选反映社情民意信息工作先进及表彰办法》等规章制度，探索建立盟员人大代表、政协委员、市委委员履职考核制度，不断完善表彰奖励机制。从2000年起，民盟市委每年定期组织召开参政议政工作总结表彰会，布置工作，总结成绩，并对为民盟市委参政议政作出贡献的单位和盟员个人进行表彰。

加强对外合作交流，构建良好的合作交流机制，是民盟市委适应形势变化进行参政履职的积极探索。2011年，民盟市委与民盟上海市委、天津市委、广东省委、浙江省委、四川省委，重庆万州区、涪陵区、巴南区、彭水县政府以及重庆邮电大学等签订战略合作协议，提出通过参政议政人才、信息等资源共享共用，进一步提升参政履职能力。同时，民盟市委继续加强与对口部门的联系，并在市发改委、市经信委、市教委、市人力社保局、两江新区管委会等部门聘请了多名参政议政咨询专家，为参政议政工作提供智力咨询和指导帮助。

2012年10月，民盟市委举行参政议政"特色·品牌"主题研讨会。民盟中央副主席索丽生出席会议，民盟中央参政议政部专家参加会议并作辅导报告。索丽生认为民盟市委提出打造特色与品牌，是对各级盟组织参政议政工作经验的提炼与总结，为全盟形成上下联动、左右互动工作机制作了有益探索。

二、全力助推地方经济发展

直辖为重庆发展带来了新机遇。为推动重庆经济又好又快发展，民盟市委将促进地方经济发展作为参政议政、民主监督的重点，围绕重庆产业发展定位和产业结构调整、三峡工程建设及库区可持续发展、"三农"等重大问题积极开展调研、建言和监督。

直辖之初，重庆发展定位和产业结构调整问题成为各方关注焦点。民盟市委审时度势提出打造“内陆开放前沿”、“两江新区”、“外环经济带”等建议，为相关重大决策提供了有益借鉴。1998年，民盟市委在市政协一届二次会议上作了题为《国有企业的改革与民营企业的发展》和《重庆资本市场与国企改革发展过程中的几个问题的探讨》的大会发言，对推进国企改革发挥了促进作用。1999年，民盟市委在市政协一届三次会议上作了题为《积极启动消费，促进经济增长》的大会发言，相关建议得到政府有关部门肯定和采纳；民盟市委提交的《关于制定重庆市可持续发展行动纲领的建议》《关于制定重庆市生态经济发展规划的建议》等集体提案得到中共市委、市政府和有关部门重视，认为建议“十分及时，十分重要，为研究制定‘十五’规划提供了长远发展思路”。同年，民盟市委在市政协振兴重庆工业经济专调协商会上作了题为《关于靠技术创新，加快高新技术产业化的建议意见》的发言，得到相关部门重视。2000年，民盟市委在市政协一届四次会议上作了题为《西部大开发要创新思维》的大会发言，认为实施西部大开发，应更新观念，重新审视重庆的战略优势，着力于制度创新。在本次会议上，民盟市委提交了《应该积极支持私营企业参与国有中小企业的改革、改组和改造》等集体提案，为振兴重庆工业经济、解决国企脱困提出措施建议。同年，民盟市委组织盟员专家参加市政协“实施西部大开发战略与重庆大发展”专题调研，形成专题报告《关于重庆利用国际资本市场的意见建议》和《大改革才能促进大开放大发展》等政策建议，得到相关部门重视。2001年，民盟市委参加市政协组织的“大城市带动大农村”调研活动，牵头完成专题报告《政府主导，城市带动，努力搞好新阶段我市扶贫工作》，并在市政协常委会上作了专题发言，得到中共市委主要领导肯定。2002 年至 2006 年，民盟市委继续围绕创新、产业布局、循环经济、国土资源利用以及完善“十一五”规划深入开展调研，利用政协等参政平台建言献策。其中，创新方面，提出了加强自主创新、科技创新的多项建议；产业布局方面，提出了加强旅游统一管理、加快我市咨询业发展、大力发展工业设计产业、加大力度发展纺织业、加快我市铝加工产业发展、完善重庆市物流体系以及发展我市产业集群等建议；循环经济方面，作了题为《规划建设生态工业园，尽早实践循环经济》的大会发言，提出发展循环经济、推进清洁生产等建议；国土资源利用方面，承担完成了中共市委出题的《关于国土资源合理开发利用与重庆区域经济可持续发展研究》；“十一五”规划方面，提出《在“十一五”期间缩小重庆市居民收入分配差距的建议》等集体提案，针对收入分配差距不断扩大，贫富分化加剧等问题，提出了要实施促产增收、就业优先、教育优先发展等战略，促进经济增长，实现充分就业，提高就业竞争力等意见建议。

直辖十年后，重庆进入新的发展阶段，建设城乡统筹发展的直辖市成为重庆的历史重任。2007 年，民盟市委在市政协二届五次会议上作了题为《把重庆创建成我国城乡统筹发展示范区的建议》的大会发言，针对重庆作为中西部唯一直辖市，与京、津、沪直辖市和其他省区相比，最具有创建中国城乡统筹发展示范区的条件，建议中共市委、市政府积极请求中央给予重庆配置与直辖市相匹配的资源，把重庆确立为国家城乡统筹发展示范区。该大会发言得到中共市委、市政府有关领导和部门重视，通过积极努力，经国家发展和改革委员会报请国务院同意，重庆正式成为全国首个统筹城乡综合配套改革试验区。同年，民盟市委开展并完成中共市委出题的“关于创新重庆发展环境”的重点课题研究，民盟市委经济委员会与市政府研究室联合开展“关于推进全市工业园区标准厂房建设”专题研究。2008 年，民盟市委在市政协三届一次会议上作了题为《坚持根本出路，发挥最大动力，将重庆打造成中国内陆开放的前沿》的大会发言，相关建议被中共市委、市政府文件吸纳。2009 年，在市政协三届二次会议上，民盟市委作了题为《倾力打造“两江新区”，把重庆的改革开放推向新阶段》的大会发言，提出倾全市之力打造一个能与浦东新区、滨海新区相媲美的中国第三个综合改革开放示范区——重庆“两江新区”。建议在两江新区实行精简、高效的扁平管理模式，搞好产业功能和布局规划；争取国家政策倾斜，享受先行先试权；同时争取国家赋予重庆更大的金融制度改革自主权。该发言得到中共市委、市政府领导重视和批示。2 月 5 日，国务院发布《关于推进重庆统筹城乡改革发展的若干意见》，在国家战略层面正式研究设立中国的第三个国家级新区——两江新区。2010 年，在市政协三届三次会议上，民盟市委作了大会发言《关于编制“十二五”规划的建议》，建议重庆在编制“十二五”规划时应贯彻国家战略，将富民作为发展主线，充分体现国家性和人民性。发言得到中共市委、市政府相关领导的批示，要求发改委在编制“十二五”规划中吸纳参考，并建议各党派将编制“十二五”规划作为参政议政重点。在本次会议上，民盟市委针对重庆物流业仍处于较低水平、不适应发展需要等现状，提交集体提案《把重庆努力打造成为长江上游国家级物流中心》。提案被市政协选为重点提案，由市政府领导牵头督办。2011 年，民盟市委在市政协三届四次会议上提交的集体提案《关于全面实施外环区域发展规划的建议》被市政协确定为现场办理提案，由市政府领导牵头督办。2012 年，民盟市委在市政协三届五次会议上提交的集体提案《关于进一步强化“质量强市”战略的几点建议》被市政协确定为重点提案，由市政府领导牵头督办。民盟市委提交的提案，经过领导重视和部门办理，对重庆区域规划、产业发展和质量提升起到了积极推动作用。

三峡工程举世瞩目，自开建以来，针对三峡库区移民及可持续发展、长江三峡文化长廊、三峡生态经济区、三峡水库消落带综合治理等重大问题，民盟市委积极组织盟员专家深入开展调研，通过大会发言，提交专题调研报告、集体提案、社情民意信息等形式，积极履职建言。

1997 年，民盟市委牵头完成专项报告《三峡库区与环境保护问题》报送市政府。1998 年，民盟市委在市政协三峡工程移民工作专题协商会上作了题为《对三峡库区移民工作的几点思考》的发言，相关建议得到重视。2001 年，民盟市委向民盟中央提交《保护长江，建设长江上游生态经济区》和《保护长江上游生态环境》等建言材料，分别作为民盟中央在全国政协九届二次会议的书面发言、民盟中央集体提案和全国政协常委会上的大会发言，促进了国家一系列重大生态建设和环境保护政策措施出台。2002 年，民盟市委牵头完成《关于三峡库区开发利用、管理及保护的对策研究》，主要建议报送中共市委被采纳。2005 年，民盟市委在市政协二届三次会议上提交《切实防止三峡库区水产养殖污染水体的建议》《三峡库区次级河流水环境污染应加大综合治理力度》等集体提案，其中，《切实防止三峡库区水产养殖污染水体的建议》被市政府选为重点提案，由市政府领导牵头督办。通过提案办理，相关部门加强了三峡库区水产养殖管理和次级河流水污染治理。2006 年，民盟市委牵头完成《中外大规模移民情况及重庆历史上重大移民情况的研究》，所提建议得到多方认可和采纳。市政府主要领导评价认为，研究成果对当时移民政策应调整的建议，学术性强，对进一步搞好移民工作有很好的启示和意义。同年，为防止库区腹心“边缘化”，争取渝利铁路过万州，带动库区经济发展，民盟市委报送的社情民意信息《关于调整重庆至湖北利川铁路线路走向的建议》，经民盟中央转送，得到国务院总理温家宝的批示。2007 年，民盟市委在市政协二届五次会议上提交《对当前三峡库区主要问题的分析及几点建议》《加强科学管理，建设“重庆三峡库区移民事务数据库”》等集体提案，针对产业空虚化、移民失业和贫困现象仍然比较严重，有的优惠政策优而不惠，库区人文精神培育宣传不够等问题，提出要大力培育库区人文精神、尽快制定《移民法》、建立后期扶持长效机制、支持产业发展、把安稳致富的重点放在贫困移民上等建议。2010 年，民盟市委在市政协三届三次会议上，提交《重视三峡库区生态安全，构建移民良好人居环境》《关于进一步落实地质灾害防治群测群防工作的建议》等集体提案，针对三峡库区次级河流污染严重、地质灾害险情加剧等问题，提出尽快制定出台

《三峡水库管理条例》和《实施办法》、加快库区次级河流的综合治理、实施水环境与生态监测工程、建立地质灾害群测群防工作标准及机制等建议。

三峡工程建设管理和库区发展，还得到重庆盟员中的各级人大代表、政协委员的持续关注。全国政协委员、重庆市政协常委雷亨顺于1998年提出的《保护黄河长江，千万不要重犯类似人口问题的历史性错误》等建议，得到时任国务院副总理邹家华的重视，并批转重庆市政府，由市环保局转发库区沿江各区县。他在2000年提出的“依托四市、发展两线”，“三峡工程应实施‘库坝合一’管理模式”等建议，引起中央、重庆市领导的重视。2003年，三峡水库蓄水之前，雷亨顺提交紧急提案《三峡水库关闸蓄水工程中水样标本取样分析留存历史档案资料》，得到市政协主要领导重视，作为特案送市政府特办。市政府主要领导很快作出批示，市移民局等单位随即进行专题研究，市政府召开专门会议并形成纪要。三峡水库蓄水后，雷亨顺就库区消落带生态环境问题治理方案的建议，得到温家宝总理的批示。全国人大代表陈万志在全国人大九届二次会议期间作了题为《关于把三峡库区列为国家污染防治重点区域的建议》的发言，得到全国人大委员长李鹏的重视。2003年至2006年，担任全国政协委员的陈万志又分别提交《关于全面实施〈三峡库区及长江上游水污染防治规划〉的建议》《关于建立三峡库区水环境保护专项资金的建议》《关于扶持重庆三峡移民和库区经济社会发展的建议》等提案。2008年至2010年，担任全国人大代表的陈万志继续关注三峡工程，提出了《开展制订“移民归化法”调研的建议》等建言材料，继续问计三峡库区发展及稳定。全国人大代表吴刚在十届全国人大四次会议上，提交《关于推进〈三峡水库管理办法〉尽快进入国家立法程序》《关于在三峡库区设立优势产业投资基金的建议》《关于建立三峡库区生态环境补偿机制的建议》《关于加强政策配套，把三峡库区建成协调发展试验田的建议》《关于利用三峡库区优势资源发展能源产业的建议》《关于利用三峡库区优势资源发展天然气化工特色产业的建议》等5件议案或建议，针对三峡库区管理、产业空心化等问题提出解决措施，产生了积极影响。其后，担任全国政协委员的吴刚，一直把三峡工程及库区治理作为参政议政的一个重点，在全国政协会议上，提出《关于制定三峡水库可持续利用综合规划》《关于制定〈长江三峡水库管理条例〉的建议》《关于支持重庆加强水环境保护的建议》等提案，为加强三峡库区水污染治理和水环境保护鼓与呼，引起国家相关部委重视。

重庆作为大城市带大农村的直辖市，破解“三农”问题尤显迫切。民盟市委始终把解决“三农”问题、推进重庆统筹城乡试验改革、促进城乡一体化发展作为履职的重要着力点，围绕农村基础设施建设、农业产业化发展、农民权益保障等重大问题建言献策。

农村基础设施建设方面，针对重庆市2006年发生百年不遇的特大干旱，水利设施建设不足等问题，2007年，民盟市委在市政协二届五次会议上，提交《以人为本，建立保障农田水利建设健康发展的长效机制》等集体提案，提出对已有库渠塘堰进行集中治理和有效保护、保证充分发挥现有水利设施功能，做好旱情信息采集与应急基础工作、为抗旱决策提供科学依据，建立资金保障体系和监管体系、加强水利工程科学的规划和管理，依法治水、管水，实现加强农田水利工程信息化建设，提高农业抗旱管理水平和应对干旱灾害能力等建议。提案所提建议得到中共市委、市政府和相关部门重视，促进了我市农村水利基础设施建设。2010 年，民盟市委又在市政协三届三次会议上提交《关于解决我市水利建设中资金紧缺问题的建议》等集体提案，再次把化解农村水利建设中存在的问题作为参政建言和民主监督重点，提出要千方百计多渠道筹措水利建设资金，积极引用社会资金建设水利工程，用好管好水利建设资金等建议。针对农村公路建设存在的不足，2008 年，民盟市委在市政协三届一次会议上提交的集体提案《加强农村公路建设，为社会主义新农村建设服务》被市政协选为一号提案。提案针对重庆长期以来重城市轻农村，重高速公路建设，轻农村公路建设；农村公路建设重建设，轻管养，资金投入不足，缺乏管理维护的长效机制等问题，提出提高认识，建养并重；修订规划，坚持标准，明确要求，分批实施；创新机制，分级负责，多渠道筹集资金；完善产权制度，建立健全管养机制；分级负责，强化监督等建议。通过市政府领导牵头督办，有效地促进了重庆农村公路的建设和管养。

农业产业化发展方面，1997 年至 2002 年，在市政协一届历次会议上，民盟市委先后提交了《请重庆市农委尽快落实市府办公会关于"建立奉节生态经济示范县"批复意见以保证该项工作能如期进行》《发挥农业科技人才在重庆"科教兴农"中的作用》《确保农民增收减负积极启动农村消费市场》《创新思维改革管理促进我市农村经济的发展》《关于高度重视农村取消"两工"后遗症问题的建议》《提倡移风易俗遏制"人情"消费的建议》等涉农提案。这些提案涉及面广,针对性强。通过提案办理,推动了相关问题的加快解决。2006年,民盟市委在市政协二届四次会议上提交提案《"十一五"规划要高度重视对农业规模化经营的导向和扶持》《在"十一五"期间注意完善重庆城乡就业和城乡社会保障良性互动的建议》《对深化户籍制度改革的几点建议》等集体提案,认为农业规模化经营是农业产业结构调整、提高农产品质量和效益的重要途径,也是现代农业发展的必然趋势,针对我市在农业规模化经营推进中存在的规模化经营者未获法定土地经营权、规模化经营缺乏维持资金两大问题,建议市政府在编制"十一五"规划时,要建立农村土地经营权流转登记发证制度;调整政府农业综合开发项目资金的投入方式,更有效地扶持更多的农业开发项目;协调金融机构加大对农业规模化经营的信贷力度。这些建议,引起相关部门重视,在政府相关政策文件中得到采纳。2011年和2012年,民盟市委在市政协三届四次、五次会议上提交《扎实搞好"两翼"农户万元增收工程的建议》《关于加快发展农村新型股份合作社的建议》等集体提案,提出的相关扶持和优惠政策等建议得到采纳。

农民权益保障方面,2003年至2005年,民盟市委在市政协二届一、二、三次会议上提交《关于高度重视我市外出务工人员权益保护的建议》《关于加快城市化进程提高"新市民"素质的建议》《提高农村劳动力就业和创业能力的几点建议》《关于我市农村富余劳动力转移的若干建议》《关于建立保障失地农民合法权益长效机制的建议》《关于加强对我市“棒棒军”管理的几点建议》等集体提案，高度关注农民工技术培训、职业介绍、医保、社保、廉租住房等社会保障，经过相关部门办理，有效促进了相关问题的解决。2007 年，民盟市委再次关注农民工这一特殊群体，提交了《和谐重庆：政府还应加大对农民工职业病防治工作的力度》等集体提案。2009 年，民盟市委分析把握受国际金融危机影响、农民工返乡创业较多的新形势，在市政协三届二次会议上提交集体提案《在新形势下要高度重视农民工返乡创业》，被市政协选为现场督办提案，由中共市委、市政府领导牵头督办。提案针对返乡创业农民工存在的“怕地方政府对返乡创业者有效鼓励与支持不够，怕返乡创业投资规模小、难以享受国家扶持政策，怕资金来源有限、难以融资促发展，怕独立创业风险大，怕短线经营、效果不好，怕回家乡缺乏适合自己的打工岗位”等“六怕”现象，提出进一步完善创业技能培训体系，增强劳动力就业能力；建立和完善返乡创业者工伤、医疗、失业、养老保险制度，切实保护农民工返乡创业的合法利益等建议，这些建议被中共市委、市政府随后出台的相关文件吸纳。

三、聚智助力民生社会事业

民盟市委始终注意针对教育、就业、文化、卫生和社会保障等重大民生社会事业积极建言献策，开展民主监督，助力其健康发展。

教育是民生之基，是民盟参政履职的重中之重。1997 年至 2002 年，民盟市委先后开展了“中小学素质教育现状调查”“面向知识经济时代的高校创新教育改革”“重庆市基础教育的现状及跨世纪发展的对策”“加快我市高中教育阶段发展，为建设长江上游经济中心奠定人才基础”等专题调研，提交了《关于加强产学研结合，发挥科技优势，落实“科教兴渝”战略》《关于认真贯彻〈社会力量办学条例〉大力鼓励支持社会力量办学的建议》《关于高校扩招后确保教育质量的几点建议》《关于构建充满活力的基础教育新体制的建议》《关于加强学生理财、法治教育的建议》《关于保持普职教育协调发展，确保“十五”教育发展规划顺利完成的建议》《关于规范重庆市高中阶段教育招生秩序的建议》《关于严格执行文件规定将1965年前原中教1—4级的全体退休教师的退休费按副高级对待的建议》《关于改革教材发行方式，减轻贫困学生经济负担的建议》《关于发展民办教育，取缔在公办校设校中校收“议价生”的建议》《加强师德建设是确保教育教学质量的重要前提》等集体提案，有效促进相关矛盾化解。

2003年至2005年，民盟市委将关注重点放到职业教育健康发展、基础教育均衡发展、教育体系完善等方面，先后提交《关于进一步重视和发展高等职业教育的建议》《关于实施“素质工程”提高职工素质的建议》《促进基础教育均衡发展确保入学公平的建议》《关于扩大和普及普通高中教育的建议》《防止我市大学城建设多、散、滥的建议》《关于建立需求导向型教育体制的建议》《关于加强中小学生情感教育的建议》《关于建立重庆特殊教育中心的建议》《高度重视加快中等职业教育发展》《关于加快民办教育发展的对策和建议》《提高待遇，完善机制，建设一支合格的农村代课教师队伍》等集体提案。2006年，在市政协二届四次会议上，民盟市委提交了《关于加快重庆民办教育健康发展的建议》《加大政府统筹力度，实现我市职业教育跨越式发展》《加快我市高等职业教育发展的建议》《关于加快建设重庆市竞技体育训练中心的建议》《建议把江南大学园建设纳入我市“十一五”规划》《解决农民工子女入学难问题是政府义不容辞的责任》《严格禁止巧立名目向中小学老师乱收费》等7件提案，在继续关注职业教育、民办教育的同时，还把目光投向农民工子女这一弱势群体的教育，并把维护教师的合法权益作为一个关注点，呼吁各级政府重视解决以培训、考试、继续教育、职称评定等名目向中小学教师乱收费问题。

随着工业化、城镇化的快速推进，留守儿童教育日益成为我国教育的突出问题，受到民盟市委关注。2007年，民盟市委与民盟中央合作开展“关于留守儿童教育问题”专题调研，形成调研报告提交民盟中央后，相关参政建言材料转化为民盟中央提交全国政协的集体提案。此外，十届全国人大代表、全国政协第十一届政协委员刘明华利用“两会”平台，四次建言留守儿童少年教育问题，产生了广泛影响。2008年，民盟市委与民盟中央合作开展“民办高等教育在高教中的作用”课题调研，课题成果转化为民盟中央提交全国政协集体提案《关于推进民办高等教育发展的建议》，转化为民盟市委提交市政协会议的集体提案《努力把民办高等教育培育成为我市高教资源的重要增长极》，该提案被市政协选为重点提案后，由市政协领导牵头督办。同年，民盟市委普教委员会开展“重庆市农村义务教育‘以县为主’管理体制中政府职责落实情况调查研究”重点调研，提出在中央财政随财税体制改革收入增长迅速的现实情况下，应及时调整管理体制等建议。该课题调研成果为民盟中央致刘延东同志的建议信《关于完善“以县为主”的农村义务教育管理体制的建议》提供了基础素材，还转化为民盟市委提交市政协会议的集体提案。同年，民盟市委在市政协三届一次会议上提交的集体提案《关于我市统筹城乡基础教育协调发展的建议》被市政协选为重点提案，由中共市委主要领导牵头督办。2009 年，民盟市委开展“城乡职业教育与技能培训中的问题与对策研究”重点调研。该课题研究成果为民盟中央致胡锦涛总书记、温家宝总理的政策建议信《关于推进职业教育与技能培训事业科学发展的建议》提供了基础素材，并转化为民盟市委提交市政协会议集体提案《理顺机制，统筹监管，力争我市职业教育跃居全国前列》，该提案被市政协列为重点提案后，由中共市委领导牵头督办。同年，民盟市委和民盟中央合作开展了《当前经济形势下毕业生就业状况与应对策略》课题调研，该课题研究为蒋树声主席、张梅颖第一副主席致胡锦涛总书记、温家宝总理的政策建议信《关于促进高校毕业生就业工作的建议》提供了基础素材，转化为民盟中央在全国政协会议上的大会发言《大力促进解决大学生就业难》和集体提案《关于促进解决高校毕业生就业难的建议》。2010 年，民盟市委在民盟基础教育（绍兴）研讨会上作了题为《“十二五”规划中应更加注重统筹城乡教育协调发展》大会发言，以重庆为例，总结重庆市在统筹城乡教育协调发展中的做法和经验，查找在“十二五”期间统筹城乡教育发展面临的问题，提出要强化“教育是最重要的民生”“改革创新”“依法治教”等理念，强化政府在提供基本公共教育服务均等化方面的职责等建议。该发言随后被转化为民盟中央在全国政协会上的集体提案《关于“十二五”期间注重城乡教育协调发展的建议》。2011 年,民盟市委将关注的焦点转向学前教育。经过深入调研,在市政协三届四次大会上提交集体提案《关于“十二五”期间维护教育公正,加快普及学前教育的建议》,提出以多种形式扩大学前教育资源,落实各级政府责任,加快立法步伐,加强幼儿教师队伍建设,确保学前教育的公益性和公平性等建议。该提案被市政协选为重点提案,由市政府领导牵头督办。同年,民盟市委还开展了《重庆市义务教育标准化建设研究》,研究成果转化为民盟市委的集体提案和多件社情民意,获得相关市领导批示,该课题研究成果所转化的研究论文《以标准化促均衡化,确保教育起点公平》,在民盟基础教育研讨会上被评为优秀论文,并作交流发言。2012 年,为深入贯彻落实《国家中长期教育和人才发展规划纲要》《国务院关于大力发展职业教育的决定》和《国务院关于加强职业培训促进就业的意见》,适应全面推进“314”总体部署对技能人才和高素质劳动者的迫切需要,中共市委、市政府出台了《关于大力发展职业技术教育的决定》。为助推重庆市职业技术教育发展,民盟市委开展了“职业教育结构调整及基础能力建设”课题研究,调研成果转化为民盟市委的集体提案。同年,民盟市委在全市职业技术教育工作会召开前,组织专家围绕职业技术教育发展中的突出问题深入调研,形成 5 篇政策建议信报送中共市委、市政府相关领导,在相关文件及规划出台过程中发挥了决策咨询作用。

就业是民生之本。2003 年,民盟市委在市政协二届一次会议上提交提案《调整思路促进就业》，针对经济增长对就业提出新要求，全社会就业压力越来越大等新形势，建议政府把加强就业宏观调控作为政府的一项重要工作，把控制失业率和增加就业岗位作为政府宏观调控的重要指标，纳入经济和社会发展规划予以考核；以就业为导向调整发展思路，推动实行“可持续生计”，加强就业和创业引导。2004年，民盟市委在市政协二届二次会上提交《提高农村劳动力就业和创业能力的几点建议》《关于我市农村富余劳动力转移的若干建议》等集体提案，提出提高农村劳动力就业和创业能力的关键是提高农民的文化素质和职业技能，要消除农民工进城务工在建房、购房、进城入户、子女就学等方面存在的体制性、政策性障碍。2006年，民盟市委在市政协二届四次会上提交提案《在“十一五”期间注意完善重庆市城乡就业和城乡社会保障良性互动的建议》。

医疗卫生事关百姓生命安全。针对全市医疗卫生事业基础薄弱、资源总量不足、分布不均等问题，民盟市委先后开展“农村医疗服务体系建设”“公立医院改革”“民营医疗机构发展”等专题调研，提出诸多可操作性较强的对策建议。2004年，在市政协二届二次会议上，民盟市委提交提案《在城市化进程中加强社区服务》，针对在“非典”中暴露出一些地方在农村城市化及旧城整治开发过程中只重视城区建设，忽略社区卫生服务网的规划和设置，甚至有的地方将原有的社区卫生站拆除等问题，建议统筹规划，合理配置社区卫生服务中心（站）；对社区医师实施培训上岗；建立区县内社区卫生中心（站）信息网络体系等建议。2006年，在市政协二届四次会上，民盟市委提交提案《完善机制，强化管理，解决“看病贵”的问题》，提出从体系、机制、管理等方面入手进行改革，有效根治“看病贵”问题。2007年，在市政协二届五次会上，民盟市委提交了《以公开、透明、强化监督的措施解决“看病贵”》《完善制度，强化监管，确保我市医保事业健康发展》等提案，针对医院药价虚高、不合理检查、医保费使用存在漏洞等问题，提出改进建议。2008年至2012年，在市政协会议上，民盟市委先后提交《加强我市民营医院管理的建议》《公平合理配置医疗资源，促进农村卫生事业发展》《关于完善我市新农合补偿、支付机制的建议》《关于深入推进医改，缓解看病难问题的几点建议》《关于完善我市医疗救援平台的建议》等提案，继续为解决看病难、看病贵问题鼓与呼。

文化是社会建设的重要组成部分。民盟市委围绕文化体系建设、文化人才培养、文化遗产保护等问题，提出了面对全球化积极参与全球多元文化竞争、加强重庆文化研究、重视村镇文化建设、建设“巴蔓子—通远门城墙公园”、开启重庆长江三峡文化工程、兴办国学院、加强“重庆·中国三峡博物馆”工程建设管理、将华岩寺建成重庆佛教文化中心、建立“重庆市地方志馆”、设立“国际版画艺术节”等建议。2008年，在市政协三届一次会议上，民盟市委提出《加大扶持整合资源提高我市文化软实力建设》《立法先行加强规划是保护和开发重庆工业遗产的重要之举》《尽快抢救保护重庆抗战历史文化遗址》《关于着力打造黄桷坪艺术市场发展我市文化产业的建议》等集体提案，其中《尽快抢救保护重庆抗战历史文化遗址》被市政协选为重点提案，由市政协领导牵头督办，对抢救保护我市抗战历史文化遗址产生了较好效果。2009年至2012年,民盟市委又先后提出了《关于加快推进农村村级社会公共服务中心建设的建议》《关于兴办国学院的建议》《加强历史文化名镇保护和利用刻不容缓》《健全机制依法管理进一步发挥我市公共图书馆资源作用》《充分发挥特园"民主之家"新时期统战作用的建议》《关于完善投融资平台促进我市文化产业发展的建议》等集体提案,对如何保护和发挥好重庆已有的文化资源、政府如何进一步履行好公共文化服务职能等提出意见建议。为推进文化建设和发展,民盟相关专家也积极发挥作用。在市政协一届一次会议上,刘明华委员作了题为《加快文化建设步伐,创造重庆精神》的大会发言,建议以"弘扬红岩精神,重塑当代重庆人"为基点,建构"重庆精神",充分发挥人文学者、文化人才的作用,引进各类人才、文化名人,加强法制教育,强化文明意识,使脱盲脱贫同步,提高全市人民文化素质,努力把重庆建设成为长江上游的经济、文化两个中心。这些建议得到相关部门的重视。2005年6月,民盟市委副主委吴刚提出《关于将全国统一战线传统教育基地纳入红色旅游精品线和经典景区的建议》,建议全国唯一的统一战线传统教育基地重庆,要加强与广州、南京等城市中为中国革命胜利做出突出贡献的统一战线纪念地以及其他红色旅游资源的结合,推出一批红色旅游精品线路。在中共市委和市政府领导重视下,重庆红色文化旅游业提速发展。

公共服务体系建设是社会建设的基础性工程。2008年,在市政协三届一次会议上,民盟市委提交提案《用政府公共财政购买公交服务,实行公交低票价制》,建议用公共财政购买公交公共服务，确保把公共交通优先发展的理念落实到位。同年6月初，针对我市公交行业反映的政策性亏损严重等问题，民盟市委主委陈万志带领盟员中的部分市人大代表、市政协委员、民盟市委参政议政委员会委员约20人到公交企业进行专题视察和调研，形成《关于加大公交行业建设和补贴，进一步促进城市宜居交通环境建设的建议》，报送中共市委、市政府相关领导，建议很快得到了市政府主要领导的批示，市政府庚即向公交企业拨付燃料补贴经费5800万元，有效地缓解了公交企业的困境，为宜居重庆交通环境的打造发挥了积极作用。2009年，在市政协三届二次会议上，民盟市委提交提案《关于加快推进农村村级社会公共服务中心建设的建议》。2011年，民盟市委与民盟中央合作开展"统筹城乡视角下开发新区公共服务体系建设研究——以重庆两江新区为例"专题调研，相关调研成果转为民盟中央提交给全国政协的集体提案以及民盟市委在民盟中央第二届民生论坛上的书面发言《统筹城乡公共服务发展的重庆实践》。在市政协三届四次、五次会议上，民盟市委还提交了《关于在宜居重庆建设中完善公共服务设施的建议》《关于在我市部分老旧社区试点开展政府购买公共物业服务的建议》等提案。

社会保障是民生安全网，民盟市委把关注的目光更多地投向弱势群体。2006年，在市政协二届四次会议上，民盟市委提交提案《把血友病患者界定为残疾人群纳入医保体系予以关爱的建议》，得到中共市委主要领导批示，有关部门发文将血友病纳入基本医疗保险市级统筹特殊病范围，使重庆市血友病医保工作走在了全国前列。2008年，在市政协三届一次会议上，民盟市委又再次提交提案《关于落实渝劳社办发〔2006〕185号文件进一步解决血友病医疗保障的建议》，对一些区县执行文件不到位、参保规定对血友病患者门槛过高、血友病部分专用药未完全纳入医保药品A类目录等问题，再次呼吁有关部门重视和解决。2007年至2011年，民盟市委先后在市政协会上提交了《高度重视民政福利企业残疾人职工权益保护》《关于加强我市社区综合养老服务设施建设的建议》《关于在我市建立儿童、少年基本医疗保障体系的建议》《更新观念，创新机制，解决农村五保老人的养老问题》《关于开展新生婴儿医疗保险的建议》《完善廉租房制度，解决城镇困难群体住房问题》《采取多种措施建设以社区为依托的居家养老体系》，把关注的目光投向残疾人群体、少年儿童和老年人群体。2012年，在市政协三届五次会议上，民盟市委作了题为《关于采取切实措施关爱空巢老人的建议》大会发言，针对空巢老人生活自理难、生病救治难、精神慰藉难等问题，大声疾呼政府要充分发挥主导作用，把空巢老人问题作为应对人口老龄化系统工程的重中之重，作为为民办实事内容，规划好，落实好。针对城市居民的住房保障问题，民盟市委先后提出了优化公租房摇号配租方式、加快公租房配套设施建设速度等建议，在公租房加快建设和优化管理中发挥了一定作用。围绕收入分配问题，民盟市委在市政协三届四次会议上作了题为《完善收入分配机制，促进社会和谐稳定》的大会发言，提出转变方式、综合施政、加快构建民生导向的发展模式，深化改革、协调推进、不断完善公平合理的政策体系，抓住重点、突出实效、着力解决收入分配的现实问题等三方面建议，引起与会者共鸣。

四、关注民主法治和生态文明建设等问题

民主法治是社会文明进步的重要标志，是国家长治久安的重要保障。依法治国、依法治市一直为重庆民盟所关注。

1998年，在市政协一届二次会议上，民盟市委作了题为《依法治市，加快发展的七条思路》的大会发言，提出在法制范围内解放思想，搞活经济；依法办事，稳定社会；依法办事“从我做起”、“从领导做起”；将法制工作列为党政领导干部的“政绩”考核内容；学习依法治理先进经验等建议。2002年，在市政协一届六次会议上，民盟市委提交《尽快制定〈重庆市人民调解工作条例〉，确保依法调解民间纠纷，维护基层社会稳定》等提案，针对因民间纠纷未及时化解而引发群众集访、突发事件，有的甚至恶化成为治安案件、刑事案件等现状，建议重庆市尽快立法，使人民调解工作纳入依法管理的轨道，不断提高工作水平，真正发挥好第一道防线的作用。2003年，在市政协二届一次会议上，民盟市委提交《关于尽快制定〈重庆市法律援助条例〉的建议》《建议尽快制定〈重庆市党政机关公用设施配置标准〉并公布实施》《关于进一步推进和规范政府法律顾问制度的建议》《关于公职人员职务消费制度改革的建议》等提案，就如何帮助社会弱势群体获得法律救助、防止党政机关在公用设施配备中铺张浪费和盲目攀比、促进政府严格依法行政、防止职务消费腐败和浪费提出了诸多建议。2004年，在市政协二届二次会议上，民盟市委提交提案《关于建设诚信政府的若干建议》，认为现代市场经济是信用经济，现代文明社会是信用社会，针对社会各主体尤其是一些部

门存在着程度不一的失信行为的现状,建议从制度层面入手,建立政府诚信的监督管理系统,制定政府公务员诚信守则和评估办法,建立公务员个人诚信档案,构建社会信用体系。2005 年,在市政协二届三次会议上,民盟市委提交提案《关于人民法院收取诉讼费用制度改革的几点建议》,针对部分地方法院违规收取其他诉讼费用、不正确行使申请减缓免交诉讼费用审批权等问题,提出了改革建议。2006 年,在市政协二届四次会议上,民盟市委提交提案《关于政府办"实事"不宜自己命题的建议》,呼吁政府应进一步提升公信力和规范性。2009 年,在市政协三届二次会议上,民盟市委提交书面发言《创建化解群体事件新机制,努力建设平安重庆》,建议认真总结重庆化解出租车罢运事件的成功经验,进一步构建良性的对话沟通机制、谈判协调机制,完善问责机制和政策导向机制。2010 年,在市政协三届三次会议上,民盟市委提交《关于尽快设立市级联合接访场所的建议》《关于提高信访工作效率和质量的建议》等提案,针对规范信访工作提出意见。2011 年,在市政协三届四次会议上,民盟市委提交提案《关于推进我市政府财政信息公开的建议》,就落实《政府信息公开条例》和市政府《关于贯彻〈政府信息公开条例〉实施意见》,提出制定完善具有可操作性的实施办法、建立问责监督制度等建议。2012 年,在市政协三届五次会议上,民盟市委提交提案《关于进一步创新社区管理机制,推进民主法治建设的建议》,针对城市社区管理面临的"'退二进三'功能转变"、"城市社区多元化"、"社区公共服务向'社会化'转变"三大挑战,提出要完善"一体化大综治"的社区管理机制,推进"社区网格化管理",提高管理效能，广泛开展“民主法治社区”创建活动，推进社区民主选举、民主决策、民主管理和监督，加快培育社会组织，推动社区建设“实体化”，开展社区管理体制改革等建议。

民盟市委领导和盟员专家也利用各种渠道积极建言民主法治建设。1999年，全国政协委员冯克熙在全国政协九届二次会议上，提交提案《宪法修改应结合体制来保证宪法的贯彻》，以实事求是的精神，中肯的态度，尽心竭力推动社会主义民主法治建设。2007年，雷亨顺委员在市政协二届五次会议上作了大会发言《深刻认识“协商+投票”民主的时代意义，主动推进政协改革步伐》，认为“协商+投票”的民主方式在当今世界的政治生活中得到了广泛采用，人民政协作为协商民主的主要载体和运行平台，应该从政协委员选拔、结构调整、加强民主监督等方面主动推进改革步伐。市人大代表、市政府特邀监察员鲁磊长期关注地方立法，在市人代会上提交议案数量多次位列代表首位。

社会管理创新也是民盟市委持续关注的重点之一。2004年，民盟市委牵头完成《建设重庆市应急管理体系，提高政府应对突发公共事件能力研究》专题调研报告，提出应急管理必须把握“以人为本、以防为主、分级管理、平战结合”等原则，尽快建立重庆市应急处置指挥体系、防范体系和保障体系，使重庆应急处置工作做到领导一元化、指挥智能化、决策科学化、保障系统化、防范系列化等建议。该调研成果得到市政府主要领导的充分肯定，要求市政府有关部门将市政府原则通过的《全市突发公共事件总体应急预案》的有关材料送民盟市委听取意见。2005年，民盟市委牵头完成《推动社会公众有序参与社会管理研究》《关于我市房屋拆迁中存在的问题及对策的建议》课题调研报告，在市政协会上提交提案《关于建立重庆市应急联动系统的建议》，被市政协选为重点提案，由市政府领导牵头督办。2012 年，民盟市委与民盟中央合作开展《基层公共服务与社会管理有机结合机制研究》课题调研，提出认真按照管理与服务有机融合的基本理念强化基层公共服务与社会管理的整体制度设计，切实落实“民意为重、群众为先、以人为本、阳光透明、法律为上”等基本原则，抓好基层公共服务与社会管理机制构建等建议。该课题调研成果转化为民盟中央提交给全国政协、民盟市委提交给市政协的集体提案。

反腐倡廉是民盟市委关注的另一个热点。2005 年，在市政协二届三次会议上，民盟市委提交提案《关于严禁公务员同城吃请和工作日午间饮酒的建议》，建议制定《严禁公务员同城吃请和工作日午间饮酒的规定》，该建议很快得到市有关部门的重视和采纳，出台了相关规定。2010 年，民盟市委参与市纪委组织的“廉洁重庆”专题调研，在广泛征求各方意见、深入了解相关情况的基础上，向市纪委提交了专题调研报告，针对因权力“绝对化”而产生腐败“绝对化”，主动反腐、制度反腐不够，反腐案件查处重大轻小，对一些苗头性、顽固性问题研究治理不够等问题，提出要始终围绕“把权力关进笼子里”这一核心，强化制度建设；始终围绕“提升反腐执行力”这一关键，强化组织协调和资源配置；始终围绕“提升政府公信力”这一重点，强化“潜规则”、小腐败的治理；始终围绕“群众得实惠”这一终极目标，强化“苗头性、顽固性问题”的攻坚等意见建议，相关建议得到市纪委采纳。2011

年，在市政协三届四次会议上，民盟市委将关注点集中到腐败高发的建筑工程领域，提交提案《关于建立健全我市建设工程招标投标交易运行机制的建议》，建议细化相关管理办法和制度、健全行业监督机制、加大执纪执法力度，从源头上防治腐败、依法从政，优化经济发展环境，该提案被市政协选为重点提案，由时任中共市委常委、纪委书记牵头督办。

随着国家发展战略由“三位一体”向“五位一体”转变，生态文明建设成为民盟市委参政议政和民主监督的新领域。除了高度关注库区生态环境以外，民盟市委还加强城乡生态环境调研，先后提出了突出人文性和生态美提升重庆主城滨江两岸开发水平、在重庆化学工业园区建立新环境污染物监测和防范机制、加快农村发展要高度重视农村环境保护问题等建议。2008 年，民盟市委在市政协三届一次会议上提出了《关于解决主城区垃圾填埋场制约都市经济圈发展的建议》《关于在重庆化学工业园区建立新环境污染物预测和防范机制的建议》《关于严格限制在河流、湖泊、塘堰等周边开发建房的建议》等集体提案，其中，《关于解决主城区垃圾填埋场制约都市经济圈发展的建议》被市政协选为重点提案，由市政协领导牵头督办，对主城区垃圾填埋场的规划完善发挥了积极作用。2009 年至 2012 年，民盟市委在市政协会议上提出《加快农村发展要高度重视农村环境保护问题》《重视三峡库区生态安全构建移民良好人居环境》《“森林重庆”建设中应大力推广节约型绿化建设》《关于进一步提升市容市貌整治效果的建议》《关于加强我市水环境保护的建议》等集体提案，对我市生态环境特别是农村水环境的保护提出了许多意见建议，得到市相关部门的重视和采纳。2011 年民盟市委上报的社情民意信息《关于破解“制度性缺水”难题的建议》被民盟中央上报全国政协采用后，得到时任国务院副总理回良玉批示，引起国家相关部门重视。

五、协助民盟中央来渝调研，承办相关会议

直辖以来，重庆备受各方关注。民盟市委抓住契机，积极争取民盟中央领导及专家来渝调研指导。

2006 年 2 月，全国政协副主席、民盟中央常务副主席张梅颖及民盟中央副主席吴正德、索丽生到万州专题调研三峡库区移民安置及就业发展问题，并以民盟中央主席蒋树声、常务副主席张梅颖的名义向中共中央总书记胡锦涛、国务院总理温家宝报送了关于三峡库区发展与移民工作建议的报告，得到胡锦涛总书记、温家宝总理、曾培炎副总理批示，相关建议得到采纳。

2008 年 6 月，全国政协副主席、民盟中央第一副主席张梅颖率全国政协“统筹城乡发展，促进形成城乡经济社会发展一体化新格局”专题组对我市城乡统筹建设和发展情况开展视察调研。在深入调研的基础上，张梅颖提出，重庆开展统筹城乡综合配套改革试验既有战略意义，也有示范作用，要坚持解放思想，用开放的眼光和统揽全局的思维，在更广层面、更深领域推进统筹城乡工作的开展。在渝期间，张梅颖副主席还就民盟市委如何发挥界别优势，切实履行好参政党职能，为重庆进一步解放思想、扩大开放，更好地落实胡锦涛总书记“314”总体部署，聚力助推城乡统筹发展出成效，促进重庆经济社会全面、和谐发展建言献

策作了具体指导，提出更高要求。

2009年6月，全国政协副主席、民盟中央第一副主席张梅颖，民盟中央副主席索丽生赴万州考察调研库区职业教育和移民安稳致富。张梅颖一行先后到三峡医药高等专科学校、万州职业教育中心考察，详细了解学校办学、教学，学生学习、就业等方面情况，并与师生座谈，充分肯定了万州职业教育为万州发展、提高移民、农民工就业技能，促进移民安稳致富等方面所取得的成绩。考察调研中，张梅颖还与重庆三峡库区有关区县领导、职业教育学校座谈，她希望从事关全局发展的战略高度重视和发展好职业教育，服务移民安稳致富。

2011年7月，郑功成教授等民盟中央专家一行来渝考察调研，听取重庆市统筹城乡发展与社会保障方面的情况介绍，实地考察两江新区保障性住房工程、社区卫生服务中心、幼儿园等公共服务设施，还赴万州区专题考察了库区移民的生活及社会保障情况。在渝期间，郑功成教授应邀为全市社保系统干部职工作了题为“国家发展与保障民生”的专题报告。

同年10月，全国人大常委会副委员长、民盟中央主席蒋树声带队，由民盟中央常务副主席张宝文，民盟中央副主席索丽生、陈晓光、温思美，经济委员会主任郑功成、副主任丁元竹等盟内领导和专家参与的近20人的民盟中央调研组来渝考察调研“统筹城乡公共服务体系建设”。此次调研受中共中央委托，是民盟中央继“收入分配”、“社会保障体系”后在全国开展的又一次重点调研。在听取重庆市相关部门汇报后，调研组分组深入区县考察调研。其中，张宝文、温思美率队赴彭水县、江津区和巴南区，索丽生、陈晓光率队赴万州区、涪陵区和江北区。在渝期间，调研组实地考察乡镇卫生院、乡镇中学等25个单位，召开座谈会4次。座谈会参加人员包括市、区（县）、街道（乡镇）、社区（村）各级党委、政府负责人，相关部门负责人，相关服务机构负责人及工作人员；为获取广泛、扎实的一手资料，调研组还与村民代表、留守儿童家长、中小学生等进行交流。民盟中央根据重庆民盟重点调研课题素材，向中共中央、国务院提出推进我国基本公共服务体系全面建设的政策建议信，得到胡锦涛总书记、温家宝总理、李克强副总理和张德江副总理等多位国家领导人批示。

民盟市委加强对外合作和交流，凝聚盟内外资源提升参政履职水平，先后承办西部盟务工作研讨会、民盟高教研讨会、直辖市盟务工作交流会，加强与民盟中央及兄弟省区市盟组织的联系。

2000年10月，民盟市委牵头承办民盟西部省（区、市）第二次盟务工作会，民盟中央副主席兼秘书长俞泽猷、副主席吴正德等领导，民盟西部地区11个省区市的代表，民盟天津、广东、山东、河北、江苏等省市的来宾共70余人出席会议。会议以中共中央十五届五中全会精神为指导，结合西部实际，以“发挥民盟组织智力优势、为西部大开发献计出力”为主要议题。会议收到论文26篇，14位同志作了大会发言。论文和发言紧紧围绕“西部大开发”和“加强盟的自身建设”两大主题，提出意见建议。其中既有关于西部大开发战略意义的论述，实施西部大开发与可持续发展、人才、环境等重大问题的思考，也有结合本地区特色的具体建议。会上，民盟市委提交论文10余篇，作了题为《从“区域发展成本"审视西部大开发》的大会发言;天津、山东、广东等东部沿海省市盟组织也对东西部盟组织联合参与西部大开发提出了建议。

2001年10月,民盟市委牵头承办民盟部分省市高教研讨会第十三次会议,全国人大副委员长、民盟中央主席丁石孙,民盟中央副主席张梅颖、吴正德和民盟北京、上海、天津等17个省市组织的68位代表出席会议。这次会议的中心议题是高校扩招后面临的若干问题及对策。会议收到论文近40篇,其中重庆高校的盟员提交论文11篇。会议认为,高校扩招的举措和高等教育大众化的方向是应该肯定的,要积极、稳妥、适度地扩大高等教育的规模,使之与经济发展速度和水平相适应,加快高等教育发展,必须有一定的保障条件,建议国家要正确处理好规模、质量、结构和效益四者之间的关系,继续增加对高等教育的投入力度。针对我国东西部地区经济、文化发展不平衡的现状,建议把在高等教育方面支持西部大开发的决策落到实处,同时要在全社会范围内宣传和倡导新的教育观念、新的教育思想,用先进理论转变陈旧的价值观念,以适应高等教育大众化形势的到来,促进全民族素质提高。

2004年11月,民盟市委牵头承办民盟京、津、沪、渝四个直辖市第四次盟务工作交流会,民盟中央常务副主席张梅颖出席会议,四个直辖市民盟组织代表共40余人参加会议。本次交流会的主题是深入学习"三个代表"重要思想,认真学习贯彻中共十六届四中全会精神和民盟九届九次中常会精神,交流各市盟务工作经验,研讨如何提高各市盟组织参政议政能力、加强后备干部队伍建设，以及如何加大直辖市文化体制改革等问题。会议提出四个直辖市要充分利用辐射能力强、信息量大、参政资源丰富的优势，加强沟通联系，交流在各地政协会上的提案、大会发言、调研论文以及工作计划、报告，共享工作成果和研究成果。会议还提出，聚集四地力量，就共同关心的社会问题展开调研，实现优势互补，增强对策建议的说服力和推动力。

第四节　积极探索社会服务新形式新领域

一、设立渝盟教育奖励基金，开展农村教育烛光行动

教育改革发展是民盟参政建言的主要阵地，也是民盟社会服务的重点领域。民盟市委通过设立教育奖激励盟员教师立足岗位建功立业，深入开展农村教育烛光行动，为重庆教育发展作出了贡献。

1994年10月，中国民主同盟重庆市委员会教育奖励基金（简称渝盟教育奖励基金）正式设立，同时成立了渝盟教育奖励基金理事会。首届理事会由冯克熙任理事长，陈以震任常务副理事长①。该奖每两年评奖一次，每次设一、二、三等奖若干名；由盟员提出申请，所在基层盟组织初评，基金理事会复评。1995年下半年开始首次评奖。

① 1995年4月12日，陈以震赴华蓥市处理基金理事会公务，遇车祸不幸以身殉职。

渝盟教育奖励基金继续严格按照管理规定推进相关工作。2003 年 7 月,第二届理事会成立,冯克熙、鲁承宗任名誉理事长,陈万志任理事长。2009 年 6 月,第三届理事会成立,陈万志任理事长。

基金理事会成立以来,主动接受民盟市委的领导与监督,认真履行基金的管理职责,制定了基金的章程、评奖办法及细则,先后召开 18 次理、监事会议研究工作和评定奖级,使基金的评奖颁奖工作逐步制度化、规范化。基金首笔经费来源于山城大学善后工作领导小组捐赠的 26 万元,后接受盟员企业家郭君稳、刘晓林捐赠,保证了颁奖经费的需要。渝盟教育奖励基金自设立到 2011 年 9 月结束,历时 17 年,先后进行了 9 次评奖,共 530 人(次)获得奖励,其中一等奖 45 名,二等奖 135 名,三等奖 350 名。基金共向 530 名获奖者发出奖金 350500 元。

渝盟教育奖励基金是鲁承宗、陈以震等重庆民盟前辈矢志热爱、支持教育事业,发扬奉献精神和牺牲精神留下的宝贵精神财富和物质财富。据悉,在全国省级民盟组织内,只有重庆民盟设此专门的教育奖励基金。渝盟教育奖励基金的设立和发放,调动了重庆盟员搞好教育工作的积极性,增强了民盟组织的凝聚力和号召力。

2007 年,民盟中央向全盟发出开展“农村教育烛光行动”的倡议。该行动以“关心、帮助农村教师专业发展和全面发展,推动完善农村教师队伍建设和农村教育发展的政策和法律环境”为主要内容,旨在帮助加强农村教师队伍建设,推动城乡教育公平,成为民盟履行职能、体现特色、实现推动“社会公平”的载体和平台之一。

民盟市委积极响应“农村教育烛光行动”。2007 年 8 月,民盟“农村教育烛光行动”重庆市启动仪式和教师培训基地授牌仪式在重庆市巴南区举行,这是全盟首次开展这一行动。民盟市委联合巴南区政府及相关部门成立了“农村教育烛光行动”领导小组,民盟市委成立专门的“烛光行动”顾问组,建立了“烛光行动”志愿者队伍,制定了“烛光行动”活动计划,先后建立了万州高升中学、巴南接龙中学、涪陵十九中、渝南田家炳中学、彭水一中、合川凉亭子小学、江津白沙中学等烛光行动联系点。

活动启动以来,民盟市委以开展师资培训为突破口,积极争取民盟中央、新东方科技教育集团、民盟上海市委支持,先后开展了巴南区农村中小学英语教师培训、巴南区农村中小学音体美转岗老师培训、万州区《课堂教学艺术》《折纸与数学》专题讲座、涪陵区“烛光行动—新东方教师社会责任行”暑期英语教师培训、江津等区县数学教师几何教学法培训、“新东方教师社会责任綦江行”小学英语教师培训以及第 48 届海内外基础教育研讨培训等 10 多个项目,参培教师近 4000 人(次)。同时,为青海省大通县景阳镇中心学校牵线重庆市南岸区弹子石小学和茶园中学,建立“异地教师培训基地”。

在加强师资培训的同时,民盟市委还关注“烛光行动”基地建设。2008 年“5·12”汶川特大地震灾害中,合川区凉亭子小学科技楼严重受损,被鉴定为 D 级危房。经过积极争取,民盟中央将全国盟员抗震救灾的个人爱心捐款 80 万元,用于该校科技楼的重建,民盟市委也为该项目协调落实专项资金 40 万元。项目于2010年1月顺利通过工程验收，更名为民盟烛光教学楼。2010年3月，合川区凉亭子小学隆重举行民盟烛光教学楼揭牌仪式。民盟中央副主席李重庵出席仪式，并为学校题词——“乐学多思”。

为帮助所联系农村学校完善硬件建设，民盟市委还为涪陵十九中、万州区高升中学、巴南区接龙中学争取到百余万元专项资金，用于改善教学设施。在民盟中央的帮助下，渝南田家炳中学、綦江县中峰镇初级中学被纳入美国科技教育协会在中国大陆开展的“认助中国乡村教育”项目，两所学校获赠一批图书。此外，民盟市委还牵线清华大学，在万州、奉节、彭水、巴南、綦江等地建立6个教育扶贫现代远程教学站。经过清华大学、民盟市委和设站单位的共同努力，远程教学站运行良好，为当地经济社会的发展发挥了积极的作用，受到当地党政领导及群众一致好评。

二、持之以恒开展帮教工作

帮教工作是民盟市委在重庆乃至全盟开创的配合司法、监狱、劳教部门对服刑劳教人员进行教育帮扶的辅助性教育活动，是民盟市委发挥自身优势，开展社会服务工作的创新举措。

1985年2月，民盟市委和重庆市曲艺家协会联合到四川省第二监狱举办“慰问司法干警、帮教服刑人员”迎春晚会。民盟市委主委金锡如在晚会上讲话，著名谐剧演员、盟员凌宗魁等表演了精彩节目。同年10月，四川省第二监狱成立“重庆育人学校”，金锡如受聘担任名誉校长，并为学校题写校名。自此，民盟市委开始了监狱帮教这一特殊的社会服务活动。

直辖以来，民盟市委坚持把帮教工作作为一项长效工程持续推进，逐渐形成一套行之有效的活动机制。帮教活动大体分为两大类：一是针对司法干警开展的慰问、联欢等活动，帮助干警解决实际问题；二是以服刑人员、劳教人员、社区矫正人员为帮教对象，开展文化学习、法制教育、职业教育、讲座报告、文艺演出、结对帮教、心理咨询、法律咨询等形式和内容的帮教活动。每逢春节等重大节日，民盟市委还组织书画家到监狱为坚守岗位的司法干警现场挥毫泼墨，赠送书画作品。据不完全统计，自活动启动以来，民盟市委组织开展慰问干警和帮教服刑人员的活动70多次，举行专题报告和文艺演出70多场，签订帮教协议100多份，赠送书籍近4万册。参与帮教的盟员达1000余人次，受到帮教的服刑劳教人员超过2万名。此外，民盟市委还发动盟员企业家及基层盟组织向监狱劳教场所捐赠图书3万余册、电脑100余台、药品及现金数万元。重庆民盟帮教工作还留下了很多感人的场景和故事。

监狱帮教活动得到各级领导的重视和关怀。民盟中央副主席李重庵两度赴重庆视察和关心帮教工作，中共市委主要领导对重庆民盟二十多年来持之以恒开展帮教工作表示赞许。民盟市委历届领导亲力亲为参与帮教工作，金锡如、冯克熙、陈万志都带队到监狱、劳教场所、社区矫正中心开展帮教活动，还为服刑人员、劳教人员及干警作报告。2005年，陈万志受聘担任重庆市监狱"重庆育人"学校名誉校长。民盟市委的帮教工作还得到全市各级民盟组织、广大盟员的热烈响应和社会各界的大力支持。叶贵本、徐培基等多名盟外专家应邀多次为干警及“两劳”人员举办中华传统文化讲座、心理健康测评、辅导培训及女性生殖健康讲座。

民盟市委不断丰富帮教工作形式,努力拓展帮教工作领域。2006 年 2 月,民盟市委在重庆市监狱参与协办主题为“回归、就业、新生”的专场招聘会,14 家企业到现场招聘即将刑满释放的服刑人员。民盟市委、民盟江北区委组织了重庆巨创计量设备有限公司等 4 家企业到重庆市监狱招聘,提供了 10 个类型共 100 余个职位,现场达成了 42 个意向性用工协议。这是西部地区监狱举办的首次招聘会,中央电视台、《人民日报》、新华社、《光明日报》以及重庆的 10 多家新闻媒体报道了招聘会的盛况。

由于重庆民盟的帮教工作创出了品牌。2007 年 4 月,民盟中央在重庆召开部分省市帮教工作座谈会,民盟中央副主席李重庵出席会议,北京、天津、上海、重庆、黑龙江等 10 省(区、市)以及承德、南京、镇江等 9 市民盟组织相关领导参加会议。会上,民盟市委介绍了帮教工作开展情况和经验,民盟中央决定推广重庆民盟的经验,要求全盟各地方组织逐步开展帮教工作。

2007 年 8 月起,民盟市委、市司法局建立了每年定期召开帮教工作联席会议制度,就帮教工作的方向、重点和方法进行沟通和协商,深化了对建立和巩固帮教工作长效机制的共识。近年来,先后开展了“即将刑满释放人员无缝对接社会”、社区矫正及改善司法干警工作条件、增加干警福利等专题调研,紧密结合参政议政工作,从法规、制度、政策等方面为司法事业鼓与呼。

三、助推区县发展，协助民盟中央帮扶彭水

民盟市委把助推地方发展作为履行参政党职能、服务社会的重要举措，积极争取民盟中央支持，主动与区县合作，先后与南岸、巴南、万州等区签订合作协议，并发挥人才荟萃、智力密集的优势，开展了盟南合作、盟桃合作等多个项目，并协助民盟中央帮扶彭水，有效助推了地方经济社会发展。

2002 年至 2003 年，民盟市委参加市政协扶贫集团对口支持云阳县项目，派机关干部到乡镇挂职扶贫。民盟市委先后筹集 35 万元专项资金，用于修建乡村水泥路和农村水利设施，受到当地党委、政府和群众的赞扬。

2002 年 9 月，民盟市委与中共南岸区委加强协作座谈会暨《民盟重庆市委与中共南岸区委加强协作座谈会纪要》签字仪式在南岸区正联大厦会议中心举行，“盟南合作”正式启动。

为推动合作工作的开展，双方共同成立了“民盟重庆市委与中共南岸区委合作协调办公室”。同月，应南岸区邀请，民盟市委对南岸实施《重庆市人民政府净空措施实施方案》暨“五管齐下净空工程”的情况进行考察调研。作为“盟南合作”的第一个项目，民盟市委高度重视，成立专门的专家组，对黄桷垭镇进行三次实地考察调研。经与政府相关部门座谈，考察现场，走访农户，提出关于黄桷垭生态恢复发展的建议。通过相关渠道向市政府作了反映。2004 年 4 月，市政府有关部门批准黄桷垭环保采碎石厂项目，促进了南岸区黄桷垭片区的生态、经济及社会发展。随着经济社会的发展，在东起学府路四公里西至七公里，南

起学府路北至黄桷垭镇，形成了重庆工商大学、重庆邮电学院、重庆交通学院、重庆教育学院毗邻发展的格局。在约2万亩地域内，四所高校占地6300亩，在校学生4.3万、教职工5000名。有较大规模的后勤拓展空间和物业服务市场，同时还产生了一定规模的教育房产。据此，南岸区政府设想把四校连成一片，建成占地上万亩的江南大学城，使其成为带动南岸区经济发展的新增长点。2003年7月初，民盟市委应邀对江南大学城的发展建设开展调研。在专题调研紧锣密鼓开展时，7月底国务院停止一切园区的审批，开始清理园区。江南大学城的建设处于困难时期。民盟市委专家们认为坚持课题研究，在此特殊时期更有意义。继续研究，并形成《关于江南大学园区建设若干问题的对策研究》，报送有关领导和部门。2004年12月，民盟市委与南岸区人大、区政府和江南大学城管委会再次协商推进江南大学园区的建设。2005年1月，双方再次协定推进《江南大学园建设规划研究》。经过扎实的调查研究，提出重庆高校发展"主轴线"和"一城两翼、一片区"布局特征等论断。该课题成果于年底通过市科委主持的结题验收，验收专家组赞同将江南大学园建设纳入南岸区和重庆市教育类"十一五"规划。

2003年5月，经民盟市委经济委员会主任、民盟九龙坡区委主委方晓先筹划和协调，民盟市委与九龙坡区桃花溪市政建设公司签订"盟桃合作"协议，正式启动"盟桃合作"项目。

2004年1月，由民盟市委经济委员会组织和协调，盟内专家论证，民盟四川美术学院支部设计、制作和实施的桃花溪动物园景观段工程竣工，受到区政府、委托单位和市民的一致好评。

2004 年 10 月，民盟市委经济委员会组织部分成员视察桃花溪污水处理工程，并通过出谋献策推进桃花溪污水治理工程建设。为了解决困扰桃花溪公司多年无法解决的水源问题，民盟市委主委陈万志牵线搭桥，引进深圳深港环保公司“人工快渗法技术”，新建了彩云湖污水处理厂。2006 年 10 月，民盟市委经济委员会组织专家对桃花溪排水管网系统进行了视察，随后形成了《关于率先在桃花溪流域实施三级管网建设示范工程的建议》，并作为民盟市委在市政协会上的集体提案，受到市有关部门的重视，为桃花溪公司争取到 1000 多万元三级管网建设经费。2008 年 7 月，民盟市委领导和专家到桃花溪视察，形成《关于在桃花溪上游彩云湖建设国家湿地公园的建议》，作为民盟市委在市政协会议上的集体提案，得到市林业局和有关方面的采纳和高度重视。2009 年 3 月，民盟市委再次组织市人大代表、政协委员和经济委员会部分委员到桃花溪视察和调研。为宣传多党合作和生态文明建设，同年 6 月，民盟市委和桃花溪公司在杨家坪步行街广场举办庆祝建国六十周年暨“盟桃合作”十周年文艺演出，盟内艺术家到会献艺。在民盟市委的不断呼吁和有关方面的支持下，在昔日的臭气熏天的“龙须沟”——桃花溪，建起了彩云湖湿地公园。2012 年 2 月，国家林业局正式授牌彩云湖为国家湿地公园。

2009 年，《国务院关于推进重庆市统筹城乡改革和发展的意见》下发后，民盟市委积极参与助推统筹城乡改革和发展，先后与万州区、涪陵区、巴南区等地党政签订合作协议，并开展了武隆帮扶行动，实施了基层医疗机构数字化整体实验室等项目，开展了助推区县发展的专题调研。

2010年7月,中共市委统战部下发《关于重庆市各民主党派开展"助推民生爱心帮扶行动"的意见》。在中共市委统战部的协调下,武隆县土坎镇清水村作为民盟市委定点帮扶点。2010年8月,民盟市委机关干部分两批前往武隆县土坎镇清水村开展"帮扶行动",经调研对接,机关干部与11户贫困群众达成了结对帮扶关系,并为他们送去慰问金和慰问物品。为改变乡村面貌,民盟市委筹措资金8万元,建成了一条长3公里的"连心路",连通该村盖坪、梁子、茶园、清水、河坝5个农业社,惠及355户1133人,有效解决了当地村民的出行难问题。2010年底,民盟市委争取专项资金20万元,支持清水村文化事业的发展。为帮助该村实施"万元增收"工程,民盟市委和镇村领导谋划了土鸡饲养项目,并协调资金25万元建设种鸡孵育基地。在民盟市委的帮扶、当地政府的支持和群众的努力下,清水村成为新农村风貌改造建设样板项目,村民生活正逐步走向全面小康。

2010年7月,民盟市委与中共万州区委、万州区政府签署《共建重庆第二大城市合作协议》,支持万州区经济社会科学发展。2011年3月,经过民盟市委、北京倍肯医药集团考察调研,由倍肯医药集团投资600余万元的基层医疗机构数字化整体化验室项目落地万州。10月,倍肯集团一次性向万州40家乡镇卫生院和4家社区卫生服务中心无偿捐赠整体实验室装备,同时建立万州项目配套服务站。2012年6月,项目启用仪式在重庆三峡中心医院进行。实验室项目的正式启用,切实提升了万州区基层医疗机构医疗服务的质量和能力,百姓称赞这是便民利民的大实事、大好事。此外，民盟市委还邀请青岛市盟的企业家深入三峡库区腹地万州区开展调研及对口帮扶工作。

2011 年 3 月，民盟市委与中共巴南区委签署了关于推进巴南经济社会发展战略合作协议。协议签署后，民盟市委围绕巴南区统筹城乡公共服务体系建设、农村“三权置换”工作、江南职教城建设以及文化古镇建设等问题进行专题调研，提出了高质量的意见和建议。张宝文、吴刚等民盟中央和民盟市委领导，以及盟内知名学者、专家亲临巴南区调研，所提建议推动了巴南区经济社会发展。

与此同时，民盟市委积极争取民盟中央支持重庆发展。2011 年 10 月，民盟中央与重庆市人民政府签订《关于加快推进重庆城乡统筹发展的合作协议》，彭水县被确定为民盟中央在全国的第六个对口帮扶地区。

2011 年 11 月，民盟中央副主席李重庵到彭水调研对口帮扶工作，详细询问学校师生学习及生活情况，了解农家乐经营状况、村民委员会工作开展、企业经营及发展规划和工业园区招商引资等情况。2012 年 2 月，民盟中央组织的“宝盛爱心助学款”、“清平佳莲烛光小学援建款”两个项目在彭水实施，标志民盟在彭水的帮扶活动开始正式启动。两个项目共计捐赠款项 130 万元，其中，“宝盛爱心助学款”向该县 200 名贫困女大学生每人捐赠 4000 元助学款，清平小学获赠 50 万元援建款。其后，清平小学改名为“清平佳莲烛光小学”。

民盟中央帮扶彭水行动得到民盟北京、上海市委等组织的积极响应，得到群言出版社、学苑出版社、上海莘越软件科技有限公司、北京康益德中西医结合肺科医院等单位企业以及广大盟员的大力支持。帮扶活动启动后，民盟中央、相关单位及个人先后向彭水捐赠47万元的图书、30万港币的港版图书、17.5万元的《几何王》教学软件以及价值50万元的药品，开展《几何王》教学软件使用专题培训和评课交流，彭水一中先后与北京四中网校、北京汇文中学建立共建关系。

民盟市委高度重视彭水帮扶工作，经过多方争取，牵线促成了南开中学对口帮扶彭水一中，巴蜀小学、谢家湾小学、珊瑚小学、人和街小学分别对口帮扶彭水县鹿角镇中心校、新田镇中心校、桑柘中心校、清平小学；促成了“点亮希望·关爱健康”信息化医院建设项目落户彭水县郁山镇中心卫生院，并推动该卫生院成功升级为“信息化医院”，当地村民足不出户便可通过“远程视频会诊平台”享受专家高水平医疗服务，极大地改善了山区医疗条件。此外，民盟市医药卫生委员会也与彭水县人民医院签订战略合作协议，为其提供人才培养等支持。

四、丰富“三下乡”活动，倾情倾力扶贫济困

“三下乡”是民盟发挥资源优势，促进农村文化、科技、卫生事业发展，推动城乡统筹的一项经常性社会服务工作。民盟市委不断在形式上丰富，在领域上拓展，力推“三下乡”活动出新成果。

直辖以来，民盟市委先后开展“三下乡”活动16次。通过组织盟内农业、科技、法律、医卫、文艺等方面的专家，到各区县农村开展科普宣传、科技咨询、法律咨询、义诊服务、文艺表演等活

动，为促进城乡统筹发展，推进新农村建设作出贡献，受到了当地政府和群众的热烈欢迎和高度评价。

近年来，民盟市委先后与民盟渝北区委联合在渝北区龙湖社区举办“创建全国文明城区文艺宣传进社区”文艺演出，联合民盟北碚区委、巴南区委开展“三下乡”活动，与江津区政协、民盟江津区委等单位以及民盟渝中区委在江津区白沙镇、渝中区煤建新村等地联合开展“三下乡”活动，都产生了良好的社会影响。2007年12月，由民盟市委主办的“三下乡”活动在江北区鱼嘴镇兴隆村举行。民盟市委向兴隆村赠送了农村种植养殖实用图书、年历及字画1000余册，西南大学种养殖专家为当地农民举办了“农村适用养殖技术”专场讲座，法律、医疗卫生、农业等方面的专家开展了义务咨询活动，盟内外艺术家为当地群众举办了一场精彩的文艺演出。此次活动深受当地干部群众的一致好评，《重庆日报》、《工人日报》等媒体对活动作了详细报道。

为了拓展社会服务领域，民盟市委分别于2007年、2012年两次开展“国粹艺术进校园”活动，组织盟员京剧名家前往重庆大学、重庆文理学院等高校演出，弘扬传统文化。为了促进农民养殖增收，民盟市委还邀请湖南农业大学养殖专家，文利新教授到永川区来苏镇传授科学养猪方法。2011年和2012年，重庆民盟画院和重庆民盟摄影艺术协会先后成立，广大盟员书画家和摄影爱好者以书法、绘画、摄影作品等为载体，积极参与“文化下乡”等公益活动，扩大了民盟的社会影响。

重庆民盟各级组织的“三下乡”活动也各具特色和亮点。在民盟市委支持下，民盟涪陵区委、渝中区委联合在涪陵区大木乡开展“情系大木”活动，协助在该乡建立“医疗服务点”“法律咨询站”和“民盟烛光图书室”，帮助修建群众文化体育场所，丰富群众的业余文化生活。民盟万州区委与重庆锦扬律师事务所联合举办“村村有律师”活动，与村民签订维权协议一万余份，无偿为广大村民免费提供法律、政策咨询，开展法律讲座。民盟江津区委与社区联合开展社区文化建设活动，以几江东门社区为基地，组织文艺演出进社区，医疗、法律专家进居民家活动，为和谐社区建设探索出了新路径，拓展了“三下乡”活动的领域。

关注民生、帮助困难群众，给困难群众送温暖，也是民盟关注和改善民生的重要举措。民盟市委发起关爱血友病患者行动、参与抗震救灾、协助实施“明眸工程”，产生了良好的社会影响。

2005 年，由民盟市委主委陈万志发起倡议，重庆民盟开展了关爱血友病患者的爱心行动。经过民盟市委的多方呼吁、协调和帮助，在市民政局等有关部门的支持下，“重庆市血友康复协会”成立，陈万志被聘为名誉会长。这是我国第一家被政府登记注册的血友病民间组织。为形成稳定、持久的帮扶关系，民盟市委与重庆市血友病康复协会签定了民盟市委对血友病人帮扶的意向书，把对血友病人的帮扶纳入民盟市委社会服务工作的重要内容，并组建了我市第一批“血友之家”志愿者。其后，民盟市委通过提案、社情民意等方式向有关方面呼吁解决血友病患者面临的生活困难、医疗培训、救助工作等问题，促成将血友病患者的就医纳入了医保范畴。为了帮助血友病协会扩大社会影响，更好地开展工作，民盟市委拓展帮扶思路，以树立病友自立、自强，增强协会“造血”功能为目标，谋划和支持协会发展剪纸产业项目。积极帮助康复协会在重庆主城各区举办了“剪·爱”剪纸艺术展览 17 场，开展宣传活动 26 次，其剪纸作品《新嫁娘》还由中国残联选送参加上海世博会。许多患者由此学到了一技之长，恢复了生活的信心。

2008 年 5 月 12 日，四川省汶川县发生 8.0 级强烈地震，造成巨大灾害。灾情发生后，民盟市委及时向民盟四川省委发去了慰问函，并向全市盟员同志发出了以实际行动投入抗震救灾的倡议书。14 日，民盟市委机关举行了首次“心系汶川、抗震救灾、情系灾区、奉献爱心”捐款活动。同时，全市各级组织和盟员积极响应民盟市委倡议，纷纷组织捐款捐物活动。据不完全统计，在此次义捐中，重庆市各级盟组织及盟员捐款、捐物折款达 786 余万元。全市盟员还以实际行动踊跃地投入到抗震救灾献爱心的活动中，涌现了许多典型事例：重庆德庄实业集团董事长李德建发起了“粥棚行动”，组织“德庄抗震救灾志愿者服务队”奔赴灾区，为 20 余万灾民提供盒饭；重庆医科大学附属儿童医院骨科主任李明作为儿童医院的救援组长，参加了重庆市政府组织的重庆市首批赴四川省地震灾区医疗救援队，共收治四川省地震灾区儿童 100 名，重危病儿 51 名，肾功能衰竭 20 余名，手术 80 多台，无死亡病例发生；《重庆日报》经济二部副主任、记者秦勇两次赴地震灾区采访，采写了 20 余篇抗震救灾的深度报道，被新华社、内参所转发，引起中央有关部门的高度重视；重庆西山科技有限公司董事长郭毅军组织志愿者队伍，携带慰问物资奔赴重灾区，慰问医务工作者，同时对灾区内的所有 DK 手术动力装置产品进行免费特别维护，并向灾区捐赠了5台总价值107.4万元的DK手术动力装置；江津区卫生监督所副所长胡宾凯主动申请带领防疫队到灾区工作了17天，圆满完成了各项灾后卫生防疫任务。因抗震救灾事迹突出，民盟南岸区委获“中国民主同盟抗震救灾先进集体”荣誉称号，李德建等多名盟员获得全国、全盟及全市抗震救灾先进个人荣誉称号。

2007年，重庆发生百年不遇的暴雨洪灾，盟员积极捐资捐物，帮助受灾群众重建家园。2010年，青海省玉树县发生地震，民盟市委将凝聚全市盟员爱心的3.8万余元捐款，汇往民盟中央抗震救灾办公室，用于抗震救灾。

“爱心温州·善行天下·明眸工程”是在温州各爱心机构和爱心人士的支持下，由温州医学院附属眼视光医院具体实施的慈善活动。为了提升三峡库区医疗技术和提高人民群众的视觉健康水平，进一步推动和谐社会的建设，在民盟中央和民盟市委的协调下，2011年，“明眸工程”落地重庆。在4月13日举行的“2011重庆·温州周”活动启动仪式上，民盟市委作为牵头协调单位，接受了蜘蛛王集团为“明眸工程”活动提供的30万元经费捐赠。14日，巫山县复明行动启动仪式在巫山县人民医院隆重举行，温州医学院附属眼视光医院和巫山县人民医院签署了为期三年的合作协议，将为该县400名白内障患者进行免费复明手术。同日，医疗专家在巫山县人民医院开始为当地白内障患者实施了复明手术。“明眸工程”专家组成员还与巫山县有关单位围绕建立活动长效机制，对巫山县人民医院医护人员的交流培训等问题作了研讨。

五、盟员立足岗位建功立业

重庆盟员在各行各业建功立业，为重庆经济社会发展挥洒智慧与汗水。据不完全统计，1997到2012年期间，全市盟员在科技、教育、文化等多个领域屡创佳绩，取得累累硕果，获国家级奖励300余人次、省部级奖励900余人次、区县级奖励1100余人次。

科技界盟员在科技领域贡献突出。重庆大学教授雷亨顺，2000年获全国环境保护杰出贡献奖，2001年获"全国五一劳动奖章"，2005年获重庆市环境保护30年杰出贡献奖，2008年获"振兴重庆争光贡献奖"殊荣。重庆邮电大学教授郑建宏是国家科技重大专项总体专家组成员，承担国家及省部级项目30多项，荣获"全国五一劳动奖章"、2008年度国家技术发明二等奖、2010年度"全国优秀科技工作者"荣誉称号；重庆大学教授司马文霞负责完成了"211重点建设项目——输变电工程与电力技术经济"中高电压学科建设任务，荣获2008年度和2010年度国家技术发明二等奖、2009年度全国"三八红旗手"称号、2010年"全国优秀科技工作者"称号。此外，西南农大研究员梁国鲁获得2003年国家自然科学二等奖，重庆大学教授吴云鹏获第12届国际生物流变大会颁发的中国生物物理学会"杰出贡献奖"。

教育界盟员在教育岗位上成果丰硕。国务院首批政府特殊津贴获得者、西南农业大学一级教授蒋书楠获得"中华农业教育奖"；重庆师范大学教授张文京是"十一五"智力残疾康复计划全国专家组成员、重庆市重点建设学科特殊教育学负责人，荣获全国特殊教育先进工作者称号,2007 年荣获“振兴重庆争光贡献奖”、重庆名师奖。此外,王平、孙虹、王海宝、张爱明等盟员荣获“全国优秀教师”表彰,袁仁超荣获第五届“全国百名优秀小学校长”称号,廖太平荣获“全国优秀教育工作者”称号。

文艺界盟员在艺术舞台成绩斐然。凌宗魁摘得中国曲艺界最高奖——首届中国曲艺牡丹奖,获得新中国曲艺六十年“突出贡献曲艺家”称号;黄荣华摘得戏剧界最高奖项——中国戏剧第二十二届梅花奖,并被评为 2008 年度文化部优秀专家;周利先后荣获 CCTV 第五届、六届青年京剧演员电视大赛银奖、金奖和中国戏剧第二十六届“梅花奖”;李伍华获得全国“五个一工程”奖;吴文荣获“2005 年度世界文化交流金奖”和全国戏剧文化奖表演金奖。

附录一

区县组织及直属工作委员会沿革

民盟万州区委员会

1988年11月25日,民盟四川省委组织部副部长周学良,办公室副主任许广清、冯建新来万县市,征求发展盟员和建立民盟组织意见。1989年1月10日,在万县市政协礼堂召开万县全体盟员会议,选举刘培生、胡夏畦、林树珍为支部委员,组成民盟省委直属万县市支部委员会,刘培生任支部主任委员。1989年6月2日民盟中央第六届委员会第十一次主席会议通过刘培生同志任民盟中央联络委员会委员。

1989年7月12日,民盟四川省万县市委员会筹备组成立,刘培生任组长。1989年11月27日至28日,民盟四川省万县市第一次盟员大会召开,44名盟员参加会议。大会差额选举产生民盟四川省万县市第一届委员会委员,胡夏畦为民盟万县市委顾问,刘培生任主任委员,林树珍、宋朗华任副主任委员,宋朗华兼秘书长。

1996年9月，民盟万县市委由民盟四川省委划归民盟重庆市委代管。1997年2月，民盟万县市第三次盟员大会选举产生民盟万县市第三届委员会委员。时有盟员108名，基层组织有1个总支、7个支部、1个小组。

1998年6月，万县市改名为万州区。7月，民盟重庆市万州区第一次盟员大会选举产生民盟万州区第一届委员会委员，陈荣生为主任委员，钟义兴、陈大逵、谢建忠为副主任委员，杨安霞为秘书长，刘培生为名誉主任委员，胡夏畦、宋朗华、林树珍、吴平仑为顾问。民盟区委设组织、宣传、社服部和参政议政、教科文卫、祖国统一联络、老龄、妇女工作5个委员会。2001年11月，民盟重庆市万州区第二次盟员大会选举产生民盟万州区第二届委员会。陈荣生为主任委员，谢建忠、李淑春、杨安霞、徐素环为副主任委员，韩乐娅为副秘书长。民盟区委在上一届的内设机构中新增设了移民工作专委会。2006年10月，民盟重庆市万州区第三次盟员大会选举产生民盟万州区第三届委员会，徐素环任主任委员，刘一鸣、谢应光、段茂兵任副主任委员，韩乐娅为秘书长。2011年8月，民盟重庆市万州区第四次盟员大会选举产生民盟万州区第四届委员会，徐素环任主任委员，段茂兵、王海宝、张旭、苏江华、吴疆任副主任委员，苏江华兼任秘书长。民盟区委设工作职能部门6个(秘书处、监督委员会、组织部、宣传部、社会服务部、研究室)，专门工作委员会13个。

截至2012年底，万州有基层组织总支1个，支部12个，盟员285人。

民盟涪陵区委员会

1958 年，重庆工学院讲师许岳嵩到涪工作，涪陵开始有盟员活动。1987 年民盟四川省委直属涪陵小组成立，时有盟员 3 人。1989 年 5 月，成立民盟四川省委直属涪陵支部，时有盟员 25 人，并先后成立了普教、师专、教院、机关四个小组，到 1989 年底有盟员 31 人。

1991 年 12 月，民盟涪陵地方组织正式成立。1987 年 6 月 10 日，民盟四川省委直属涪陵小组成立，指定许岳嵩任组长。1989 年 5 月 25 日，民盟四川省委直属涪陵支部成立，许岳嵩任主任委员。1991 年 12 月 1 日，民盟四川省涪陵市第一次盟员大会选举产生第一届委员会。尹全义为主任委员，谢安雒、江河为副主任委员，推举许岳嵩为顾问，任命谢安雒兼任秘书长。

1998 年 10 月 16 日至 17 日，民盟重庆市涪陵区第一次盟员大会召开，选举产生民盟重庆市涪陵区第一届委员会。尹全义为主任委员，杨世辉、江河、张华义为副主任委员，推举谢安雒为名誉副主任委员。尹全义于 2001 年 6 月 7 日请求辞去主任委员职务，杨世辉于 8 月 13 日接任主任委员职务，尹全义为名誉主任委员。2001 年 12 月 22 日至 23 日，民盟重庆市涪陵区第二次盟员大会召开，选举产生民盟重庆市涪陵区第二届委员会，杨世辉继任主任委员，张华义、胥永强为副主任委员，任命胡和平为秘书长。2005 年 7 月 30 日，增补杨欣为副主任委员。2006 年 11 月 5 日，民盟涪陵区第三次盟员大会召开，选举产生民盟重庆市涪陵区第三届委员会，杨欣任主任委员，文荣学、李朝林、刘川为副主任委员。2009 年 7 月，经民盟市委批准，同意副主任委员刘川退盟。2011 年 5 月，因工作调动，李朝林辞去副主任委员职务。2011 年 8 月 16 日，民盟涪陵区委第四次代表大会召开，选举产生民盟重庆市涪陵区第四届委员会，杨欣任主任委员，文荣学、鞠廷忠、李沙、刘加胜任副主任委员。

截至 2012 年底，涪陵共有基层总支 1 个，基层支部 10 个，盟员 283 人。

民盟渝中区委员会

渝中区民主革命时期有影响的盟员有何子昭、冯克熙、姚江屏、张真民、汪寿康、魏宇平、张茂延、胡甫珊等。

1952 年前后，市中区仅有民盟重庆市第六中学支部和 6 个小组，“文化大革命”期间被迫停止活动。1978 年民盟恢复活动后，民盟重庆市委在市中区发展建立了 5 个支部、6 个小组，共有成员 77 人。1980 年 11 月 6 日，民盟重庆市委市中区第一届工作委员会成立，杨槐为主任委员。其后，第二届、第三届、第四届、第五届工委主任委员为裴祖荣，副主任委员历任有伍任、叶光国、曾祖才、刘灵。1993 年 11 月 19 日，民盟市中区第一次代表大会召开，选举产生民盟市中区第一届委员会，裴祖荣为主任委员，刘灵、叶光国、曾祖才为副主任委员。1995 年 3 月，由于行政区划的调整和更名，民盟市中区委员会相应更名为民盟渝中区委员会。1995 年和 1997 年民盟区委贯彻民盟重庆市委《将部分高校盟组织纳入所在区属盟组织的意见》精神,分别接收了原属民盟沙坪坝区委的5个支部77名盟员和直属民盟市委的重医总支、市教科所支部的104名盟员。

1998年4月2日,民盟渝中区第二次代表大会召开,选举产生民盟渝中区第二届委员会,陈受田为主任委员,刘灵、曾祖才、周东文、肖学海为副主任委员。2001年12月28日,民盟渝中区第三次代表大会召开,选举产生民盟渝中区第三届委员会,李秋为主任委员,文波、王真、甘健茸为副主任委员。2006年10月27日,民盟渝中区第四次代表大会召开,选举产生民盟渝中区第四届委员会,李秋为主任委员,甘健茸、文波、王真、黄云飞为副主任委员。2011年8月23日,民盟渝中区第五次代表大会召开,选举产生民盟渝中区第五届委员会,李秋为主任委员,甘健茸、黄云飞、刘恩梅、唐德翔、倪小华为副主任委员。

截至2012年底,民盟区委共有总支2个,基层支部18个,盟员777人。

民盟大渡口区委员会

1946年,大渡口地区(原国民政府兵工署经济部资源委员会所属钢铁厂迁建委员会)有了第一个盟员李和光。1995年以前,大渡口地区没有民盟基层组织,盟员多由民盟市委单联或挂靠民盟九龙坡区委。1995年7月,中共重钢集团公司党委统战部与民盟重庆市委协商决定,成立重钢民盟小组,阎传义任民盟小组组长。

1998年9月,民盟大渡口区总支委员会正式成立,下设重钢和大渡口区两个支部,阎传义任总支主任委员。2001年11月29日,民盟大渡口区工委正式成立,下设重钢、大渡口联合、重庆钢城中学三个支部,阎传义任主任委员,段进军任副主任委员。2004年增补吴明蓉为副主任委员。2006年,民盟大渡口区工委换届,阎传义任主任委员,段进军、吴明蓉任副主任委员。工委下设重钢、大渡口联合、重庆钢城实验中学、重庆三十七中学四个支部。2010年6月24日,民盟大渡口区工委召开全体盟员大会,选举产生民盟大渡口区委员会,阎传义为主任委员,段进军、吴明蓉为副主任委员。2011年9月,增补胡军为民盟区委副主任委员。12月,增补郭毅军为民盟区委副主任委员。

截至2012年底,民盟区委共有支部4个,盟员79人。

民盟江北区委员会

1950年,民盟重庆临时工委办理盟员登记时,江北区只有杨亚西1人。1951年,江北区盟员发展至8人。1952年1月,江北治平中学和市高农校分别建立小组。1953年9月,市高农校迁至北碚歇马场,小组自然撤销。

1978年,民盟江北区临时联合支部成立,有盟员15人。1982年4月,临时支部分成3个小组:16中小组、18中小组、19中小组。1983年7月,民盟江北区工作委员会成立,唐存齐任主任委员,冯继愚任副主任委员,成立18中支部、16中支部、19中支部、观音桥地区联合支部。1985年3月,民盟江北区第二届工作委员会成立，唐存齐任主任委员，冯继愚、刘崇道任副主任委员。1987 年，民盟江北区第三届工作委员会成立，汤喜廷任主任委员，唐存齐、冯继愚、刘崇道任副主任委员，区委下设 6 个支部 1 个小组，新增江北城职中、华新职中、科技小组，有盟员 83 人。1991 年 5 月，民盟江北区第一次代表大会召开，选举产生民盟江北区第一届委员会委员，汤喜廷任主任委员，丁家学、但祯祥任副主任委员。区委下设 9 个支部，1 个小组，有盟员 106 人。

1997 年 11 月，民盟江北区第二次代表大会召开，选举产生民盟江北区第二届委员会委员，汤喜廷任主任委员，但祯祥、杨礼智任副主任委员。1999 年 1 月，增补薛新力为副主任委员。2001 年 12 月，民盟江北区第三次代表大会召开，选举产生民盟江北区第三届委员会委员，钟成华任主任委员，但祯祥、杨礼智、邱向宁任副主任委员。2003 年 8 月，增补谢晓勇为副主任委员。2006 年 12 月，民盟江北区第四次代表大会召开，选举产生民盟江北区第四届委员会委员，钟成华任主任委员，邱向宁、张亚兴、谢晓勇、周寒任副主任委员。2011 年 8 月，民盟江北区第五次代表大会召开，选举产生民盟江北区第五届委员会委员，张亚兴任主任委员，谢晓勇、汪维丁、石辉、李黔川、李欣任副主任委员。

截至 2012 年底，江北区共有基层盟组织 11 个，盟员 403 人。

民盟沙坪坝区委员会

沙坪坝区盟员活动始于抗日战争和解放战争时期。刘国鋕、梁漱溟、陶行知、柳亚子、潘大逵、金锡如、冯克熙、赵一明等盟员在沙磁区一带开展活动。刘国鋕、胡作霖、张国维、黄细亚、陈然、成善谋和李惠明等盟员牺牲于新中国成立前夕。

1950年,在沙磁区登记的盟员有潘大逵、金锡如、耿振华、刘一孚、朱驭欧、杜贵文等人。1951年,民盟组织发展迅速,李海文、任曼逸、叶谦吉、龚灿光、喻传鉴、杨明志、胡廷瑞等一批中上层知识分子成为新盟员。1952年,沙磁地区大、中、小学已有盟员130多人,基层组织8个,由重庆市支部临时工委直接领导开展活动。1954年1月31日,民盟重庆市沙磁分部第一届委员会成立,金锡如任主任委员,李海文任副主任委员。1955年1月,民盟重庆市沙磁分部撤销,由民盟重庆市分部委员会直接领导。1981年5月22日,民盟重庆市沙坪坝区第一届工作委员会成立,姚江屏任主任委员,韦宗玄、郭垒任副主任委员。1984年,民盟沙坪坝区重庆市第二届工作委员会成立,姚江屏任主任委员(后姚江屏调任市政协副秘书长,韦宗玄任主任委员),郭垒、董长龄任副主任委员。1987年10月31日,民盟重庆市沙坪坝区第三届工作委员会成立,韦宗玄任主任委员,董长龄、方晓先任副主任委员。1992年6月26日,民盟重庆市沙坪坝区第四届工作委员会成立,方晓先任主任委员,龚懿(女)、李国成任副主任委员。1994年11月10日,民盟重庆市沙坪坝区第一届委员会成立,方晓先任主任委员(1995年行政区划调整,方晓先划入民盟九龙坡区委,由冯敏慧副主任委员主持工作)。1995年3月,民盟重庆二中支部、工业校支部、幼师支部、河运校支部、石油校支部等5个支部67位盟员划归民盟渝中区委,民盟重庆外语校支部、城建校支部、111中学支部等3个支部34位盟员划归民盟九龙坡区委,3位盟员由原民盟巴县工委划入民盟沙坪坝区委。1997年9月,民盟重庆大学总支、建大总支、重师总支、西政总支、川外支部等5个基层盟组织共336位盟员并入民盟沙坪坝区委。

1997年区内高校民盟组织划入民盟区委,补选陈万志为第一届委员会主任委员,李国成、冯敏慧(女)、古久灿任副主任委员。1997年11月1日,民盟沙坪坝区第二届委员会成立,陈万志任主任委员,冯敏慧(女)、古久灿、吴刚任副主任委员。2001年9月29日,民盟沙坪坝区第三届委员会成立,韩建敏任主任委员,陈昌国、马骁、杨定文任副主任委员。2006年10月29日,民盟沙坪坝区第四届委员会成立,陈国平任主任委员,马骁、杨定文、龙大轩、殷和素(女)任副主任委员。2011年8月19日,民盟沙坪坝区第五届委员会成立,陈国平任主任委员,殷和素(女)、陈忻(女)、赵会明、李晓华(女)、符云清任副主任委员。

截至2012年底,民盟区委有基层组织20个,盟员882人。

民盟九龙坡区委员会

20世纪40年代,九龙坡区就有盟员活动。1947年,九龙坡女师学院的学生盟员黄海波、陈茂华,西南学院的盟员张国维等人参加了反饥饿、反内战、反迫害的学生运动。张国维后来被捕,系“11·27”死难烈士之一。

新中国成立后,九龙坡区建立了民盟组织。1952年,成立了民盟重庆育才中学小组、民盟西南人民艺术学院小组、民盟重庆清华小组。1953年成立了四川美术学院小组。1978年,九龙坡区民盟组织恢复活动,时有盟员39人,5个基层组织。1984年11月,民盟重庆市九龙坡区工作委员会成立,张毓松任主任委员,蒋国庆任副主任委员。1988年10月28日至29日,民盟九龙坡区第一次代表大会召开,选举产生民盟九龙坡区第一届委员会委员,王志忠任主任委员,蒋国庆、李志君任副主任委员。1992年10月23日,民盟九龙坡区第二次代表大会召开,选举产生民盟九龙坡区第二届委员会,蒋国庆任主任委员,黄国才、李志君任副主任委员。1995年区划调整,1个总支和5个支部共106人被划出,同时划入民盟重庆外语校支部、民盟重庆城建校支部、民盟重庆111中学支部,西铝厂子弟校盟员2名,总计盟员37人。1995年以后,九龙坡区还先后成立了民盟重庆市工艺美术职业高级学校支部等7个支部。1996年,黄国才调往民盟南岸区委,民盟沙坪坝区委方晓先、李国成调入民盟九龙坡区委任副主任委员。

1997年3月28日,民盟九龙坡区第三次代表大会召开,选举产生民盟九龙坡区第三届委员会,蒋国庆任主任委员,方晓先、李志君、李国成任副主任委员。2001年4月,方晓先任主任委员,蒋国庆任副主任委员。2001年12月1日,民盟九龙坡区第四次代表大会召开,选举产生民盟九龙坡区第四届委员会,方晓先任主任委员,荆瑜、徐阳任副主任委员。2006年10月29日,民盟九龙坡区第五次代表大会召开,选举产生民盟九龙坡区第五届委员会,荆瑜任主任委员,徐阳、邓明、顾小萍任副主任委员。2010年1月,增选彭展途为副主任委员。2010年,民盟渝西燃气公司支部并入民盟九龙坡区文艺支部。2011 年,民盟重庆工业职业技术学院支部转入民盟渝北区委。2011 年 8 月 18 日,民盟九龙坡区第六次代表大会召开,选举产生民盟九龙坡区第六届委员会,荆瑜任主任委员,刘建、顾小萍、彭展途、闵志慧、杜海燕任副主任委员。

截至 2012 年底,九龙坡区共有基层盟组织 20 个,盟员 432 人。

民盟南岸区委员会

1951 年 10 月,民盟重庆市支部先后在南岸区建立民盟市女子中学小组和十一中学小组,1952 年又相继建立五中和十七中学小组。至 1966 年南岸区民盟有 4 个小组,盟员 20 人。文化大革命期间,南岸区民盟组织停止活动。

1978 年,南岸区民盟组织恢复活动,时有盟员 38 人,6 个基层组织。到 1983 年,有盟员 83 人,小组 8 个,即南岸联合小组、四中小组、五中小组、进修学校小组、十七中小组、三十九中小组、重庆教育学院小组及四川省中药研究所小组。1983 年 11 月,南岸区民盟在上新街中共南岸区委礼堂召开全区盟员大会,成立了民盟重庆市委南岸区工作委员会,许嘉本任主任委员,朱淑勤、于志广任副主任委员。1985 年 4 月,民盟南岸区召开盟员大会,选举产生民盟南岸区第二届工作委员会,许嘉本任主任委员,朱小容、唐维刚任副主任委员。1987 年 7 月,民盟南岸区召开盟员大会,选举产生民盟南岸区第三届工作委员会,许嘉本任主任委员，蒋育维、谢国仪、唐维刚任副主任委员。1992年7月，民盟南岸区召开盟员大会，选举产生民盟南岸区第四届工作委员会，蒋育维任主任委员，罗继争、朱顺知、杨才明任副主任委员。1993年12月，民盟南岸区召开第一次盟员代表大会，选举产生民盟南岸区第一届委员会，蒋育维任主任委员，罗继争、朱顺知、杨才明任副主任委员。1994年，因重庆市行政区划调整，民盟重庆交通大学总支和61名盟员由民盟九龙坡区委划入民盟南岸区委，同年，增选黄国才为副主任委员。

1998年12月，民盟南岸区召开第二次盟员代表大会，选举产生民盟南岸区第二届委员会，蒋育维任主任委员，杨才明、龙琼、刘德炎、钱绍华任副主任委员。2001年5月，杨虹增补为副主任委员，2001年8月，增补郑银功为副主任委员。2001年12月，民盟南岸区召开第三次盟员代表大会，选举产生民盟南岸区第三届委员会，蒋育维任主任委员，杨才明、郑银功、钱绍华、杨虹任副主任委员。2006年10月，民盟南岸区召开第四次盟员代表大会，选举产生民盟南岸区第四届委员会，杨才明任主任委员，杨虹、冯大刚、张运、朱健任副主任委员，2009年8月周星增补为副主任委员。2011年8月，民盟南岸区召开第五次盟员代表大会，选举产生民盟南岸区第五届委员会，杨才明任主任委员，张运、周星、蒋文新、刘汉蓉、黄文、李义任副主任委员。

截至2012年底，南岸区共有基层盟组织17个，盟员550人。

民盟北碚区委员会

1941年夏，民盟的创始人之一梁漱溟将在璧山创办的勉仁中学迁入北碚。受梁漱溟的影响，黎涤玄、查振律等在勉仁中学先后入盟，勉仁中学即成为北碚民盟早期的主要活动场所。

1950年，北碚区第一个民主党派组织民盟小组成立，有盟员董季泽、宋乐颜、何吏衡、查振律、胡继愚、邓正典等6人。1951年6月，叶谦吉等人入盟，随即西南农学院小组、北碚一中（兼善中学）小组成立。1952年9月，高校大调整，西南师范学院从沙坪坝迁到北碚，当时西师民盟小组有40多位盟员，负责人李源澄。1953年2月，民盟重庆市支部北碚分部委员会成立，这是全国民盟第二个建立的市辖区级地方组织。主任委员王道容、副主任委员方敬，共有盟员107人。1955年3月，遵照民盟总部指示，撤销民盟北碚分部委员会，各基层组织直属民盟重庆市分部委员会。成立了二十三中小组、二十四中小组，共有10个基层组织。1956年，西师、西农区分部改为支部。1978年底，在民盟市委指导下，民盟二十四中小组率先恢复组织活动。至1979年6月，民盟在北碚的基层组织相继恢复活动。

1980年10月，民盟重庆市委第一个派出机构——民盟北碚区工作委员会成立。陈家耀任主任委员，熊承思、焦顺文、陈兴让任副主任委员。1985年4月，第二届民盟区工委成立，陈家耀任主任委员，刘玉华、杨炯烈、焦顺文任副主任委员。1986年底，因陈家耀、刘玉华工作调离，由杨炯烈代主任委员，增补胡惠亨、李又新为副主任委员。1987 年 10 月,第三届区工委成立,胡惠亨任主任委员,杨炯烈、李又新、杨伯文任副主任委员。1988 年 3 月,因胡惠亨工作调离,工委调整,杨伯文任主任委员,李又新、杨炯烈、黄刚为副主任委员。1992 年 10 月,第四届区工委成立,杨伯文任主任委员,李又新、黄刚任副主任委员。1993 年 11 月,民盟北碚区第一届委员会成立,杨伯文任主任委员,李又新、黄刚任副主任委员。1997 年经调整新建机关科技支部,并完成了将西师、西农总支纳入民盟区委的工作,增补许增纮、殷幼平为区委副主任委员。

1998 年 11 月,民盟北碚区第二届委员会成立,杨伯文为主任委员,许增纮、黄刚、殷幼平、周霓为副主任委员。2001 年 11 月,民盟北碚区第三届委员会成立,王钊为主任委员,张守广、黄刚、余力为副主任委员。2006 年 10 月,民盟北碚区第四届委员会成立,黄燕苹为主任委员,余力、李静、谢世正为副主任委员。2011 年 8 月 21 日,民盟北碚区委第五届委员会成立,黄燕苹为主任委员,李静、谢世正、曾凡坤、杨忠华、胡岚岚为副主任委员。

截至 2012 年底,全区有盟员 438 人,分属 16 个基层组织。

民盟渝北区委员会

重庆“11 · 27”殉难烈士孙一心是早期在渝北区(原江北县)活动的盟员。1954 年,渝北区有盟员江励成、周公美、范太枢 3 人。1983 年,民盟江北县小组成立,范太枢任组长,张大莉任副组长。1985 年 5 月改建为支部,范太枢为主任委员,张大莉为宣传委员，施发伦为组织委员。1987 年，选举产生第二届支部委员会，范太枢为主任委员，张大莉为副主任委员，时有盟员 17 人。1990 年产生第三届支部委员会，范太枢为主任委员，张大莉、张荣发为副主任委员，支部下设县中学、医卫和综合 3 个小组。1994 年 9 月，民盟江北县总支委员会成立，张大莉任主任委员。1995 年，民盟江北县总支委员会改名为民盟渝北区总支委员会。

1997 年 9 月 16 日，民盟渝北区第一届委员会成立，陈浩川任主任委员，张大莉、张荣发任副主任委员。2001 年 1 月，增补夏小敏为副主任委员。2001 年 12 月 2 日，民盟渝北区第二届委员会成立，陈浩川任主任委员，夏小敏、张雪任副主任委员。2003 年 9 月，增补刘永惠为副主任委员。2006 年 11 月 9 日，民盟渝北区第三届委员会成立。陈浩川任主任委员，夏小敏、张雪、刘永惠任副主任委员。2008 年 4 月，西南政法大学支部转入民盟渝北区委。2011 年 1 月 21 日，进行届中调整，选举夏小敏为民盟渝北区委主任委员，张志辽为副主任委员。2011 年 8 月 22 日，民盟渝北区第四届委员会成立，夏小敏任主任委员，刘永惠、张志辽、付福碧、伍发远任副主任委员。2012 年 11 月，民盟重庆工业职业技术学院支部转入民盟渝北区委。

截至 2012 年底，民盟区委下设支部 6 个，有盟员 179 人。

民盟巴南区委员会

1978 年民主党派恢复组织活动时，巴南区（原巴县）有民盟重庆市委单联盟员陈宛茵、石宇协、会南等 3 人。1983 年，民盟重庆市巴县直属小组成立，陈宛茵任组长，敬建康任副组长。1984年3月，民盟重庆市委巴县直属支部成立，陈宛茵任主任委员，敬建康任副主任委员。1987年2月，民盟巴县支部第二届委员会成立，蔡淑萍任主任委员。1990年1月，民盟重庆市委巴县第一届工作委员会成立，蔡淑萍任主任委员，李祖东、张伯文任副主任委员。1993年4月，民盟巴县工委第二届工作委员会成立，李捷秋任主任委员，李祖东、张伯文、黄玉清任副主任委员。1995年初，撤销巴县建立巴南区时，有盟员53人。1995年3月19日，原民盟九龙坡区委清华中学支部、重庆十中支部、重庆三十四中支部、重庆农科所支部、重庆民政校支部等5个民盟支部共44名盟员划入民盟巴县工委，至此，民盟巴县工委有盟员97人。随之，民盟巴县工委更名为民盟巴南区工委。

1995年10月，民盟巴南区第一次代表大会召开，成立民盟重庆市巴南区第一届委员会，李捷秋任主任委员，李祖东、刘传功、赵晓凤任副主任委员。2000年6月，民盟巴南区第二次代表大会召开，民盟巴南区第二届委员会成立，李捷秋任主任委员，马佳、刘邦耀、邓世军、李世龙任副主任委员。2002年8月，民盟巴南区第二届委员会进行届中调整，选举邓世军为主任委员，增补封洪华为副主任委员，同意李捷秋辞去主任委员、马佳辞去副主任委员职务。2006年4月，民盟区委召开区委(扩大)会议，增补何兴兰为副主任委员。同年10月，民盟巴南区第三次代表大会召开，民盟巴南区第三届委员会成立，邓世军任主任委员，刘邦耀、李世龙、封洪华、何兴兰任副主任委员。2011年1月，民盟区委召开区委(扩大)会议，增补杨敏为副主任委员。2011年8

月，民盟巴南区第四次代表大会召开，民盟巴南区第四届委员会成立，邓世军任主任委员，封洪华、杨敏、陈昌荣、谭勇、杨青龙任副主任委员。

截至2012年底，民盟区委下设13个支部，有盟员275人。

民盟江津区委员会

20世纪40年代中期，民盟开始在江津开展活动。1945年，江津人夏芝宇报经民盟总部同意在当地建立民盟组织，但第二天即遭到国民党当局的破坏和查封。同年，《民主报》编辑部的盟员赵铭彝转移到江津县广兴乡开展活动。1949年，江津油溪人彭福银经李保鲁介绍加入民盟，他们组织当地群众保护经济文化设施，迎接解放大军，参加征粮、剿匪等工作。到1952年，江津有盟员廖德富、罗令娴、陈思平、李远猷4人。1953年2月，民盟四川省委直属江津县小组成立，共有盟员6人。民盟在江津的组织活动正式开始。从1957年"整风反右"到1965年，江津民盟组织的工作处于半停顿状态。1966年"文化大革命"开始，民盟江津小组的活动被迫停止。

1981年10月，民盟四川省委江津直属小组正式恢复活动，其时有盟员5人，后发展盟员8人。1981年12月23日，民盟四川省委直属江津县支部成立，廖德富任主任委员，陈思平、罗令娴任副主任委员。1983年4月，民盟江津县支部划归民盟重庆市委领导。9月，民盟重庆市委江津县工作委员会成立，廖德富任主任委员，陈思平、罗令娴任副主任委员。1986年7月，罗令娴辞去盟内职务,增补朱征峰为副主任委员。1987年7月,民盟中央同意建立民盟江津县委员会。11月14日,民盟江津县第一届委员会成立,曹学信为主任委员,朱征峰、唐顺之为副主任委员。1990年12月,民盟江津县第二届委员会成立,曹学信为主任委员,朱征峰、汤承琥为副主任委员。1992年5月,由于朱征峰工作调动,增选王久源、王会杰为副主任委员。1992年12月,民盟江津县委员会更名为民盟江津市委员会。

1997年1月,民盟江津市第三届委员会成立,王久源为主任委员,黄淳、汤承琥、欧开祥为副主任委员。2001年12月,民盟江津市第四届委员会成立,黄淳为主任委员,欧开祥、李远杰、张进为副主任委员。2004年6月,民盟江津市第四届委员会第九次全委会增补朱华平为专职副主任委员。2006年11月,民盟江津市第五届委员会成立,黄淳为主任委员,李远杰、张进、朱华平、李小红为副主任委员。2007年1月,江津撤市建区,民盟江津市委员会更名为民盟江津区委员会。2011年9月4日,民盟江津区第六届委员会成立,李远杰为主任委员,张进、李小红、刘安兵、夏培渝、胡宾凯为副主任委员。

截至2012年底,全区共有基层盟组织10个,盟员283人。

民盟合川区委员会

1983年11月23日,民盟重庆市委副秘书长刘贵寿、组织部长胡先梅到合川座谈组织发展工作,丁兆麟、刘和平、李德安3位盟员参加会议。1983年12月,李文信、王建农等4人入盟。

1984 年 1 月,程明静等 5 人入盟。1984 年 1 月 9 日,民盟合川县支部筹备小组成立,李文信任组长,王建农任副组长。1984 年 2 月 14 日,民盟合川县支部委员会正式成立,李文信任主任委员,王建农、李德安任委员。1987 年 5 月 31 日,民盟合川县支部召开第二次全体盟员大会,选举产生了第二届支部委员会,李文信任主任委员,李德安、柳斌武任副主任委员。1992 年 3 月,民盟合川县支部委员会升格为总支部委员会。4 月 3 日至 4 日,召开第三次盟员大会,选举产生总支部委员会,李文信任主任委员,李德安、柳斌武、余训端任副主任委员。1993 年 12 月,合川撤县建市,民盟合川县总支部委员会更名为民盟合川市总支部委员会。

1993 年 12 日至 13 日,民盟合川市第一次代表大会召开,选举产生民盟合川市第一届委员会,李德安任主任委员,余训端、杨建雄、刘六国任副主任委员,推举李文信任名誉主任委员。1995 年 12 月,增补呼家祥为市委副主任委员。1997 年 5 月 5 日,民盟合川市第二次代表大会召开,选举产生民盟合川市第二届委员会委员,李德安为主任委员,刘六国、刘大明为副主任委员。2001 年 11 月 17 日,民盟合川市第三次代表大会召开,选举产生民盟合川市第三届委员会,刘六国为主任委员,莫智红、邓元良为副主任委员。2004 年 2 月,增补周福春为副主任委员。2006 年 10 月 18 日,民盟合川市第四次代表大会召开,选举产生民盟合川市第四届委员会,刘六国为主任委员,莫智红、邓元良、周福春为副主任委员。2007 年 2 月,合川撤市设区,民盟合川市委更名为民盟合川区委。2009 年 7 月,增补尹宏杰为副主任委员。2011 年 8 月 24 日,民盟合川区第五次代表大会召开,选举产生民盟合川市第五届委员会,刘六国为主任委员,莫智红、邓元良、尹宏杰、周福春、杨燕为副主任委员。

截至 2012 年底,民盟合川区委基层组织 13 个,有盟员 271 人。

民盟永川区委员会

1948 年 7 月,民盟四川省支部派出 39 名川大毕业学生干部到各县开展地方组织活动期间,永川开始有民盟组织活动。建国初期,盟员刘以焱任永川县文教科副科长,反右斗争中被错划为右派。1960 年代,有几位盟员在教育界工作。1974 年江津地区农校(后先后更名为永川地区农校、重庆市第二农校)迁到永川,校内有马文宇、李祖庭两位 1950 年代入盟的教师。

1983 年 4 月,经民盟四川省委批准,民盟四川省委直属永川小组建立,由马文宇任组长,有盟员 7 人。同年,由于永川地区与重庆市合并,民盟永川小组由民盟四川省委划归民盟重庆市委领导。7 月,民盟重庆市永川县支部成立,王国璜任主任委员,马文宇、陈艾任副主任委员。1985 年 9 月,民盟永川县第二届支部委员会成立,王国璜任主任委员,马文宇、陈艾任副主任委员。1986 年 9 月,补选余天堑为副主任委员。1987 年 9 月,重庆师专支部与永川县支部合并,成立民盟重庆市委永川县第一届工作委员会,陈艾任主任委员,王国璜、徐中瀛、余天堑任副主任委员。1992 年 4 月,永川撤县建市,民盟永川县工作委员会更名为民盟永川市工作委员会。1993 年 4 月，民盟永川市第二届工作委员会成立，龚成遂任主任委员，陆宗禹、梁礼琼、鲜昭永任副主任委员。

1996 年 7 月，民盟永川市第一届委员会成立，龚成遂任主任委员，陆宗禹、梁礼琼任副主任委员。2001 年 12 月，民盟永川市第二届委员会成立，高志强为主任委员，梁礼琼、张万瑞、赵渝龙为副主任委员。2002 年 8 月，增补唐钦贤为民盟永川市委副主任委员。2006 年 11 月，民盟永川市第三届委员会成立，高志强任主任委员，张万瑞、任伯平、屈景河、许华任副主任委员。2007 年 2 月，永川撤市建区，民盟永川市委员会更名为民盟永川区委员会。2011 年 8 月，民盟永川区第四届委员会成立，高志强任主任委员，任伯平、屈景河、许华、唐紫红、陈德忠任副主任委员。

截至 2012 年底，民盟永川区委下设 8 个支部，有盟员 243 人。

民盟綦江区委员会

民盟重庆市委于 1983 年 4 月在綦江县发展了第一位盟员夏湘生。当年共发展盟员 8 人。1984 年 3 月，民盟重庆市委员会直属綦江小组成立，刘抚万、夏湘生分别任正、副组长，时有盟员 9 人。1986 年 4 月 5 日，民盟重庆市綦江县支部委员会成立，夏湘生任主任委员。1992 年 11 月，綦江召开第一次盟员大会，选举产生了民盟綦江县总支第一届委员会，吴德本任主任委员，朱加祥、卢昌庆任副主任委员。

1997年11月,民盟綦江县总支部第二次盟员大会召开,选举产生民盟綦江县总支第二届委员会,吴德本任主任委员,卢昌庆、叶雨任副主任委员。1998年10月,民盟綦江县盟员大会召开,选举产生民盟綦江县第一届委员会,吴德本任主任委员,卢昌庆、叶雨任副主任委员。2001年12月,民盟綦江县第二次盟员大会召开,选举产生民盟綦江县委第二届委员会,吴德本任主任委员,叶雨、刘文贤、蒲锐任副主任委员。2005年4月,民盟綦江县委进行届中调整,刘文贤当选为主任委员,李林兰增补为副主任委员。2007年3月20日至21日,民盟綦江县第三次盟员大会召开,选举产生了民盟綦江县第三届委员会,叶雨任主任委员,蒲锐、李林兰、潘雪梅任副主任委员。

2011年8月,民盟綦江县委第四次盟员大会召开,选举产生民盟綦江县第四届委员会,叶雨任主任委员,蒲锐、李林兰、潘雪梅、潘捷任副主任委员。2012年1月,因綦江撤县设区,民盟綦江区委成立,叶雨任主任委员,蒲锐、李林兰、潘雪梅、潘捷任副主任委员。

截至2012年底,民盟綦江区委下设5个支部,有盟员129人。

民盟市委直属工作委员会

1999年前,民盟市委先后发展了一些非公有制企业的代表人士入盟。1999年3月,民盟市委把这些人士和部分市级机关的盟员集合在一起,共同组成了民盟市委直属支部,吴建华任主任委员，郭君稳任副主任委员。2001 年 6 月，增补方启渝、廖丽君为副主任委员。2003 年 4 月，增补吴江林为副主任委员。2004 年 4 月，增补彭朝阳、赵芾为副主任委员。

2006 年 12 月，民盟市委直属支部经民盟市委批准，升格为民盟市委直属总支部委员会，选举吴建华为主任委员，赵芾、彭朝阳、程吉建为副主任委员。2011 年，直属总支召开全体盟员大会，选举产生民盟市委直属总支部第二届委员会，赵芾为主任委员，郭毅军、李国、吴森庄、刘强、陆虹、严爱琼为副主任委员。

1991 年 7 月，民盟重庆市文化总支部第一届委员会成立。田大文担任主任委员。2001 年 5 月，民盟重庆市文化总支部第二届委员会成立，杨明担任主任委员。2003 年 9 月，杨明因工作调至四川民族大学，由凌宗魁代理主任委员职务。2006 年 9 月，民盟重庆市文化总支部第三届委员会成立，由黄荣华任主任委员，刘引、王小全、周利任副主任委员。2012 年 10 月，民盟文化总支部第四届委员会成立，周利担任主任委员，黄荣华、孙勇波、苏大春、刘引、王小全、张丁、刘薇、郭旭虹、黄胜男为副主任委员。

经研究，民盟市委决定整合民盟市委直属总支部和民盟重庆市文化总支部，成立民盟市委直属工作委员会。2012 年 6 月 16 日，民盟重庆市委直属工作委员会（筹备）代表大会在党派大楼一楼会议室召开，选举产生民盟重庆市委第一届直属工作委员会，赵芾为主任委员，周利、黄荣华、李国、刘群为副主任委员。

截至 2012 年底，民盟市委直属工作委员会下辖支部 9 个，有盟员 226 人。

民盟荣昌总支委员会

1941年，位于荣昌的建华高级农业职业学校由四川省接管，改名为四川省立荣昌高级农业职业学校。全国政协第六届委员、民盟黑龙江省委副主任委员、著名畜牧学家、动物营养学家许振英，第三届全国人大代表、第五届全国政协委员、兽医学家，以及我国现代畜牧兽医事业的先驱、民盟盟员蔡无忌（蔡元培之子）等曾在该校工作生活。1950年原四川省立荣昌高级农业职业学校更名为四川省荣昌畜牧兽医学校，1956年，盟员叶允男调入四川省荣昌畜牧兽医学校，1978年原四川省荣昌畜牧兽医学校升格为四川畜牧兽医学院，盟员刘开蓉调入本院，开始与民盟重庆市委联系工作。1986年，张余森、向德超、黄仕奇、吴青、陶天佐、苟振才、饶钦如等先后加入民盟，盟员人数不断增加。

1987年，四川畜牧兽医学院有盟员10余人，经民盟重庆市委批准，成立民盟重庆市委直属四川畜牧兽医学院支部，张余森推选为支部首任主任委员，刘开蓉、陶天佐任支委。1988年，张余森退休，由刘开蓉担任支部主任委员。

1997年5月，支部换届成立第二届支部委员会，朱汉春任主任委员。2000年6月，选举产生第三届支部委员会，朱汉春任主任委员，程方俊任副主任委员。2001年，原四川畜牧兽医学院与西南农业大学合并，成立西南农业大学荣昌校区，民盟四川畜牧兽医学院支部遂更名为民盟西南农业大学荣昌校区支部。2005年7月，西南农业大学与西南大学合并成立西南大学，民盟西南农业大学荣昌校区支部再次更名为民盟西南大学荣昌校区支部。2006 年 4 月,选举产生民盟西南大学荣昌校区支部第四届支部委员会,朱汉春任主任委员、曾仁权任副主任委员。

2011 年 2 月,经民盟重庆市委批准,民盟重庆市荣昌总支部委员会成立,朱汉春任主任委员、曾仁权任副主任委员。从 2011 年开始,总支在荣昌县发展盟员。2012 年 3 月增补周远鹏为总支副主任委员。

截至 2012 年底,民盟荣昌总支有支部 2 个,有盟员 33 人。

民盟南川总支委员会

2011 年 12 月 24 日,中国民主同盟重庆市南川区支部委员会正式成立,韦明齐当选为首任主任委员。2012 年 12 月 26 日,民盟南川总支委员会成立,韦明齐任主任委员,张进任副主任委员。

截至 2012 年 12 月,民盟南川总支共有支部 3 个,有盟员 51 人。

附录二

大事记

1939 年

11 月 23 日　国民参政会中一部分参政员和一些知名人士黄炎培、张澜、梁漱溟、江恒源、冷遹、章伯钧、沈钧儒、邹韬奋、张申府、章乃器、罗文干、罗隆基、胡石青、曾琦、李璜、左舜生、光升等十余人，共就抗战建国大事，以求意见之统一，而促行动之团结为宗旨，在重庆青年会餐厅集会，组织成立统一建国同志会。订有简章八条，信约十二条。

1940 年

12 月 24 日　黄炎培、梁漱溟、张君劢、左舜生四人在左舜生家中酝酿成立“中国民主政团同盟”。

1941 年

3 月 19 日　以统一建国同志会为基础，由中国青年党、国家社会党（后改组为民主社会党）、中华民族解放行动委员会（后改组为中国农工民主党)、中华职业教育社和乡村建设协会等组织联合组成中国民主政团同盟,在重庆上清寺特园举行成立大会,通过《中国民主政团同盟政纲》《敬告政府与国人》和《中国民主政团同盟简章》,选举执行委员13人,常务委员5人,并推选了主席和总书记。

11月16日　中国民主政团同盟第一次公开以组织名义在重庆临江路俄国餐厅举行茶话会,招待参政员50余人,宣布中国民主政团同盟已正式成立,并就有关民主政治问题交换意见。

1942年

1月　沈钧儒领导的全国各界救国联合会加入中国民主政团同盟,至此,有三党三派之称。

1943年

2月　黄炎培、冷遹到重庆曾家岩50号访周恩来、董必武、林彪,共同讨论世界局势的有关问题。

1944年

1月1日　由黄炎培发起出版的《宪政》(月刊)在重庆创刊。主编张志让,编委戴修瓒、褚辅成、杨卫玉、王芸生、傅斯年等。

3月26日　国民参政会宪政座谈会举行会议,黄炎培主持,到会有沈钧儒、史良等50余人,一致要求"保障民权"。

4月28日　沈钧儒、章伯钧、张申府等联合举行文化界招待会，提出言论自由、思想自由、学术自由、民主改革等要求。

5月14日　沈钧儒、黄炎培等在重庆举行宪政座谈会，立法院长孙科及董必武、章伯钧、张君劢、李璜、左舜生等300余人出席。

5月30日　黄炎培在复旦大学发表演讲，批评国民党当局将民国招牌挂了30多年，没有颁布宪法、没有实施宪政。他提醒大家要“为民主而战，还要反对假的主义”。

5月31日　中国民主政团同盟发表《对目前时局的看法和主张》，认为国共两党谈判短期内不可能结束，并就团结、外交、军事和财政经济方面提出改进措施。

7月上旬　沈钧儒、邓初民、史良、陶行知等发表联合通电，主张立即动员民众，坚决抗战，铲除失败主义，并希望采取民主办法，组织人力物力，坚持到底。

8月31日　《宪政》月刊社举行时政座谈会，讨论保障人身自由问题。

9月19日　中国民主政团同盟在重庆上清寺特园举行全国代表会议。决议将中国民主政团同盟改组为中国民主同盟，由团体会员制改为个人参加。会议通过《中国民主同盟纲领草案》，包括政治、军事、经济、外交、教育、社会六个部分，共46条；选出中央执行委员33人，增选沈钧儒、李璜、潘光旦为常务委员，推选了主席、总书记；并决定中央执行委员会下设组织、宣传、国际关系、国内关系等委员会。

10月10日　中国民主同盟发表《对抗战最后阶段的政治主张》，内容包括军事、政治、外交、经济和文化教育五部分，共三十五条。

1945 年

3 月 10 日　中国民主同盟发言人在重庆对最近国内民主与团结问题发表谈话，反对国民政府定于 11 月 12 日召开国民党一党包办的国民大会，主张召开各党派及无党派之领袖会议。

7 月 1 日　民盟中央常务委员黄炎培、左舜生、章伯钧和中央执行委员冷遹 4 人与褚辅成、傅斯年以国民参政会参政员的身份由重庆赴延安考察。

8 月 15 日　日本帝国主义宣布无条件投降。民盟发表《在抗战胜利声中的紧急呼吁》，提出了“民主统一、和平建国”的口号，并提出召集各党派及无党派民主人士的政治会议等 10 项主张。

8 月 28 日　蒋介石在舆论压力下电邀毛泽东到重庆和平谈判，民盟主席张澜及沈钧儒、左舜生、章伯钧、黄炎培、冷遹到九龙坡机场迎接。

9 月　中国民主同盟重庆市支部成立。章伯钧、邓初民、何公敢、史良、陶行知、孙起孟、罗子为、曹孟君、廖国镇、刘清扬、罗涵先等 11 人为委员。何公敢为主委，史良为组织部长，陶行知为宣传部长，刘清扬为妇女委员会主任。支部创办刊物《民主星期刊》。

9 月 2 日　毛泽东、周恩来、王若飞亲赴特园，出席民盟中央常委会为中共代表举行的欢迎宴会。张澜、沈钧儒、左舜生、黄炎培、冷遹、张申府、章伯钧、罗隆基、鲜特生等出席作陪。宾主并就时局问题进行亲切交谈。在重庆期间，毛泽东曾多次会见民盟领导人进行协商。

9月5日　中国民主同盟在重庆举行抗日战争胜利庆祝会，并欢迎郭沫若访苏归来。沈钧儒致词，郭沫若谈访苏观感。

9月10日　民盟中央主席张澜于国共两党谈判期间致函蒋介石和毛泽东，希望国共两党乘此时机“全盘”、“彻底”解决国家的问题，并提出“政治必须彻底民主”，“军队属于国家，军人忠于国家”等建议。

9月11日　毛泽东、周恩来、王若飞在重庆桂园与张治中、黄炎培、沈钧儒等就促进国共团结问题交换意见。

9月15日　毛泽东往特园访晤中国民主同盟主席张澜，向他介绍国共谈判情况。晚，毛泽东在桂园设宴招待中国青年党在渝中委左舜生、陈启天、余家菊、何鲁生、常燕生等。

10月1日至12日　中国民主同盟在重庆上清寺特园召开临时全国代表大会（即民盟第一次全国代表大会）。会上作了《政治报告》，发表了《临时全国代表大会宣言》，通过了《中国民主同盟纲领》《中国民主同盟组织规程》，产生了第一届中央委员会。

10月11日　国共双方10日签订《会谈纪要》（即《双十协定》）后，毛泽东由张治中陪同，乘坐蒋介石专机离开重庆返回延安，民盟中央主席张澜及民盟中央常委章伯钧、陶行知等前往送行。

10月16日　中国民主同盟发表《临时全国代表大会宣言》，对政治协商会议、民主联合政府、国民大会、人民自由、释放政治犯与废止特务制度，以及军队、经济、外交、内政、教育等十个方面阐述立场和态度，力求全盘彻底地总解决。

11月10日　重庆《民主星期刊》第七期发表陶行知教授致美国著名教育家杜威函，请求杜威联合美国各界名流，号召全美人民起来制止美国对华干涉政策。

11月15日　民盟中央执行委员会举行全体会议，决议设置西南、西北、东南、南方、东北、华北及海外7个总支部。并决定组织编辑委员会，接办《民宪》半月刊，在东南区发行《民宪》东南版；在重庆筹备创办民盟机关报《民主报》。

12月6日　中国民主同盟发言人为昆明惨案发表谈话，谴责国民党当局制造血案，表示希望政府应速采妥善合理之办法，勿使迁延扩大。

12月　青年党从民盟分裂出去，左舜生被解除秘书长职务，由梁漱溟接任。

1946年

1月10日　政治协商会议在重庆开幕。民盟由张澜、沈钧儒、张君劢、黄炎培、罗隆基、张东荪、章伯钧、梁漱溟、张申府等9人组成代表团出席会议。民盟在政协会议期间，延揽34位国内知名专家作为顾问，为民盟和中共代表团提供咨询。其中杜斌丞、周鲸文、彭一湖3人列席了会议。在政协会议和国共两党和谈的过程中，民盟奔走于国共两党之间，力促和谈成功。与此同时，参加和支持学生民主运动和广大人民群众反内战、反饥饿、反迫害的斗争。

1月16日　民盟重庆市支部发动盟员参加在沧白堂举行的庆祝实现国内停战的和平大会。

1月19日　政治协商会议陪都各界协进会第七次集会，请张群、吴铁城、梁漱溟作报告，到千余人。张、吴未出席，当梁报告整军方案时，一群暴徒狂击会场，将场内桌椅全部捣毁，迫使大会终止，制造了“沧白堂事件”。

1月21日至25日　民盟重庆市支部在国府路300号和上清寺特园先后邀请中共代表团秦邦宪及民盟参加政协的代表梁漱溟、张君劢、民盟南方总支部负责人李伯球等谈对政治形势的看法和他们的政治主张。

2月1日　民盟总部机关报《民主报》在重庆出版。发行人为张澜，社长为罗隆基，总编辑为马哲民。创刊号报道了政治协商会议闭幕的消息和政治协商会议决议。

2月10日　重庆20多个团体和各界广大群众在较场口广场举行陪都各界庆祝政治协商会议成功大会，民盟重庆市支部参加会务工作。由于国民党特务有组织、有计划地进行破坏，民盟中央委员李公朴及郭沫若、施复亮等60余人被殴伤，制造了震惊全国的“较场口血案”。

4月19日　重庆各界追悼因飞机失事牺牲的王若飞、叶挺等“四八”烈士。由张澜主祭，周恩来、沈钧儒等陪祭。

4月25日　民盟重庆市支部第二届执委改选。鲜特生任主委，吴春选负责秘书处，赵一明负责组织部，冯克熙负责宣传部。同日，民盟重庆市支部根据民盟总部的决定，选举胡克林、黄朋豪为出席国民代表大会的民盟地方代表（后因国民党单独召开伪国大,民盟代表拒绝参加)。

5月　新中国剧社在重庆成立,盟员周特生任社长。

5月28日　继国民党政府迁返南京之后,民盟总部也由重庆迁至南京蓝家庄15号及高门楼。政治斗争的中心由重庆转移到南京、上海。民盟总部迁离重庆后,民盟机关报《民主报》交由民盟重庆市支部承办。

6月11日　民盟重庆市支部举行记者招待会。主委鲜特生说:民盟一贯主张和平民主,今以总部迁京,渝市支部愿与各党派及地方机关密切合作。

6月13日　民盟重庆市支部鲜特生、邓初民、冯克熙、李康、唐弘仁、罗涵先等与陪都各界4200余人签名致函蒋介石、毛泽东,要求协商解决政治问题,呼吁停止内战。

7月11日　民盟重庆市支部发言人在《新华日报》发表谈话,反对美国所谓军事援华,指出美国对于国民党政府的片面援助,助长了中国内战。

12月12日　民盟主席张澜偕民盟重庆市支部主委鲜特生乘机由渝飞汉转沪主持盟务。

12月18日　民盟中央主席张澜和中央委员鲜特生乘“龙安”号轮船由重庆抵达上海,李济深、黄炎培、沈钧儒、章伯钧、张申府、华岗、陈家康等及各报记者登轮欢迎。

12月30日　民盟重庆市支部赵一明、章培毅及各界60余人应邀参加吴玉章同志68岁寿辰招待会。

1947 年

1 月 6 日至 10 日　民盟重庆市支部鲜特生、刘王立明等出席在沪举行的民盟一届二中全会。

2 月 6 日　民盟重庆市支部等 16 团体发表慰问爱国游行学生宣言,支持学生运动。

8 月　民盟西南总支部直属小组成立。由潘大逵任主委,鲜特生、邓初民、马哲民、楚图南、张志和、范朴斋为委员,刘宝宣任秘书,领导川、康、滇、黔四省盟务工作。

1948 年

5 月　民盟重庆市支部决定成立救济小组,开展营救关押在国民党集中营的盟员。

6 月　民盟重庆市支部负责人赵一明、冯克熙、黎又霖与三民主义同志会、民主建国会、农工民主党负责人商议组织"民主党派联谊会",加强相互联系。

8 月 8 日　民盟重庆市支部积极响应《中国民主同盟盟员下乡工作方案》,动员盟员深入农村,发动民众工作。

1949 年

1 月　民盟重庆市支部负责人开始与参议员丁荣灿、李仲平、范仲渠及立法委员顾鹤皋等联系,谋划策动国民党地方军政人员起义。

3 月　范朴斋到达重庆,向民盟重庆市支部传达民盟总部来函和向国民党当局交涉释放被关押的盟员。28 日,范朴斋在重庆约集杨复全、冯克熙、赵一明、鲜恒、张松涛等人，要求民盟重庆市支部做好迎接出狱盟员的准备工作。30、31日，国民党当局分两批共释放盟员21人。31日晚，张松涛与成都张志和通电话，报告重庆放人情况。

11月　潘大逵、胡克林、赵一明、冯克熙先后由重庆到成都，策动刘文辉、邓锡侯举行武装起义。

11月27日　国民党反动派对关押在重庆“渣滓洞”、“白公馆”等地集中营的爱国进步人士进行集体大屠杀，其中盟员22人。此外，在争取全国解放的英勇斗争中，另有5位盟员先后被杀害。

11月30日至12月　重庆获得解放。民盟重庆市支部及西南总支部负责人于12月陆续返重庆，商讨筹建民盟重庆市支部临时工作委员会等问题。

1950年

1月8日　民盟总部西南区特派员楚图南从北京抵达重庆，领导整理西南盟务工作。

2月1日　民盟重庆市支部临时工作委员会成立，潘大逵任主任委员。

5月　民盟重庆市支部临时工作委员会整理盟员盟籍工作基本结束。经登记、审查、核定的盟员共166人。同月，重庆市盟务领导联系工作，由中共西南局统战部转至重庆市委统战部。

6月15日　民盟重庆市支部临时工作委员会主编的刊物《重庆盟讯》创刊。

7月　民盟重庆市支部临时工作委员会组织委员会、宣传委员会、学习委员会、联络委员会先后成立。

9月　民盟西南总支部临时工作委员会举行第一次全体委员会。

1951年

8月　民盟重庆市支部临时工作委员会首次吸收新盟员54人,并举行了隆重的入盟宣誓。

1952年

6月　民盟重庆市支部临时工作委员会动员全市盟员对人民民主统一战线的性质、任务,以及民盟在统一战线中的地位和作用展开热烈讨论,并请中共西南局统战部秘书长林蒙作专题报告。

10月12日　民盟重庆市支部临时工作委员会召开重庆市第一次盟员代表大会,选举产生了重庆市支部第三届委员会,潘大逵任主任委员。

11月　民盟西南总支部临时工作委员会召开第二次全委扩大会议,总结盟务工作。

1953年

民盟重庆市支部发动全市盟员认真学习贯彻国家过渡时期的总路线,要求广大盟员努力搞好自己的岗位工作。

2月　民盟四川省江津县小组成立。

1954 年

1 月 31 日　民盟重庆市支部沙磁分部委员会成立。

2 月 2 日　民盟重庆市北碚分部委员会成立。

2 月 23 日　民盟重庆市支部召开全市第二次盟员代表大会。

7 月 9 日　民盟重庆市支部向全体盟员发出学习、讨论和宣传宪法草案的通知。

12 月 25 日　民盟重庆市支部向全市盟员发出关于开展反对美蒋《共同防御条约》宣传工作的通知。

1955 年

3 月 19 日　重庆市第三次盟员代表大会召开。撤销沙磁分部委员会和北碚分部委员会,改组重庆市支部委员会为重庆市分部委员会,隶属民盟四川省支部委员会领导。选举产生了民盟重庆市分部第一届委员会,萧华清任主任委员。

6 月 12 日　重庆市第四次盟员代表大会召开,作出了《提高警惕,分清敌我,坚决肃清胡风反革命集团和一切暗藏的反革命分子》的决议。

1956 年

8 月 17 日至 18 日　民盟重庆市分部委员会举行全市盟员代表会议。中共重庆市委书记任白戈在会上作了关于“长期共存,互相监督”方针的宣讲报告。

1957 年

7 月　民盟重庆市分部委员会向全市盟员发出《民盟重庆市分部委员会号召全市盟员帮助中共整风的通知》，并成立了整风领导小组。

1958 年

7 月 5 日　民盟市委机关从市中区人民路 302 号（原国府路 300 号）迁至金汤街 80 号。

10 月 4 日至 7 日　民盟中央主席沈钧儒来渝视察，民盟市分部负责人汇报了反右派、整风、交心、订改造规划等情况。

10 月 27 日至 29 日　重庆市第五次盟员代表大会召开。选举成立了民盟四川省重庆市第二届委员会，萧华清任主任委员。会议决定民盟重庆市分部委员会改为民盟四川省重庆市委员会。

1960 年

3 月　民盟中央副主席邓初民到重庆视察盟务工作。

6 月 30 日至 7 月 3 日　民盟市委举行全市基层组织和盟员个人服务与改造经验交流会。

1962 年

1 月 20 日至 27 日　重庆市第六次盟员代表大会召开。会议选举产生了民盟四川省重庆市第三届委员会，萧华清当选主任委员。

1965 年

6 月 4 日　民盟市委举行三届十八次委员会议，向莅渝的民盟中央副主席高崇民汇报工作。

1966 年

10 月　因“文化大革命”的干扰，民盟市委被迫停止工作。

1969 年

2 月 21 日　重庆市政协副主席、民盟市委主任委员萧华清因病逝世，享年 75 岁。粉碎“四人帮”之后，1978 年，重庆市政协为他举行了隆重的追悼大会。

1977 年

为响应中共中央民主党派组织要活跃起来的号召，民盟市委开展全市盟员的情况调查，做到个个摸底，人人落实。时全市有盟员 535 人。调查工作为恢复组织活动做了思想动员和组织准备。

1978 年

4 月 27 日　民盟市委员会临时领导小组成立，由金锡如任组长。至此，因“文化大革命”干扰而停止工作的民盟市委开始恢复工作。

1979 年

8 月 9 日至 23 日　民盟市委临时领导小组在小泉招待所举行盟员个人为“四化”服务和基层工作经验交流会。

1980 年

2 月 26 日　民盟重庆市第七次代表大会召开。大会选举产生了民盟四川省重庆市第四届委员会，金锡如任主任委员。民盟市委开始设立常务委员会。

10 月　民盟重庆市北碚区工作委员会成立。

11 月　民盟重庆市市中区工作委员会成立。

自本年暑假起，民盟市委在每年暑期举办一年一度的新盟员学习会。

1981 年

3 月 19 日　民盟市委隆重举行纪念中国民主同盟成立 40 周年茶话会。

4 月　民盟市委成立知识分子工作研究小组，对知识分子落实政策情况进行深入细致的调查研究。

5 月　民盟中央秘书长高天率工作组来渝视察了解盟务工作。

5 月　民盟重庆市沙坪坝区工作委员会成立。

5 月 12 日至 17 日　民盟中央副主席费孝通来渝视察盟务工作，了解“调查落实知识分子政策”工作情况。

11 月 29 日至 12 月 1 日　民盟市委举行民盟市委为“四化”

服务经验交流会。

12月　民盟四川省永川地区江津县支部成立。

1982年

1月7日　民盟市委四届十三次常委会通过《关于动员全盟退休人员做好文化科技补习工作的方案》。

3月4日　民盟市委召开四届八次(扩大)全委会,学习、贯彻中共十二大和第五届全国人大、全国政协会议精神,推动盟员为实现第六个五年计划做出新的贡献。

1983年

3月　民盟重庆市巴县小组成立。

3月　民盟重庆市江北县小组成立。

4月3日　民盟四川省永川地区永川县小组成立。

4月　民盟四川省江津县支部、永川县小组划归民盟市委管理。

7月　民盟重庆市江北区工作委员会成立,民盟重庆市永川县支部委员会成立。

7月12日　民盟市委主办的重庆储才业余文化补习学校成立并举行开学典礼,民盟市委主委金锡如任名誉校长,民盟市委教工委主任龚灿光任校长,盟员颜学礼任常务副校长。

9月22日　民盟重庆市江津县工作委员会成立。

9月22日至10月6日　民盟市委组织11名盟员参加"教育支边考察组",赴贵州讲学。

11月8日　民盟重庆市南岸区工作委员会成立。

12月　民盟市委组成支边考察组赴凉山州西昌市考察,洽商创办凉山大学事宜。

1984年

2月　民盟重庆市合川县支部成立。

3月　民盟重庆市綦江县小组成立。

4月　民盟重庆市巴县支部成立。

5月3日至6日　民盟重庆市第八次代表大会召开,选举产生民盟四川省重庆市第五届委员会,金锡如任主任委员。

7月23日　经民盟市委筹建的全国第一所民办公助大学——凉山大学诞生。民盟市委常委、重庆建筑工程学院教授鲁承宗任校长。其后,重庆盟员周光埙、欧阳道分别担任凉山大学第四、第五任校长。

9月24日　民盟市委举办为四化建设作贡献成果展,以新颖的形式庆祝建国35周年。

11月　民盟重庆市九龙坡区工作委员会成立。

1985年

2月　民盟市委到四川省第二监狱举办“慰问司法干警、帮教服刑人员”迎春晚会,开始探索监狱帮教工作。

5月　民盟重庆市江北县支部委员会成立。

8月27日　民盟市委隆重举行首届教师节庆祝大会。

11月12日　民盟中央副主席陶大镛来渝看望重庆社会大

学师生并作报告。

12月14日　民盟市委召开高校基层工作座谈会。

1986年

4月　民盟重庆市綦江县支部成立。

7月17日　民盟市委在抗建堂隆重集会,纪念民盟成立45周年暨李公朴、闻一多殉难40周年。

9月14日　民盟市委成立统战理论研究组,金锡如主委任组长。

9月22日至24日　民盟市委举行修订《中国民主同盟简史·解放前部分(征求意见稿)》座谈会。

10月21日至26日　四川省各民主党派、工商联为四化建设先进集体和先进个人代表表彰会召开。重庆民盟获先进集体3个、先进个人16名。

11月25日　由民盟四川省委主办的四川函授大学重庆分校由民盟市委接管。

1987年

3月4日　重庆市各民主党派、工商联为四化服务先进集体和先进个人表彰大会举行。民盟市委获先进集体表彰5个、先进个人41人。

5月19日至22日　民盟市委召开盟史座谈会,就《民盟重庆地区大事记(解放前部分)》征求意见。

6月　民盟四川省委直属涪陵小组成立。

9 月 13 日　民盟重庆市永川县工作委员会成立。

11 月 14 日　民盟重庆市江津县委员会成立。

12 月 22 日至 25 日　民盟重庆市第九次代表大会召开。大会选举产生了民盟四川省重庆市第六届委员会，冯克熙当选为主任委员，金锡如为名誉主任委员。

本年　民盟重庆市四川畜牧兽医学院支部成立。

1988 年

7 月 9 日至 15 日　民盟市委冯克熙主委等参加在贵阳举行的云南、贵州、四川、重庆三省四方盟务工作研讨会。

10 月　民盟重庆市九龙坡区委员会成立。

1989 年

1 月　民盟市委完成《民盟重庆市委教育工作委员会关于教育问题的调查报告》《关于初中教育改革问题的综合调查报告》《中国高等教育的现状及改进意见》，送民盟中央、民盟四川省委及重庆市有关部门参考。

1 月　民盟四川省委直属万县市支部委员会成立。

7 月　民盟四川省委直属涪陵支部成立。

8 月　民盟市委组成支教工作组前往黔江土家族自治县中学开展帮助该校高三教师提高教学质量的支教工作。

11 月　民盟四川省万县市委员会成立。

1990 年

1 月 11 日　民盟重庆市巴县工作委员会成立。

5 月 25 日　民盟中央副主席孔令仁到民盟市委机关看望全体工作人员。

10 月 24 日　重庆市政府召开市级民主党派、工商联办公室主任会议，确定重庆市教育委员会、市文化局和市农牧渔业局为民盟市委对口联系部门。

12 月　民盟中央名誉主席楚图南来渝调研，期间接见民盟市委主委冯克熙等市盟领导。

1991 年

2 月 23 日　民盟市委在歌乐山烈士陵园动工修建"一一·二七盟员烈士纪念碑"，民盟中央名誉主席楚图南为纪念碑题词。

4 月 16 日　民盟市委举行纪念中国民主同盟成立 50 周年新闻发布会。

4 月 18 日　民盟市委举行"一一·二七"盟员烈士纪念碑落成仪式。

4 月 19 日　民盟市委在中共重庆市委礼堂举行中国民主同盟成立 50 周年纪念大会。

5 月 22 日　民盟重庆市江北区委员会成立。

7 月　民盟重庆市文化总支委员会成立。

12 月　民盟四川省涪陵市委员会成立。

1992 年

1 月 7 日至 10 日　民盟重庆市第十次代表大会召开。大会选举产生了民盟四川省重庆市第七届委员会，冯克熙任主任委员，金锡如为名誉主任委员。

4 月 4 日　民盟重庆市合川县总支委员会成立。

4 月 23 日　民盟市委将《重庆盟讯》刊改报，更名为《民盟报》，后改名为《重庆民盟报》《重庆民盟》。

4 月　重庆市人民政府公布特园为第二批市级文物保护单位。解放前民盟总部所在地——国府路 300 号和民盟已故主席沈钧儒故居作为革命遗址及革命纪念建筑类受到保护。

4 月　民盟重庆市永川县工作委员会更名为民盟重庆永川市工作委员会。

5 月 9 日　民盟市委举行重庆盟员为“四化”服务经验交流座谈会。

6 月 10 日　民盟市委召开第一次社会服务工作会议。

10 月 8 日至 11 日　民盟市委组团赴四川省华蓥市考察，与华蓥市委、市政府、市政协签订 5 个意向性项目协议和为期 3 年的“盟华合作”协议。

11 月 29 日　民盟重庆市綦江县总支部成立。

12 月　民盟重庆市江津县委员会更名为民盟重庆江津市委员会。

1993 年

1 月 14 日　《中国民主同盟重庆市委员会与华蓥市人民政

府关于经济、科技合作的协议书》和《民盟重庆市委、华蓥市人民政府关于创办山城大学的协议》在重庆雾都宾馆签订。

5月31日　民盟中央副主席钱伟长在渝亲切看望了出席重庆市“两会”的盟员代表和委员。

9月21日　民盟中央副主席丁石孙到民盟市委机关与民盟市委领导班子成员亲切会谈。

11月20日　民盟重庆市市中区委员会成立。

11月22日　民盟重庆市北碚区委员会成立。

12月12日　民盟重庆市南岸区委员会成立。

12月13日　民盟重庆市合川市委员会成立。

1994年

4月16日至17日　重庆市十二区(市)、县首次盟务工作研讨会在民盟市中区委举行。

5月　民盟市委开展基层组织情况和盟员思想状况调查。

9月26日　民盟重庆市江北县总支委员会成立。

10月15日　民盟市委常委会暨山城大学善后工作领导小组联席会研究,决定将创办山城大学的26万余元余款捐赠民盟市委,设立中国民主同盟重庆市委员会教育奖励基金(简称渝盟教育奖励基金)。同日,渝盟教育奖励基金理事会成立。

11月10日　民盟重庆市沙坪坝区委员会成立。

11月22日　由民盟市委组织,民盟合川市委、民盟西农总支与合川市官渡区合作进行的《官渡区粮果蚕综合技术开发项目》,通过重庆市科委验收结题。

1995 年

3 月　民盟重庆市市中区委员会更名为民盟重庆市渝中区委员会，民盟重庆市江北县总支委员会更名为民盟重庆市渝北区总支委员会，民盟重庆市巴县工作委员会更名为民盟重庆市巴南区工作委员会。

6 月　民盟市委组织民盟西农总支和民盟四川牧医学院支部的专家，前往荣昌县远觉镇考察，与当地干部群众共商科技扶贫计划，并与该镇签订了科技扶贫合作协议。

7 月 10 日　民盟重庆钢铁公司小组成立，成为重庆民盟第一个国有大型企业基层组织。

9 月 15 日　民盟市委召开高校民盟组织工作座谈会。

9 月 16 日　民盟中央副主席谢颂凯到民盟市委机关视察。

10 月 30 日　民盟重庆市巴南区委员会成立。

12 月 21 日　民盟市委隆重举行民盟重庆市地方组织成立 50 周年纪念大会。同时，史料文献《民盟在重庆》编辑出版。

1996 年

2 月 12 日　民盟市委隆重举行首届渝盟教育奖励基金颁奖大会。

3 月 29 日　民盟市委青年委员会在民盟市委机关召开成立大会。

4 月 19 日　民盟市委举行参政议政工作座谈会，冯克熙发表题为《贵在高瞻，重在求实》的讲话。

5 月 18 日至 23 日　民盟市委副主委杨槐等参加民盟云南

省委主办、在云南大理召开的西南片区第二次盟务工作研讨会。

6月　民盟四川省万县市委、涪陵市委划归民盟市委代管。

7月20日　民盟重庆市永川市委员会成立。

1997年

1月19日至22日　民盟市委专家小组赴奉节开展“奉节生态经济示范县”考察协商活动。

3月14日　第八届全国人大第五次会议作出关于批准设立重庆直辖市的决定。6月18日，民盟市委主委冯克熙代表各民主党派、工商联在中共重庆市委召开的庆祝设立重庆直辖市大会上发言。

3月　民盟四川省万县市委、涪陵市委正式划归民盟市委管理。

4月1日至4日　中国民主同盟重庆市第一次代表大会在重庆渝州宾馆隆重举行。民盟中央主席丁石孙专程莅渝祝贺，中共重庆市委书记张德邻到会作了讲话。大会选举产生了民盟重庆市第一届委员会，冯克熙任主任委员，金锡如为名誉主任委员。

9月19日　重庆民盟出席全盟“八大”代表团成立。代表团团长为冯克熙，副团长郑泽根、何景华，成员有雷亨顺等19人。

9月　民盟市委决定将高校民盟组织划入所在地方民盟组织。

9月　民盟重庆市渝北区委员会成立。

10月22日　全国政协副主席、民盟中央名誉主席钱伟长赴重庆大学看望民盟市委名誉主委金锡如。

1998 年

1 月 10 日和 22 日　民盟市委分别邀请区市县、高校及直属基层所在单位统战部长到市委机关共商促进民盟组织发展良策。

2 月　民盟市委启动中小学素质教育调研。

3 月 6 日至 12 日　民盟市委组织盟员赴黔江开发区参加"情系山区三下乡"活动。

3 月 31 日　根据《中共重庆市委办公厅关于印发中国民主同盟重庆市委机关机构设置和人员编制方案的通知》(渝委办〔1998〕104 号)精神,民盟市委机关原办公室不变,原组织部、宣传部、社会服务部分别更名为组织处、宣传处、社会服务处,新增设调研室。

6 月 18 日　中共市委副书记、重庆市政府常务副市长王鸿举率中共重庆市委组织部、统战部领导及市计委、市财政局、市机关事务管理局等部门负责人到民盟市委机关调研。

7 月　民盟重庆市万州区委员会成立。

9 月　民盟重庆市大渡口地区总支委员会成立。

10 月 30 日　民盟市委机关工会成立。

10 月 31 日　民盟重庆市綦江县委员会成立。

10 月　民盟重庆市涪陵区委员会成立。

1999 年

3 月 25 日　民盟市委邀请部分中青年盟员举行了冯克熙著

作——《与时代同步》《路漫漫其修远》研讨会。

3月26日　民盟市委直属支部成立。

3月26日　民盟市委机关工会成立。

4月17日　民盟市委组织盟员优秀教师赴江津开展支教活动。

4月29日　民盟市委召开座谈会，纪念“五四”运动80周年。

5月7日　以美国为首的北约悍然轰炸中国驻南大使馆。民盟市委及所辖地方组织、基层组织强烈谴责、愤怒声讨北约罪行。

5月21日　民盟市委召开担任政府实职盟员座谈会。

6月8日　民盟市委召开贯彻落实中共中央〔1989〕14号文件10年来我市多党合作发展及存在问题座谈会。

2000年

4月7日　民盟市委邀请20所高校统战部部长到民盟市委机关座谈，共商进一步推进我市高校民盟组织工作。

8月23日　民盟市委召开思想宣传工作会议，冯克熙出席会议并讲话。

10月20日至25日　民盟西部省（区、市）第二次盟务工作会在渝州宾馆召开。民盟中央副主席俞泽猷、吴正德出席会议。

10月28日　重庆市公布首批市级文物保护单位，特园、原民盟中央主席沈钧儒旧居、原民盟中央委员陶行知创办的育才学校旧址名列其中。

12月1日至2日　民盟市委召开中青年干部座谈会，冯克熙作了《政治上成熟，专业上超越，人品上拔高》的讲话。

2001年

4月6日　民盟市委在中共重庆市委礼堂隆重集会，纪念中国民主同盟成立60周年。

4月10日　民盟中央副主席张梅颖来渝指导工作，并与民盟市委机关同志座谈。

6月30日　民盟市委在歌乐山烈士陵园隆重举行重建“一一·二七”盟员烈士纪念碑揭碑仪式。

8月　民盟西南农业大学荣昌校区支部成立。

9月22日　原民盟重庆大学总支与民盟重庆建筑大学总支合并组建民盟重庆大学委员会，成为我市第一个民盟基层委员会。

10月11日至14日　由民盟市委承办的民盟部分省市高教研讨会第十三次会议在重庆宾馆举行。民盟中央主席丁石孙，副主席吴正德、张梅颖出席会议。

11月29日　民盟重庆市大渡口区工作委员会成立。

2002年

3月25日至28日　中国民主同盟重庆市第二次代表大会在渝州宾馆隆重举行。民盟中央主席丁石孙、副主席吴正德莅会祝贺。大会选举产生了民盟重庆市第二届委员会，陈万志任主任委员，冯克熙任名誉主任委员。

5 月　《重庆统战政协文史资料丛书·重庆民盟》一书由重庆出版社出版。

8 月 22 日至 24 日　民盟市委举办区县(市)负责人及部分中青年盟员培训会。

9 月 12 日　民盟市委与中共重庆市南岸区委加强协作座谈会纪要签字仪式在南岸区正联大厦会议中心隆重举行,“盟南合作”正式启动。

11 月 16 日　民盟市委召开全市基层盟务工作经验交流暨参政议政工作会。

2003 年

4 月 9 日　民盟市委召开社情民意工作会,强调全市各级民盟组织要把社情民意工作列入主要议事日程。

4 月中下旬　我国部分地区出现“非典”疫情,全市民盟组织开展“抗非典、献爱心”等活动,积极投身非典防治工作。

5 月 28 日　民盟市委与重庆桃花溪市政建设有限公司举行合作签字仪式,“盟桃合作”正式启动。

6 月 16 日　民盟市委举行动员会,部署“三增强”、“四热爱”教育活动相关工作。

8 月 17 日　中央统战部副部长楼志豪登门看望民盟中央名誉副主席、民盟市委名誉主委冯克熙,代表中央统战部部长刘延东向冯老致意。

10 月 9 日　全国政协副主席、中共中央统战部部长刘延东致函冯克熙,对他所作《以诚相召,以信相守,以情相感是统一战线的精神支柱》表示肯定和赞许。11 月 17 日，中共市委统战部转发中央统战部、重庆市领导的批示和冯克熙文章，动员全市各民主党派组织学习。

12 月 23 日　民盟中央常务副主席张梅颖来渝调研。期间专程看望了冯克熙等老盟员，召开中青年盟员座谈会，听取对盟务工作的意见。

2004 年

3 月 17 日　民盟中央名誉副主席、民盟市委名誉主委冯克熙同志因病医治无效在重庆逝世。民盟中央常务副主席张梅颖、副主席吴正德，重庆市党政领导，盟市委新老领导及各区(市、县)盟员代表共 800 余人参加了遗体告别仪式。

4 月 27 日　中共重庆市委书记黄镇东、重庆市政协主席刘志忠等一行走访民盟市委机关，与民盟市委领导进行座谈，听取有关工作汇报。

7 月 28 日　民盟市委召开统战理论研究小组成立座谈会。

8 月 20 日　民盟市委召开纪念邓小平诞辰 100 周年座谈会。

11 月 5 日至 9 日　民盟京、津、沪、渝四直辖市第四次盟务工作交流会在重庆举行。民盟中央常务副主席张梅颖出席会议。

2005 年

1 月 20 日　全国统一战线传统教育基地挂牌仪式在重庆红岩革命纪念馆隆重举行。民盟中央常务副主席张梅颖代表各民主党派中央在挂牌仪式上讲话。

3月30日　《民主的求索者——张澜》首发式在重庆举行。全国政协副主席、民盟中央常务副主席张梅颖出席首发式并讲话。

5月　民盟中央主席丁石孙，常务副主席张梅颖，名誉副主席、原民盟重庆市支部第一届委员会委员罗涵先，以及原重庆"渣滓洞"监狱脱险志士、民盟贵州省委名誉主委唐弘仁等题词，祝贺民盟重庆市地方组织成立60周年。

6月27日　民盟中央副主席索丽生到重庆市万州区调研，听取民盟万州区委盟务工作汇报。

8月31日　民盟中央名誉副主席吴修平代表民盟中央来渝参加"抗日民族统一战线与抗日战争胜利学术研讨会"，期间到民盟市委机关与部分老盟员和机关工作人员座谈，并题词祝贺民盟重庆市地方组织成立60周年。

9月16日—17日　民盟中央副主席吴正德、李重庵出席民盟市委举行纪念民盟重庆市地方组织成立60周年大会。期间，李重庵参加民盟市委参政议政、社会服务工作座谈会会议并作讲话，吴正德与民盟万州区委及基层组织负责人座谈。

11月10日至11日　民盟中央副主席李重庵来渝出席"中国国际职业教育论坛"，听取了民盟市委帮教工作情况汇报。

2006年

1月25日　中共重庆市委书记汪洋走访民盟市委机关。

2月19日至22日　全国政协副主席、民盟中央常务副主席张梅颖及民盟中央副主席吴正德、索丽生带领考察组，赴万州、云阳等地专题调研三峡库区移民安置工作及就业发展问题。

3月18日　民盟市委举行纪念中国民主同盟成立65周年座谈会。

4月22日　民盟西南大学委员会成立,民盟市委主委陈万志等到会祝贺。

7月15日　民盟市委举行纪念李公朴、闻一多烈士殉难60周年座谈会。

12月　民盟重庆市直属总支委员会成立。

2007年

2月2日　中国民主同盟纪念碑隆重揭碑。民盟中央主席蒋树声出席揭碑仪式并作讲话。下午,民盟中央主席蒋树声一行走访民盟市委机关。

4月7日至9日　中国民主同盟重庆市第三次代表大会在渝州宾馆隆重举行。民盟中央副主席李重庵出席会议。大会选举产生了民盟重庆市第三届委员会和出席民盟第十次全国代表大会代表。陈万志任主任委员。

4月11日至12日　民盟部分省市帮教工作座谈会在重庆召开。民盟中央副主席李重庵出席会议。

5月9日至13日　全国政协副主席、民盟中央常务副主席张梅颖带队来渝调研高校扩建贷款情况。

2008年

1月19日　重庆市政协三届一次会议召开,陈万志主委再次当选市政协副主席。

3月22日　2007年度“振兴重庆争光贡献奖”揭晓。盟员、重庆师范大学教授张文京获此殊荣。

5月7日至8日　民盟中央十届三次中常会暨民盟政治交接主题学习教育活动经验交流会在重庆渝州宾馆召开。民盟中央主席蒋树声、民盟中央第一副主席张梅颖出席会议。

5月12日　民盟中央常务副主席张宝文出席“特园·中国民主党派历史陈列馆开馆仪式暨中国民主党派历史研讨会”，并参加陈列馆“风雨同舟·共商国是”纪念雕塑揭幕。

11月　《民主之澜》电视连续剧在渝摄制完成。

2009年

2月11日　民盟中央副主席索丽生走访民盟市委机关。当天还前往红岩革命纪念馆、白公馆、渣滓洞参观，并特地来到盟员烈士纪念碑前吊唁缅怀。

2月18日　“2008年度振兴重庆争光贡献奖”揭晓。民盟市委原副主委、重庆大学教授、市政府参事雷亨顺获此殊荣。

4月7日至9日　民盟中央副主席李重庵率民盟中央宣传部一行来渝调研重庆民盟思想建设与宣传工作。

6月10日至12日　全国政协副主席、民盟中央第一副主席张梅颖到重庆市万州区考察调研职业教育工作。

2010年

3月26日　重庆市合川区涼亭子小学隆重举行“民盟烛光

教学楼”揭牌仪式。民盟中央副主席李重庵、民盟中央秘书长高拴平出席揭牌仪式。

4 月 5 日　民盟市委机关从渝中区金汤街 80 号迁至渝中区沧白路 71 号。

4 月 23 日　重庆市政协主席邢元敏，中共市委副书记张轩，统战部部长翁杰明等领导走访民盟市委机关。

4 月 30 日　民盟市委在民主党派大楼举行全市担任实职的盟员领导干部廉政座谈会。

6 月 25 日　民盟重庆市大渡口区委成立。

7 月 19 日　民盟市委与中共万州区委、万州区政府签署《共建重庆第二大城市合作协议》。

9 月 17 日　民盟市委监督委员会召开第一次工作会议。

10 月 15 日　全国政协副主席、民盟中央第一副主席张梅颖走访民盟市委机关。

11 月 20 日　民盟重庆市第三届委员会第五次全体（扩大）会议召开。会议同意陈万志辞去民盟重庆市第三届委员会主任委员职务，选举吴刚为民盟重庆市第三届委员会主任委员。

2011 年

2 月 24 日　市三届人大常委会第二十二次会议任命民盟市委主委吴刚为重庆市人民政府副市长。

3 月 19 日　民盟市委庆祝中国民主同盟成立 70 周年纪念大会在渝州宾馆召开，全国政协副主席、民盟中央第一副主席张梅颖出席会议。会议期间，民盟市委与民盟上海、天津、广东、浙江、四川省(市)委以及中共重庆市巴南区委、彭水县委、重庆邮电大学签订合作协议。

3月29日　中国民主党派历史陈列馆举行开馆仪式,全国人大常委会副委员长、民盟中央主席蒋树声代表各民主党派致辞。

4月14日　民盟市委在民盟中央的支持下,在巫山县举行“爱心温州·善行天下·明眸工程”启动仪式,温州医学院附属眼视光医院将用3年时间为该县400名白内障患者进行免费复明手术。

8月15日　渝盟教育奖励基金理事会召开第十八次理、监事会,进行第九次(最后一次)渝盟教育奖励基金评奖。渝盟教育奖励基金自1994年设立以来,共颁奖九次,累计奖励盟员教师530人。

10月9日至13日　全国人大常委会副委员长、民盟中央主席蒋树声率张宝文、索丽生、温思美、陈晓光等民盟中央领导及郑功成、丁元竹等盟员专家来渝调研。期间,民盟中央与重庆市政府签署《关于加快推进重庆城乡统筹发展的合作协议》。

11月22—25日　民盟中央副主席李重庵一行赴彭水县考察调研,落实民盟中央对彭水县的帮扶工作。

12月24日　民盟南川区支部委员会成立。

2012年

2月初　在民盟市委重点调研课题基础上,民盟中央领导率众多专家在渝进行大调研后形成的政策建议信——《关于推进我国基本公共服务体系全面建设的建议》，获得胡锦涛、温家宝、李克强、张德江等多位党和国家领导人批示。

2月8日　民盟中央、民盟市委、重庆市妇联联合赴彭水县开展捐资助学活动，共捐赠“宝盛爱心助学款”、“清平佳莲烛光小学援建款”130万元。

4月6日—8日　民盟重庆市第四次代表大会召开，吴刚代表民盟重庆市第三届委员会作工作报告，选举产生第四届委员会委员、常委和出席民盟十一大代表。民盟中央常务副主席张宝文出席会议，吴刚当选主委。

5月18日　中共中央政治局委员、国务院副总理、中共重庆市委书记张德江看望市级各民主党派机关工作人员，并在吴刚主委陪同下走访民盟市委机关。

6月16日　民盟市委举行参政议政咨询专家座谈会，民盟市委主委吴刚莅会讲话并向新聘的14名咨询专家颁发聘书。

6月16日　民盟市委直属工委成立。

8月24日　民盟中央索丽生副主席来渝调研盟章修改工作。

10月16日　民盟市委在民主党派大楼举行参政议政“特色·品牌”主题研讨会，民盟中央副主席索丽生出席会议并作辅导报告。

10月31日　民盟重庆市开县支部委员会成立。

11月10日　民盟重庆市垫江县支部委员会成立。

12月26日　民盟重庆市南川区总支委员会成立。

编后记

重庆是民盟的发祥地。民盟在重庆的历史,是民盟全部历史的重要组成部分。《重庆民盟史》为《民盟历史文献》之一卷,在民盟重庆市委员会的领导下,由民盟重庆市委机关编辑出版。本次编纂《重庆民盟史》,旨在回顾70多年来民盟组织在重庆地区诞生和发展的光辉历程,全方位展示重庆民盟组织在奔走民主革命、参与社会主义建设和助推改革发展中所发挥的积极作用。

由于重庆行政区划历经多次调整,本书编纂以重庆直辖以后行政管辖范围为准。本书以民盟重庆市组织为重点对象,同时将民盟总部在渝主要活动纳入编纂内容。民盟重庆市组织内容又按照重庆解放、拨乱反正和重庆直辖分为四个时段,每段单独成章。重庆解放至拨乱反正前重庆民盟组织的工作情况,由于史料严重流失、毁损,编者只能在已成史料基础上,尽力补充和完善。重庆直辖后,民盟重庆市委重新作为省级组织开展工作，为了展示重庆直辖十五年以来重庆民盟的工作成绩，特从组织建设、思想宣传、参政议政、社会服务等几个方面，作了较为详尽的叙述。同时，为了让读者了解民盟市委所辖区县及直属基层组织沿革，把握民盟组织在重庆地区诞生和发展的基本脉络和重要事件，本书对相关内容作附录表述。

为了缅怀民盟先辈光辉业绩，弘扬民盟优良传统，1988年和1995年，民盟重庆市委文史委员会分别编印了《中国民主同盟重庆地区大事记（解放前部分）》和《民盟在重庆》两册文史资料；2002年，民盟重庆市委编辑出版了《重庆市统战政协文史资料丛书》之《重庆民盟》；2010年，民盟重庆市委编纂完成了《重庆市志·中国民主同盟重庆地方组织志（1941—2007）》初稿。本书编纂以上述史料为基础，同时参考了《中国民主同盟七十年》《中国民主同盟历史文献（1941—1949）》《中国民主同盟大事记（1941—1997）》《四川民盟史稿（1941—1950）》《中国民主党派史》以及兄弟党派史志、盟员个人传记和著述等文献资料。在此，谨向为昭示后人而留下珍贵史料的前辈们致以崇高的敬意！向本书参考文献的作者、编者和出版社致以诚挚的谢意！

本书编纂得到了各级领导的重视、关心和支持，吴刚主委担任编委会主任并亲自作序，陈万志老主委担任顾问并提出指导意见，专职副主委韩建敏统筹把关，副主委杜惠平、李秋、陈国平、黄燕苹、刘文贤都提出了意见和建议；此外，重庆市政协文史及学习委员会杨力副主任、群言出版社盛利君女士、重庆市地方志办公室熊蜀黔处长以及盟员专家管维良教授等也提出了中肯的修改建议，在此谨表示衷心的感谢！民盟市委机关杨虹、刘幼樵、孙碧平、李朝林、沈发政、洪满斌、李佐立、张涌、康伟、丁苒、余鲲、张力、代悦等同志参加了本书的资料搜集、撰写及修正、校对工作，附录一材料由民盟各区县及直属基层组织提供。

由于编纂人员的水平有限，时间仓促，本书的框架设计、材料处理和文字表达难免有不当甚至错漏之处，恳请各位读者和专家学者批评指正。

编　者

2014 年 5 月

跋

在《民盟历史文献》丛书付梓之际，掩卷回首，民盟先贤们的音容笑貌挥之不去，不绝如缕，久久难忘。在编辑此丛书的过程中，我们每每被他们为信仰、为理想奋斗的坚定精神所感召和感动。

人不能没有理想和信仰，一个民族也不能没有自己的理想和信仰。我们的先辈们，正是怀揣民族富强、人民福祉的赤诚之心，身先士卒、鞠躬尽瘁；凭借自身高尚的人文品格和社会良知，与中国共产党团结合作，为中国社会的前途和命运探索了一条新的宪政之路；和平、民主是人类社会的两大主题，也是中国共产党人和各民主党派所共同追求的理想。

如今，面对着他们的拳拳之心和丰功伟绩，我们感叹！赞叹！怀念！更要继承！

《民盟历史文献》在整个创作和出版过程中，得到了来自社会各界人士的关注和厚爱。我们要特别感谢为此丛书孜孜不倦地考证、核实、梳理、完善的各位专家、学者，是他们的认真严谨，才使此丛书能够客观地展现历史的真貌；更要特别感谢中共中央统战部与民盟中央给予我们的鼎力支持和重视，没有他们的指导和帮助，我们不可能完成如此厚重的出版工作任务；还要感谢各省、市、地区的民盟组织，为搜集、挖掘、抢救民盟的历史文献资料做出的不懈努力和贡献；感谢每一本书的作者，是他们的辛勤笔耕和一点一滴的忠实记录，才集成了民盟历史的全貌；感谢为此丛书付出辛劳的编辑以及所有工作人员，感谢你们辛勤的劳动和无私的奉献。

谨以此丛书献给所有伟大的民主革命先驱者；献给为共和国诞生抛洒了智慧和热血的先贤们；献给那一段筚路蓝缕、以启山林的峥嵘岁月。

《民盟历史文献》编委会